齐 超 ◎著

体育公共服务改革
理想之美与现实之殇

The Reform of Sports Public Service
Ideal and Reality?

復旦大學出版社

目 录

绪 论 001

第一章 全球化与公共行政 005
第一节 全球化与世界秩序 005
第二节 从"新公共管理改革"到"后新公共管理改革"：
西方国家的集体迷思 008
第三节 中国行政体制改革40年(1978—2018年) 015
第四节 公共行政异质性与政府治理新典范 018

第二章 体育公共服务改革：发展与趋势 023
第一节 服务型政府：从公共行政迈向公共管理 023
第二节 发达国家公共服务体系建设的经验与启示 026
第三节 我国体育公共服务改革的政策变迁 029
第四节 供给侧视角下体育公共服务改革的新要求 035

第三章 体育公共服务改革的制度生态 039
第一节 从"效率优先"到"公平正义"的价值取向 039
第二节 从"城乡二元"到"均等化"的供给理念 050
第三节 从"单一主体"到"多中心"的治理模式 059
第四节 从"服务供给"到"价值创造"的路径选择 065

第四章 体育公共服务改革的市场化反思　　078
- 第一节　从观念到技术：市场化改革的理性思考　　078
- 第二节　权力共享：改革中的主体间关系　　090
- 第三节　看起来很美：合同外包的约束　　111
- 第四节　做精明的买主：政府角色的重塑　　120

第五章 体育公共服务改革的公共利益实现　　135
- 第一节　政策网络治理与利益相关者　　135
- 第二节　政策工具选择与公共部门改革　　155
- 第三节　民主决策与利益表达　　181
- 第四节　政策回应与双向反馈　　193

第六章 体育公共服务改革的关系治理　　208
- 第一节　关系互动与冲突　　208
- 第二节　政策执行与要素协同　　240
- 第三节　关系博弈下的利益格局固化　　250
- 第四节　规范性价值视野下的关系重构　　270

结束语　　293

参考文献　　297

绪 论

体育不仅是人民群众的物质权益、精神权益,更是一种政治权益。为公众提供优质高效的体育公共服务,既是助力我国全面建成小康社会"十三五"发展目标的必由之路,也是贯彻落实中共十九大实现"中国梦"重要执政理念的应有之义。2012年7月出台的《国家基本公共服务体系"十二五"规划》首次清晰界定了"基本公共服务"的内涵:"指建立在一定社会共识基础上,由政府主导提供的,与经济社会发展水平和阶段相适应,旨在保障全体公民生存和发展基本需求的公共服务。"该《规划》明确指出,享有基本公共服务属于公民的权利,提供基本公共服务是政府的职责。2014年,国务院发布《关于加快发展体育产业促进体育消费的若干意见》,明确政府的体育公共服务供给范围包括体育场馆设施开放利用、全民健身运动的开展、群众性体育赛事的供给,以及体育文化的宣传,对各级政府提出配套政策的制度供给要求。2016年,国务院印发《"健康中国2030"规划纲要》,提出统筹建设全民健身公共设施,加强全民健身组织网络建设,作出完善全民健身公共服务体系的战略部署。2017年,国家体育总局发布《全民健身指南》,进一步肯定体育健身活动在增强国民体质、防控疾病、提高健康水平方面的作用,从国家层面引导居民科学地从事体育健身活动。体育公共服务,尤其是与群众体育密切相关的基层公共体育设施建设与全民健身活动的开展,成为我国政府在"十三五"期间着力推进的重点任务之一。

目前,我国体育管理体制和运行机制依然受到传统管理模式的影响和制约,市场主体在体育公共服务供给方面的实际作用尚未充分发挥,导致体育服务供给主体单一,政府化倾向严重,政府财政资金投入有限,体育场地设施和各类体育服务供给严重不足,供给结构不合理、两极化倾向严重等,这些与广大人民群众日益增长的各类体育服务需求之间的矛盾日益凸显。因此,促进体育公共服务供给合理分配、寻求与经济发展水平和阶段相适应的体育公共服务机制安排、探索适应社会发展的体育公共服务供给主体和选择更有效的供给方式是实现体育公共服务体制创新的必然选择。

事实上,从 2003 年起,上海、北京、江苏、浙江、广东等地方政府已相继在公共服务供给领域尝试采用政府购买等市场化手段的实践探索。近年来,随着改革实践的不断深入,体育公共服务市场化供给中的一系列问题也逐渐显现,如政府行为的内部化趋势明显,操作程序不严谨,对法律等规范性文件依据不严密,对采购的服务产品缺乏系统有效的监控评估机制,缺乏科学统一的服务标准量化评价体系和指标,以及作为政府服务供给者的第三方组织面临自身的持续性发展等难题。

已有研究结果表明,当前体育公共服务改革陷入瓶颈的主要原因在于制度供给不足和社会参与匮乏导致的政策效率低下。为打破这一困境,亟需建立一种政府和社会多元主体之间互动协调的关系模式,以此实现政策的有效性。起源于 20 世纪 70 年代并已被西方国家广泛采纳的政策网络分析理论,为我们提供了有益借鉴。作为一种政策过程的分析描述工具和一种新的公共治理模式,政策网络理论试图在政策制定过程中,在政府机构与其他利益相关者之间建立一种制度化的互动关系模式。这种模式下政策网络的构建与运行内含着对"话语民主"的要求,意味着政府不再是唯一的"元话语",而是要通过与社会多元主体之间的互动,实现公共政策的合法性,最终达到有效治理。

政策网络理论着眼于参与政策制定的个别行动者和部门间建立的网络关系,认为网络间存在资源互赖、例行性、多元成员的互动,决策结果受到网络关系的影响。在利益主体日趋多元化的今天,政策网络分析突破了传统决策研究领域的精英主义与理性选择理论模式,将公共政策过程理解为多元利益群体复杂的互动过程,把地方政府、社会团体、民间组织、公民个人,以及信任、社会资本、非正式关系、互动等都纳入政策分析框架,以描述政策参与者在政策过程中的行为,研究利益相关者之间的合作互动过程。

在体育公共服务体系运行中,建立什么样的结构才有利于公民的利益表达,如何让公民意见进入正式政治结构中以引起政策制定和公共治理者的注意,将其利益在政策与治理中得以体现;正式政治结构与非正式政治结构的关系又如何处理,如何形成良性互动;在社会中广泛存在的各种团体已形成一种新的社会关系,这种社会关系又如何影响政策制定和公共治理,同时这些团体之间相互关系强弱如何影响政策形成。为了解决这些问题,需要建立一种以需求为导向的体育公共服务政策网络模式。

政策网络途径与博弈途径是目前政策执行分析的两种重要研究途径。政策网络途径强调政策网络关系结构对政策执行的影响,而博弈途径则强调行动者博弈行为对政策执行的影响。鉴于结构与行为的关联性、政策网络途径与博弈途径各自的缺失以及现代政策执行过程为网络关系多元行动者博弈互动的特质,本书将整合两种研究途径、建立整合模型,以分析体育公共服务改革的政策制定和执行。在该网络模型中,从政策制定的准备阶段,到政策出台和政策的执行,乃至到政策的效果跟踪和反馈修正的一系列过程中,政府仅作为利益相关群体中的一员,与其他利益相关者共同构成一种制度化的、充分体现话语民主的互动关系网络模式,以此保证政策改革的合法性和有效执行。

第一章
全球化与公共行政

第一节 全球化与世界秩序

资本的全球扩张不仅在世界范围内改变了原有经济秩序,产生了超越国家领土界限的全球性管理机构,而且改变了政府与公共行政的角色,比如,跨国公司对东道国经济、技术、社会乃至政治环境的影响。尽管有国外学者对此表示了担忧,认为国家权力和政府权威面临质量与数量的"退却性转移",国家为了适应、塑造和控制不断增长的国际政治经济渗透而转向"空心国家(the Hollow State)"或"法人国家(the Corporate State)"的过渡特征[①]。但是不可否认,全球化依然是伴随世界财富的快速积累,在连续的历史变迁框架下出现的必然产物。从经济角度,全球化被认为是世界市场一体化进程的组成部分;从政治角度,全球化被理解为摆脱传统地域性主权国家概念,强调非政府组织的影响力;从商业咨询角度,全球化意味着"没有国界"。如果把国家视为全球化进程中的一个积极的制度因素,那么世界范围内的市场与政治、资本与国家、私人部门与公共部门被前所未有地紧密联结在一起,建构了新的人类命运共同体。

---

① 简·艾特·斯科尔特、江路佳、黄晓云:《全球资本主义和主权国家》,《经济资料译丛》1998年第2期,第11—23页。

全球化促使国家及其行政组织在组织规则、意识形态、权力结构等方面进行破解重组,并赋予其更多的协调与合作功能。从组织规则层面看,众多跨区域治理组织的出现,增强了现代国家之间相互依赖并就共同利益谋求合作的关系,同时也在影响国家的行为规范与公共行政实践。随着世界各国之间资源、信息、技术等交流持续增多、不断融合,部分处于主导地位的国家对他国进行意识形态渗透、贸易争夺以及文化入侵等霸权主义现象也层出不穷。政府与私人部门之间的合作日益频繁与广泛,如何既提高公共服务水平,又避免政府沦为"给私人企业提供适合的、法律许可的环境"的龙套角色已是摆在各国政府面前的难题。国家及其公共行政性质的转变也引发了学界关于公共管理研究的范式变革。

从意识形态层面看,全球性的资本崛起与扩张,为世界范围的民主权益侵犯提供了温床。比如,世界贸易组织、国际货币基金组织、世界银行等打着扶持欠发达国家的旗号,一方面,为广大第三世界的贫穷国家设计并推行财政货币等经济结构调整政策;另一方面,使这些国家背负了庞大的甚至远超国力的外债。最终,当地国家的政府和人民不仅失去自主决策权,而且在外部力量干预下牺牲了本国长期利益。盲目引进外资、片面夸大融合带来的往往是对本国民主权益的威胁。"全球性掠夺"和"品牌血汗工厂"等名词的出现,恰恰表明在出口导向、成本转嫁与全球利益输出的指引下,全球化导致了世界范围内更加严重的贫富差距、社会分裂以及环境破坏。

从权利结构层面看,能够影响世界各国乃至人类发展轨迹的关键事件决策权已经越来越集中在少数的全球管理精英手中。某种程度上,这些管理精英扮演了商家,而广大人民成为全球市场的消费者。市场崇尚资源的自行配置,而资本的天性就是追逐利益最大化。市场青睐富人,抛弃穷人,更无意顾及社会底层的利益与需求。因此,作为"看不见的手"的市场不仅不等同于民主,还是隐藏在自由调节、自由交易、自由流通背后的赤裸裸的专制、剥削与掠夺。当政治和经济权力高度集中到少数巨人公司手里时,社会的平等、民主、健康就成为不可能①。这些全球管理精英们把私有化作为重要战略在世界推广,换言之,就是把国家视为私营企业运营,并试图建立起具有企业法人特征的新型全球组织结构。这种结构致力于打造一个中心化而非集权化的世界秩序,即缩小组织核心层权限,强调并购与战略联合,推崇自动化、自主化运作,重视核心层的团队合作。可见,全球管理精英们正在努力将自己与其他非精英民众区分开来,并筑立一座坚不可摧的屏障,以实现对核心层的权力保护以及利益最大化。可以说,全球化强化了世界新秩序下的精英统治,也使国家和民众从非精英到精英的逾越变得异常艰难。

虽然传统的福利国家在资源配置和促进经济增长方面被频频抨击,但是公共服务领域和公民空间却不能因全球化和政府重构后更加关注效率而被压缩;反之,公共行政体系的设计应当更加鼓励公民参与公共事务管理,尊重其对社会资源利用的话语权,培育公民价值观意识和共同体信念。虽然全球化力图提高公共行政活动的性价比,即以较小的产出获得较大的回报,但是坚定秉持现代公共行政道德和伦理标准的管理者们应当认识到,即使没有达到目标,也不能以此为据说明政府效率低下,或质疑行政体制改革的成效。因为对于私营企业来说,这也是个不易完成的任务。私有化的扩张使社会资源的公共属性受到极大冲击,现代公共行政体系要时刻警惕以个体利益代替社会公共利益的行为和自利观念。

---

① [美]R. R. 帕尔默、乔·科尔顿、劳埃德·克莱默:《冷战到全球化:意识形态的终结?》,牛可、董正华译,世界图书出版公司2011年版,第67—82页。

现代公共行政管理者还需要建立全球性问题的意识,积极了解并审视世界其他地区所发生的不论是正面还是负面的影响,将本国的政策背景扩大到相邻或相关的共同体范围进行考量。

第二节 从"新公共管理改革"到"后新公共管理改革":西方国家的集体迷思

一、新公共管理改革

20世纪70年代以来,全球经济格局剧变和市场经济不断深化使得发达国家政府的公共事务负担日益繁重,国家对资源的调控与分配能力下降,民众对社会公共服务水平要求不断提高,以政府为代表的公共部门效率低下被广为诟病。"政府失灵"成为世界性问题,西方国家的行政体制改革就此拉开帷幕。

在全球化的影响下,跨国公司的崛起迫使各国进行行政体制改革。寻求新市场的开发、廉价劳动力和更宽松便捷的生产基地驱使这些商业巨无霸将触手伸向世界各个角落,一些国家和地区为了争取国际合作利益,部分让渡了地方政策制定权乃至修宪权。世界范围的经济结构转型将政府权限进一步压缩。发达国家加速推进私有化,同时发展中国家尝试由计划经济向市场经济转轨,市场的资源基础性配置作用被不断强化,传统的政府直接调控行为受到约束,"有限政府"成为这一时期各国的普遍共识[1]。随着市场经济在全球范围的扩张,以民间组织、社会团体、非政府组织为代表的第三方社会机构逐渐发展壮大,政府开始有选择性地将部分公共事务管理职能转移到第三方。社会组织作为政府改革的社

---

[1] 陈天祥:《新公共管理——政府再造的理论与实践》,中国人民大学出版社2007年版,第37—53页。

会基础,被赋予了与国家行政部门合作、调整和改进政治权威规范、实现公共事务治理互动、促进政府善治等诸多职能。经济的快速发展和民众生活水平的提高客观上推动了行政改革的民主进程。人们的民主参与意识普遍增强,对政府改革的要求和权利义务关系的认知开始觉醒。政府与社会组织之间的合作变得愈加频繁。

在"重振政府活力"的鼓舞下,西方发达国家纷纷开启了公共行政改革的大门。比如,英国政府的"下一步行动方案(The Next Steps)"主要包括：通过设立执行机构,改变政府内部责任机制；将公务员队伍拆分为人数较少的核心部和人数较多但身份不固定的执行部；采用公开竞争的方式从民营部门选拔执行机构的负责人,采取"适距控制"并定期对执行机构绩效进行评审和结果公开。英国的《公民宪章》(The Citizen's Chapter)主要针对的是难以私营化的垄断性公共部门和公共服务行业,如城市公共交通、铁路、邮政、公共设施、水电、环境卫生等。通过建立政府内部的服务承诺管理协调机制和外部独立的监督专员机制对公共服务的有效供给提供双重保障[①]。

美国的《政府绩效与结果法案》(Government Performance and Results Act, GPRA)以绩效评估为中心,对公共部门和政府雇员分别进行工作绩效考察。美国政府采用的绩效测评指标体系极大地吸取了私营部门的成本控制经验,不仅包括投入、产出、能量、结果指标,还包括效率和成本效益指标、生产力指标,旨在全面反映政府工作的质量、经济、效率和效果。评估者包括政府部门、公共部门以及民间第三方机构,评估结果会向社会公布。对于政

---

① 王义:《论英国新公共管理改革》,《中共青岛市委党校青岛行政学院学报》2002年第6期,第60—63页。

府雇员采用雇员个人绩效与部门绩效相结合的评估方式,评估权由人事管理总署下放到各个机构,各机构自行制定评估指标和标准、评估方法、评估结果奖惩办法。鼓励各机构根据实际需要对评估体系进行创新①。

加拿大的"公共服务2000年创议(Public Service 2000)"建立了以顾客为导向的政府公共部门服务改革目标,内容涵盖组织安排、人员录用、任务分配以及激励。为了贯彻市场导向途径,设置独立运作的"特别运作机关"执行特定的业务,以执行性、服务性为主,业务与现行其他公共部门分开。同时,加拿大政府也制定了关于公共服务供给的绩效管理标准,向社会公开,使民众了解政府提供服务的范围及程度。网络在线服务机制使政府与民众的互动更加及时与丰富。为了落实上述改革,加拿大政府还进行了司级组织的改革、缩减政府部门数量、增加授权、建立跨部门的功能整合机制、提供管理支持②。

澳大利亚于1984年颁布《公共服务改革法案》,设立了高级公务员执行委员会(SES),1987年正式实施机构改革,集中在财政改革、政府职能优化、公务员制度改革三方面。财政改革方面,政府通过精简机构和人员、控制工资增长、限制政府消费、控制政府进口等手段,降低政府经常性支出;取消或削减对公共企业或公共产品的补贴和价格管制;缩减政府投资范围,压缩建设规模,降低政府资本性支出;进行税制改革,并加强公共投资的规划管理和预算管理,改革会计和审计制度,推行权责会计计划。政府职能优化方面,为了实现建立"精明政府(Smart Government)"的目标,澳大

---

① 董庆军:《美国公共部门的绩效管理》,《中外企业家》2009年第11期,第246—247页。
② 戴黍、刘志光:《政府管理创新视阈中的加拿大公共服务改革》,《学术研究》2007年第5期,第74—79页。

利亚政府建立彻底的大部制,重新划分联邦政府与地方政府的关系,将社会福利、教育等职能下放到社区,充分利用各类民族社团开展文化、教育、医疗等服务。对大多数国有企业进行私有化或半私有化改造,削弱大型国有企业的垄断地位,促进市场竞争环境的形成,以合同出租的形式保障公共服务的私人供给。公务员制度改革方面,通过建立大部制,将中央政府的部委数量从28个减少到18个,使公务员数量大幅减少,公务员特权被大范围削减;建立公共服务委员会,遵循公开公平的竞争规则,对公务员的录用、晋升、辞退、流动和退休进行统一管理[1]。

新西兰的公共行政改革始于20世纪80年代中期,历经十年之久,改革覆盖了国有企业、政府机构和财政管理。改革的最重要一步是将国有企业公司化、私有化,把部分政府公共事业机构分离出来并组成国有持股公司,按私营企业原则参与市场竞争,同时承担社会责任。在此基础上,将私营部门的方法引入政府公共部门,重建并压缩政府机构,采用"议行分离"制,即代议机构与执行机构分离,让私人部门承包公共服务,实行绩效考评和产出控制[2]。改革实现了高经济增长、低通货膨胀率、低失业率的突出成效,被誉为"行政改革的典范"。

相较英美等国大刀阔斧的私有化,地处欧洲的法国和德国实行的公共行政改革要温和许多。比如,法国主要引进私营部门的管理技术对公共部门进行现代化改造,将部分常规性事务工作下放到独立的执行机构,将行政权下放给自治的地方政府,加强公众参与,开始关注公共管理效能、服务质量、顾客满意度等指标,摒弃

---

[1] 潘顺恩:《澳大利亚新公共管理运动的概况及启示》,《宏观经济研究》2005年第3期,第60—63页。
[2] 毕乐强:《新西兰政府行政改革及其启示》,《财经问题研究》2000年第2期,第80—81页。

过去的组织规则和工作程序等评价标准。德国的改革路线更加渐进,多数管理改革发生在地方一级,联邦政府仅负责制定法律因而对于改革的需求较少。各地政府自愿结成合作机构,共同推行以结果为导向的预算与成本核算,制定质量标准,确立顾客导向及采用外包和私有化①。

这一时期发达国家公共行政改革的共同点是:重视公共管理部门的私有化改造,将经济活动和资源配置转向市场化运行机制,并将国有企业从国家预算中分离,实行政企分开;重视市场组织和社会组织的作用,将环境保护、公共设施、文化教育等公共事业通过 BOT 的形式转向市场化经营;实行政治性分权,将中央的行政权力和管理决策转移到下属机构或地方政府等行政组织,或一并下放给社会组织,以减少国家的直接行政控制;强调政府的产出效率,强化政府管理职能,尽可能减少行政开支,控制公共部门的运行成本,同时为实现行政组织的特定目标而加强对个人责任的追究;实施行政体制重构,将传统集权的官僚组织分解为众多小规模、独立的组织机构,对各级行政部门进行分权重建②。尽管这些国家改革的内容不一,改革强度不一,但都表现出以私有化为前提,以社会公共组织为基础,以代理制为形式的追求建立现代有限政府的目标;都不约而同地注重提升政府运作效率,发展第三部门力量,强调中央权威,致力于整合各方利益要求,而不影响各党派的差异化政治主张,被后人称为"新公共管理改革"运动。

二、后新公共管理改革

尽管新公共管理运动一定程度上提高了政府工作效率,改善

---

① 谭康林:《论法国、德国公共行政研究范式及其启示》,《汕头大学学报(人文社会科学版)》2011 年第 3 期,第 89—93 页。
② 王安岭:《西方行政体制改革及对我国行政体制改革的启示》,《理论视野》2002 年第 5 期,第 8—11 页。

了社会治理水平,但把私营企业管理模式引入公共部门的转化成本难以分摊,对公共部门的组织结构兼容性以及政府伦理都提出巨大挑战;同时竞争性机制打破了部门之间的协调合作,造成条块分割的"部门中心主义",使原有制度结构被"碎片化"[1]。20 世纪 90 年代后期,以盎格鲁-萨克逊国家为代表的西方开始寻求第二轮政府改革,被称为"后新公共管理改革"。各国对此赋予了不同的称谓,比如,英国的合作政府(joined-up government)、美国的协同政府(collaboration government)或网络化政府(net-worked government)、加拿大的水平政府(horizontal government)、澳大利亚和新西兰的整体政府(whole-of-government)。这些改革方案在认同新公共管理追求效率和民主价值观的同时,强调政府的公共利益和公共责任,关注对公民需求的回应性和公民导向;尝试建立跨越组织界限的新型网络组织,将中央与地方政府、公共部门、私营组织与各类社会团体联合起来实施整体治理战略;通过适度的集权强化领导层的政治管理能力和黏合剂作用,既增强横向部门之间的沟通与协作,又保证政府在纵向层级的控制权威;利用信息技术实现政府内部的信息共享,畅通外部的信息沟通渠道;培育政府部门与其他合作组织之间的一致愿景和价值共识,重塑共同遵守的行政文化与行为规范,建立基于信任的跨部门合作平台[2]。

后新公共管理运动依然没有解决改革分权导致的责任模糊问题。组织结构的多中心力量、行动者的利益和价值差异、人际关系的非线性等因素加剧了部门机构的碎片化和责任分散,管理模式

---

[1] [挪威]汤姆·克里斯滕森、佩尔·拉格雷德:《后新公共管理改革——作为一种新趋势的"整体政府"》,张丽娜、袁何俊译,《中国行政管理》2006 年第 9 期,第 85—92 页。

[2] 曾保根:《评"后新公共管理"运动的改革取向》,《国家行政学院学报》2010 年第 3 期,第 47—51 页。

的适用对行政环境的相对稳定性提出更高要求①。后新公共管理运动更加关注结构性改革,其前提假设是外部的组织层级结构与目标任务设定会制约和纠正政府工作人员的行为。事实上,下级管理机构的行为取决于特定的人际情境和角色扮演,且存在自行协商、相互妥协的可能性;上级部门无法准确预测其行动指向,只能通过价值规则、公平透明等制度性改革影响和转变工作人员的观念,进而规范其行为。对于部门工作人员而言,由于信仰、责任感、自身需求等内在驱动力存在不同,绩效管理的技术性评价难以反映员工个体的主观映射,工具应用的信息效度也受到人们的质疑。后新公共管理改革注重部门间横向和纵向的职能整合,但这并不意味着良好的部门间互动关系得到有效建立。解决问题的关键在于部门协同中各级官员公共角色的内化以及社会民众的个体参与意识。

从"新公共管理改革"到"后新公共管理改革",各国政府一直试图在精简高效的组织结构与团结协作的组织文化之间取得平衡。为了加强政府的政治控制和行政领导,必要的结构调整有利于决策集中,减少机构碎片化,重视服务供给。然而,共同协作的组织文化可能会削弱专业性组织的价值规范,降低其影响力,使其抵触来自上层的结构调整。一定程度上,正式结构的契约管理比文化手段更加强而有力,文化方法也可能因结构问题遭遇执行阻碍。绩效管理对个体和组织绩效目标的要求,与协同政府对于促进组织间协作的要求,天然存在冲突。政府无法在保持部门间行动一致、标准统一、信息共享,建立协同组织体系的同时,又要求某个单独的机构为庞大的纵向结构体系负责。因此,行政控制、责任归属和风险管理依然是"后新公共管理改革"未能有效解决的难题。

---

① 陶建平、乔宇:《后新公共管理改革:局限与超越》,《行政论坛》2010 年第 3 期,第 23—26 页。

第三节　中国行政体制改革 40 年（1978—2018 年）

自中华人民共和国成立以来，我国政府一直致力于构建与社会主义国家性质要求相适应的行政管理模式。1978 年，中共十一届三中全会的召开，将社会主义现代化建设作为全党工作重点，拉开了我国改革开放的序幕。之后的 40 年间，随着我国经济社会的快速发展，中国特色社会主义行政体制也不断发展和完善。迄今经历了八轮行政体制改革，可大致划分为四个阶段[①]。

一、第一阶段：机构人员精简，社会主义商品经济初建（1978—1991 年）

中共十一届三中全会确立了以经济建设为中心的工作重点，也是这一时期政府的职能定位。鉴于当时政府机构臃肿、人员老化冗余等现象严重，干部队伍年轻化、建立组织人事储备、提高政府效率成为改革的目标。1982 年，第一轮行政体制改革，国务院部门从 100 个减为 61 个，人员编制从 5.1 万人减为 3 万人；据 38 个部委统计，改革后新选拔的中青年干部占 32%，平均年龄由 64 岁降为 58 岁[②]。这一轮改革，开启了政府机构人事制度的科学化、民主化、制度化进程。1984 年，中共十二届三中全会首次明确提出我国社会主义经济是公有制基础上的有计划的商品经济论断。为了进一步实现政企分开，强化政府综合管理职能，1988 年开启的第二轮行政体制改革，国务院撤销了 12 个部委，新组建 9

[①] 马宝成、安森东：《中国行政体制改革 40 年：主要成就和未来展望》，《行政管理改革》2018 年第 10 期，第 29—34 页。

[②] 宋世明：《深化党和国家机构改革　推进国家治理体系和治理能力现代化》，《行政管理改革》2018 年第 5 期，第 4—12 页。

个部委,部委内设司局减少 20%,人员编制减少 9 700 多人①。政府管理从直接管理为主转向间接管理为主,加强了行政机构对行业规则、行业秩序的管理以及制定法规、行政许可等职能。

二、第二阶段:减少微观干预,社会主义市场经济初现(1992—2002 年)

1992 年,中共十四大首次明确提出建立社会主义市场经济体制。政治体制改革成为深化经济改革、建立市场经济体制和加快现代化建设的重要条件。1993 年,第三轮行政体制改革,国务院组成部门设置 41 个,直属机构从 19 个调减为 13 个,办事机构从 9 个调减为 5 个,合计共 59 个。比原有的 86 个减少了 27 个,人员编制减少 20%②。本轮改革重在加强宏观调控和监督职能,微观放开,强化社会管理部门。1997 年,中共十五大报告指出,机构庞大、人员臃肿、政企不分,官僚主义严重,直接阻碍改革的深入和经济的发展,影响党和群众的关系。1998 年,第四轮行政体制改革,撤销了 10 个工业专业经济部门,国务院组成部门从 40 个减少到 29 个。此后五年,省市县乡各级党政群机关共精简行政编制 115 万名③。这一阶段的改革目标是建立办事高效、运转协调、行为规范的行政管理体系,彻底消解了政企不分的组织基础,为我国经济的快速发展奠定了基础。

三、第三阶段:以公共服务为核心,完善政府职能(2003—2012 年)

2001 年,中国加入世界贸易组织,对外出口成为经济发展的

---

① 宋世明:《深化党和国家机构改革 推进国家治理体系和治理能力现代化》,《行政管理改革》2018 年第 5 期,第 4—12 页。
② 同上。
③ 同上。

新动力,同时经济快速发展过程中也累积了大量生产安全、食品药品安全、贪污腐败等社会问题。2003年,第五轮行政体制改革的目标是,建立行为规范、运转协调、公正透明、廉洁高效的行政管理体制;政府职能定位于经济调节、市场监管、社会管理和公共服务;加强市场监管和内贸与外贸的统一是这一时期的重要战略部署。尽管社会经济水平大幅提高,但公共财政对于文化教育的投入却未能及时匹配;社会公共服务需求的快速扩张与公共服务供给严重滞后是当时社会矛盾的焦点。中共十七大报告就此提出了行政体制改革的新任务:加快行政管理体制改革,建设服务型政府;健全政府职责体系,完善公共服务体系;探索实行职能有机统一的大部门体制。2008年,第六轮行政体制改革以改善民生为重点,推进基本公共服务均等化,实现政府职能向创造良好发展环境、提供优质公共服务、维护社会公平正义的根本转变。

四、第四阶段:深化"放管服",推进政府治理现代化(2013—2018年)

这一时期,中国经济进入"新常态",过去依靠政府直接投资拉动经济增长的模式遇到瓶颈,经济结构、社会文化、生态文明都面临调整优化的新问题。中共十八大将建设服务型政府细化界定为职能科学、结构优化、廉洁高效、人民满意四个方面内涵。为实现这一目标,2013年开启的第七轮行政体制改革,国务院组成部门设置为25个[①]。实行铁路政企分开,组建国家铁路局,由交通运输部管理;组建中国铁路总公司,承担铁道部的企业职责;组建国家卫生和计划生育委员会、国家食品药品监督管理总局、国家新闻

---

① 宋世明:《深化党和国家机构改革 推进国家治理体系和治理能力现代化》,《行政管理改革》2018年第5期,第4—12页。

出版广播电影电视总局,重新组建国家海洋局、国家能源局。稳步推进大部门体制,持续深化"放管服"改革的一系列举措,目的在于简政放权、放管结合、优化服务,将行政体制改革向纵深推进,激发经济新动能,保持经济持续健康发展。

2018年启动的第八轮行政体制改革,目标是构建中国特色现代化国家治理体系,构建系统完备、科学规范、运行高效的党和国家机构职能体系,提升国家治理能力。本轮改革从完善坚持党的全面领导制度、合理配置宏观管理部门职能、完善党政机构布局、赋予省级及以下机构更多自主权、依法管理各类组织机构五个方面作了部署[①]。将行政体制改革内化到现代国家治理体系中,以"五位一体"为轴心构建政府治理体系,不仅转变政府职能,减少政府对市场资源和活动的干预,而且转变政府治理方式,力图实现综合治理、系统治理、源头治理、绩效治理。

纵观我国行政体制改革历程是一个由经济改革推动政治改革,由计划经济管理转向市场经济管理的过程。政府角色和管理方式逐步转型,市场环境持续改善,聚焦职能、统筹推进、因地制宜,逐渐形成民主参与决策、社会广泛协同的治理格局。

第四节 公共行政异质性与政府治理新典范

改革开放以来,我国行政体制改革不断深入,政府职能转变加快,政府机构设置逐步完善,社会管理和社会服务得以加强,政府决策和行政管理水平持续提高,然而面对新形势新任务,现行的行政管理体制还有待于改进和完善。比如,政府机构改革仍没有跳出"精简—膨胀—再精简—再膨胀"的怪圈,部门设置过多,部门之间依然普遍存在职能交叉、权责不明确、部门利益纠葛等现象。政府部门的服务意识有待增强,公共服务供给与公众需求之间还有较大差距,权力制约和监督机制不够完善。政府与市场的边界仍不清晰,政企不分、政资不分、政社不分的情况依然存在。

作为发展中国家,转型期的中国公共行政面临愈加错综复杂的生态诉求,新的时代背景和国际形势变化也对实现国家现代化治理提出了新的要求。美国著名行政学家弗雷德·里格斯(Fred Riggs)综合运用生态学和社会学方法针对发展中国家的行政问题进行研究,提出"棱柱型行政"理论,为我国的公共行政改革提供了新的解读视角。按照里格斯的理论,将经济结构、社会要素、沟通网络、符号系统和政治架构作为决定性变量,人类历史上的基本社会形态可分为传统农业社会、过渡社会和现代工业社会三种①。传统农业社会因其社会结构混沌、社会分工模糊,被称为"溶合型行政"。现代工业社会则各司其职,讲究行政效率和科学性,称为"衍射型行政"。过渡社会介于两者之间,既保留了传统社会特征,又具有现代社会因素,与此相适应的行政模式称为"棱柱型行政"。该种模式具有三个特征——异质性、重叠性、形式主义。异质性指同一个社会中同时存在不同的体制、习俗和观点,农业社会元素和工业社会元素并存,且不相调和;重叠性指行政组织设置和分工不明,使得行政行为需要依靠一些非行政组织如家族或宗教团体等执行职能,造成机构重叠和行政行为的多元化,权力拥有和实际控制之间分离;形式主义指过渡社会形态的法律制度约束和规范作用有限,传统和惯例具有巨大的影响力,正式规定和有效实施之间存在较大差距,既定目标和实际行动之间存在不一致。

按照里格斯的理论,面临经济体制和社会结构双重转轨的我

---

① 汤法远:《从里格斯模型解读转型期的中国公共行政》,《理论研究》2007年第1期,第42—44页。

国正处于过渡社会形态。伴随生产力的快速发展和社会经济新秩序的建立,个体、法人、规则的失范和社会文化的断裂不可避免[①]。传统农业社会的集中组织、工业社会的层级组织、后工业社会的网状组织三种组织架构在目前过渡社会形态下交织存在,使我国的"棱柱型行政"模式表现出愈加复杂的异质性、重叠性和形式主义特征。

从农业社会向工业社会转型期间,传统的高度集中的组织结构被打破,但政策垄断和政策谋利问题并未完全解决。层级组织结构逐渐形成,但尚不完善,组织碎片化、政策执行受阻等影响政策效果的现象普遍存在。部分较发达地区开始呈现与后工业社会相适应的网状组织结构,但政策主体多元化还处于尝试阶段。从各级政府部门、企事业单位到社会团体、公民个人,不同的政策主体在政策过程中享有的决策制定、监督执行、表达评价等权利范围,因具体政策问题的不同表现出极大差异。不同群体间的资源占有也存在较大差距,地区之间发展不平衡。三种组织形态并存加剧了公共行政异质性影响。

与三种组织形态并存相伴而生的是行政权力分配的三重交叠。高度集权的传统体制残余过度依赖单一行政手段,重视人治而非法治,割裂了目标与工具之间的内在适应性。层级授权的不完善,导致政府部门内部与其他组织之间的角色错位和权责错配。多元分权的话语不平衡使得主体间行动与目标的协调统一困难重重。三种权力分配方式的复杂交织,滋生了行政责任体系的失衡,群体利益冲突难以避免。

三种组织形态并存还代表了三种组织运作方式的交错共生。

[①] 王春福:《社会结构转型的双重过渡与公共政策体制的异质性》,《学术交流》2013年第2期,第5—10页。

集中组织结构多采用自上而下的行政控制机制,上下级主体之间属单向命令式运作模式,双方互动沟通较少,下级反馈机制较弱,对于政策要求只能被动服从。层级组织结构中的下级反馈机制有所增强,更加注重公民参与和诉求表达,主体间属双向指令式运作模式。网状组织结构将政策主体范围扩大到社会各个阶层的利益相关者,多元主体之间采用平等协商的模式达成意见一致。不同的组织运作方式共生,既增加了主体间横向和纵向沟通与协作的成本,也造成政策实效的形式主义。

经济和社会转型是政府改革创新的内在动力,全球化与国际竞争的加剧是政府改革的外部契机,现代通信技术的发展为政府改革提供了新的治理技术和手段。政府职能扩张与政府能力有限的矛盾、公共利益与个体利益的冲突、部门分化与行政权力配置的协调以及政府管制与社会自主创新的平衡等,都是我国政府行政改革的基本落脚点[①]。经过 40 余年的实践探索,具有中国特色的新型政府治理范式正在形成。坚持以人民为中心的主导价值观是一切改革任务的出发点,满足最广大人民利益、调动人民积极性是政府改革治理的根本原则。参与决策和民主协商增强了政府治理的开放性和有效性,重视规范和约束政府权力的同时,更加重视公民利益的维护。除了维护社会秩序与稳定以外,政府还需要扮演变革共识的建立者、制度规则的制定者、发展规划的引领者、公共服务的提供者等诸多角色。中央与地方政府之间、政府与企业等社会组织之间,通过权力结构调整实现多元利益格局下的权力下放与利益分享,逐渐形成责任与风险共担的协同治理格局。市场在资源配置领域的作用不断增强,市场环境持续改善,推动了政府

---

① 张成福:《政府治理创新与政府治理的新典范:中国政府改革 40 年》,《国家行政学院学报》2018 年第 2 期,第 33—39 页。

治理方式的进一步转变。

　　我国的行政体制改革,是中国特色社会主义制度的自我发展和完善,也是不断解放思想、大胆创新的结果。坚持问题导向,始终倾听民意,从系统观角度全面考虑,从前瞻性角度进行顶层设计,既是我国政府行政改革积累的宝贵经验,也是未来实践的指导方向。

第二章
体育公共服务改革:发展与趋势

第一节 服务型政府:从公共行政迈向公共管理

传统公共行政的含义来源于威尔逊的政治-行政二分法,以政府效率为焦点的价值取向孕育了最初的管理主义思想。韦伯的官僚制和泰罗的科学管理理论促使以规则为基础的非人格化制度代替了人格化的行政管理制度。然而,以美国行政学家沃尔多和弗里德里克森为代表的新公共行政学派认为,行政学不能排除规范性价值,过于追求非人格化压制了公职人员的创新精神,降低了组织效率。当人们发现政府规模的扩大和角色膨胀造成财政成本居高不下,政府部门无法满足民众的服务需求时,借鉴私营部门管理方法进行公共事务管理就成为对传统公共行政模式的挑战。

对于公共行政与公共管理的关系,国内外学者主要有三种不同的观点。有人认为两者内涵等同,目标一致,是同一学科的不同名称,都可以被理解为公共部门对公共事务进行的管理活动,代表人物如罗森布鲁姆,国内学者张成福、王乐夫等。有人认为虽然两者有密切联系,但仍有明显区别,如奥特、海德和沙夫里茨将公共管理视为公共行政的组成部分;国内陈振明教授等则认为公共行政是公共管理的一种手段或范式。还有人认为公共行政和公共管理是两个完全不同的社会治理模式。如以国内张康之教授为代表的学者认为,两者不存在包含与被包含关系,是不同历史阶段采用的社会治理模式;并指出公共行政是建立在政治领导与行政技术基础上的控制型治理,公共管理是建立在服务精神和服务原则基础上的服务型治理,两者存在本质区别。

尽管学界对于两者关系的争论不断,但从历史发展的角度来看,公共行政和公共管理可以被纳入同一公共部门管理框架进行分析。政府作为公共权力的执行者,在民众与社会组织之间承担着双重委托-代理人的角色,保持公权行使的合法性与公众利益的最大化是公共行政的核心问题。公共管理从强调满足民众的利益需求、服务民众的角度突出其管理内涵的社会性。因此,公共性和社会性构成两者共同的目标,公平、正义和社会伦理道德是共同的价值范畴。从组织的职能来看,公共行政和公共管理代表了两种不同的组织形式选择。按照泰罗的科学管理理论,组织成员需要严格执行上级指令,依靠设立严密的程序和监督控制手段以保障工作任务的完成。这种管理模式下,为了有效发挥组织成员的积极性和创造性,需要适度分权和市场化手段的补充来实现激励和协调。适度分权表示等级组织从强制性合作转向个体主动性负责;市场化通过主体间利益关系交换达到资源流动和重新配置。

可见,公共管理模式中的分权和绩效评估改变了原本官僚等级制的低效组织体系;市场化手段为公共产品对民众的满足程度以及政府产出效果提供了评价依据;灵活的雇佣机制打破了终身制的身份壁垒,缩减了公共部门的规模,缓解了财政压力。公共管理模式摒弃了公共行政模式的诸多弊端,现代管理理论的应用也为公共管理注入了新的活力,然而,公共管理模式至今依然没能形成清晰的理论框架,在公共资源配置和公共事务管理方面还存在诸多问题和争议。

理论的质疑并未阻挡实践的步伐,世界范围的公共行政改革都在不约而同地增加公共管理因素,从追求行政权力的有效配置转向强调公共服务的有效供给，从单中心管理控制转向网络化的协同共治，从依法行政、科学行政转向服务政府、责任政府。

服务型政府是基于公民本位、社会本位理念，以服务公民为宗旨并承担服务责任的政府。其本质属性是以社会发展和公民普遍的共同利益为出发点，在法定职权内行使公共权力，保障公民的广泛参与，积极回应社会和民众要求，并采取行动不断提高公共资源配置效率。政府与公众之间的关系从传统的命令-服从式单向关系转化为服务供给者与消费者、负有责任的企业家与顾客的双向交流互动关系。2004年2月，时任国务院总理温家宝在中央党校省部级研讨班结业仪式上首次提出"要建设服务型政府"。2005年，国务院《政府工作报告》用"创新政府管理方式，寓管理于服务之中，更好地为基层、企业和社会公众服务"的表述提出努力建设服务型政府的要求。2006年10月，服务型政府被写入《中共中央关于构建社会主义和谐社会若干重大问题的决定》。2007年，中共十七大报告进一步强调要"加快行政管理体制改革，建设服务型政府"。2011年，"十二五"规划纲要提出"按照转变职能、理顺关系、优化结构、提高效能的要求，加快建立法治政府和服务型政府"的目标。2012年，中共十八大报告首次赋予"服务型政府"以明确的内涵，将其凝练为"职能科学、结构优化、廉洁高效、人民满意"四个方面。服务型政府建设正式成为我国行政改革的基本目标和行动纲领。

作为一种新型社会治理模式，服务型政府一词中的"服务"，不仅是对公共产品服务、政策服务、制度供给服务、社会保障服务等政府职能和行为的事实层面的描述，还代表了在政府治理体系中核心价值的确立及其实现要求。理念层面的服务贯穿政府体系从构成到运行的全过程是政府的最高行为准则和价值归属。服务型政府理念的先进性还表现在以公共利益为基本出发点进一步强化了政府行政"自我纠正、自我发展"的行为路径，并发展出为民众服务的行动自觉和公共服务精神。

第二节 发达国家公共服务体系建设的经验与启示

世界各国对公共服务的内涵及范围界定并不一致,因此各国公共服务体系建设根据本国国情和经济社会发展不同阶段的特点,侧重点也有所不同,主要涉及基础教育、医疗卫生、社会保障、基础设施、环境保护、公共安全等领域。

19世纪中期以前,资本主义世界普遍崇尚亚当·斯密的古典自由主义经济理论,市场这只"看不见的手"在社会经济活动中发挥着主导作用,政府职能在于维护国家安全,基本不提供现代意义的公共服务,政府只是充当"守夜人"。这一时期政府承担的公共事务管理范围非常有限,典型的如1834年英国颁布的《新济贫法》,认为政府有实施救济、保障公民生存的责任。这一法案也被视为现代社会保障制度的前身。19世纪中期以后,资本主义国家内部社会矛盾加剧,工人运动频繁出现,一些西方国家开始建立劳动保险法和社会救济制度,兴办部分公共福利事业,以缓和劳资关系。

1929年,大规模经济危机爆发,市场自由主义的神话被打破,各国对公共服务的迫切需求突显。凯恩斯主义经济理论开始占上风,强调国家干预的重要性。特别是二战后,西方国家在经济恢复和发展的基础上,推动公共服务体系建设,政府公共服务职能被进一步强化。公共服务的覆盖范围向全体社会成员扩展,由此诞生了一些"从摇篮到坟墓"的福利国家。到20世纪60年代,西方国家基本建立起了较为健全的公共服务体系[1]。

20世纪70年代,受石油危机的影响,西方国家陷入严重的经

---

[1] 姜异康、袁曙宏、韩康等:《国外公共服务体系建设与我国建设服务型政府》,《中国行政管理》2011年第2期,第7—13页。

济"滞胀",通货膨胀率和失业率居高不下,民众对于公共服务的需求大幅增加。福利国家的社会保障全方位覆盖使政府公共财政赤字不断恶化,社会问题日益严峻,西方国家纷纷启动改革,推进公共服务的市场化和社会化,重新调整政府公共服务职能,即"新公共管理"运动。然而,好景不长,过度的市场化和社会化带来了新的问题。过分重视市场手段和追求效率而忽视公民权利、人文精神和民主价值,新公共管理下的政府职能受到人们的质疑和抨击。组织人本主义和公民社会理论的出现,推动了公共服务的价值重构,强调公民参与的服务理念、公平公正的行为准则、平等共享的利益取向是西方国家新公共服务模式的主要特征。

实践中,发达国家的公共服务体系可分为如下两种类型。

一是以美国、德国和日本为代表的"公平与效率兼顾型"公共服务体系,既坚持政府在公共服务体系中的基础性作用,又重视市场调节,注重公平与效率的统一。如美国的公共服务体系是在政府调节分配的前提下,以个人自助为主,政府补助、商业保险为辅的制度模式。尤其是在公共教育、医疗卫生、社会保障救济、住房补贴等领域,力求公共服务的全民覆盖。在公共服务的供给中,引入市场竞争机制选择供给者,注重发挥非政府组织、社会团体、个人志愿者等的作用,设立专门机构给予引导支持及对其公共服务项目资助。为了保证公共服务供给质量和效率,政府针对准入资格、服务价格、服务质量、成本效益、服务内容等方面都制定了相应的规则,并建立专门的监管机构。德国的公共服务体系更加注重全国范围内公民享有均等一致的公共服务。在个人层面,实行公助与自助相结合,其社会保障项目除了工伤保险费用由企业主承担外,失业保险和医疗保险所需资金均由职工个人和所在企业分担,政府只在以上项目亏空时给予部分财政补贴。在区域层面,为了弥补地方发展不平衡的差异,德国建立了财政均衡性转移支付体制①。财政均衡转移支付体制又分为财政纵向平衡机制和财政横向平衡机制两种。财政纵向平衡机制是通过税收调节实现联邦、州和地方政府的国家范围内分配平衡,通过一般性财政拨款和定向用途拨款实现州和所辖地方政府之间的财政平衡;财政横向平衡机制是中央政府把增值税作为专项均衡资金,部分按人均返还各州,部分补贴给财政能力较弱的州。对于有特殊困难的州,政府还有补充拨款,对欠发达地区给与优惠政策。

二是以英国、法国和北欧国家为代表的"公平主导型"公共服务体系,强调以政府为主体,实行全民覆盖的普遍保障,类似今天的"公共服务均等化"理念。如英国的公共服务体系虽然采取了市场机制提升效率,但依然将公共服务作为政府的主要责任,针对性地引入准市场机制,采用合同出租、公私合作、用者付费等方式,鼓励私营部门的竞争发展。政府坚持立法先导,使公共服务体系建设有法可依,积极充当服务安排者和监督者以保证公平。中央将公共安全、市政建设和社会福利方面的公共事务管理权下放给地方政府,其仅保留政策制定权。鼓励社会组织和公民积极参与公共服务,实行多元主体共同治理。允许社会团体或私人进入除政府垄断以外的公共服务领域,并给予资金、政策扶持。在教育、文体休闲、社会服务领域,公益透明度高,公民志愿活动日常化,各级政府部门与社会组织之间的合作伙伴关系尤为密切。法国是典型的福利国家,据欧盟统计局数据显示,2008 年其公共服务开支占 GDP 的比重达到 52.7%②。以中央政府为主体,地方政府紧密配合,重视对农村地区和弱势群体的公共服务体系建设,坚持普遍性、公平性和互助性原则,致力于缩小城乡差距和贫富差距。地方

---

① 王春福:《公共政策论——社会转型与政府公共政策》,北京大学出版社 2014 年版,第 313—315 页。

② 同上。

协调员制度的建立,保障了行政权力的下放和社会资源的整合,增强了公共服务的渗透力和影响力。

不论是发达国家还是发展中国家,完善的公共服务体系对于保障社会稳定、促进经济发展都具有重要作用。虽然各国公共服务体系建设的具体措施有所不同,但均立足本国现实,综合考量经济发展水平、社会结构、政治体制和历史传统文化等因素,选择确定适合本国的发展模式。各国都将公共服务作为政府的主要职能,并逐年适度增加公共补贴、拨款及其他社会福利的财政开支,尽量扩大公共服务的覆盖面,提高公共服务水平;明确划分中央和地方政府的权责分配,建立绩效管理制度,实施结果导向的预算制度等;注重协调政府与市场、政府与社会之间的伙伴关系,在保证政府承担公共服务主要责任的同时,充分发挥市场和社会主体的作用。

第三节 我国体育公共服务改革的政策变迁

19世纪40年代到20世纪初,经历了近代西方体育和我国传统体育相互排斥抗衡、交织融入的动荡历程,新中国的成立使体育活动重新回归社会生活,成为人们重要的休闲娱乐方式。国家体育发展战略思想的演变,深刻地影响着群众体育活动方式。体育政策的主题也经历了从"群众体育"到"全民健身",到"基本体育服务"和"公共体育服务建设",再到"体育公共服务体系"的思路转变(详见表2-1)。

中华人民共和国成立初期,长期的战乱导致我国国民体质状况较差,严重影响国家生产力的恢复。这一时期我国的体育工作以"广泛地开展人民体育运动,使之为人民的健康、经济建设和国防建设服务"为指导思想,以"开展群众性的体育运动,使体育运动普及和经常化"为基本方针。1954年,中共中央批转《关于加强

表 2-1　我国体育公共服务改革的政策梳理

时间	发文机构	政策或文件	主题	内容及影响
1954年	中共中央、国家体委党组	《关于加强人民体育运动工作报告》	群众性体育运动的普及化、经常化	确定体育组织、体育宣传、体育比赛三种形式
1995年	国务院	《全民健身计划纲要》	增强居民的体育意识和健康意识	拉开全国各地开展全民健身活动的序幕
	国务院	实施双休日制度	每周工作五天、休息二天	制度保障
2002年	中共中央、国务院	8月《关于进一步加强和改进新时期体育工作的意见》	努力构建群众性的多元化体育服务体系	保障广大人民群众享有基本的体育服务
	中共中央	11月中共十六大报告	将全民健身体系纳入全面建设小康社会的目标	
2009年	国务院	《全民健身条例》	明确政府在推动全民健身事业发展中应扮演的角色和承担的责任	设立"全民健身日"；免费健身指导服务，场馆免费开放
2010年	国务院办公厅	《关于加快发展体育产业的指导意见》	努力满足广大人民群众日益增长的多元化、多层次的体育需求；加强体育公共服务、不断提高服务能力和水平	群众体育俱乐部建设、具有地方特色的体育健身项目培育
2011年	国家体育总局	《体育事业发展"十二五"规划》	建立完善符合国情、比较完整、覆盖城乡、可持续的公共体育服务体系	全民健身设施建设、体育场馆向公众开放、健全健身组织网络、社会体育指导员队伍建设、开展群众性体育赛会、弱势群体的体育活动开展

(续表)

时间	发文机构	政策或文件	主题	内容及影响
2012年	国务院	《国家基本公共服务体系"十二五"规划》	明确群众体育建设的重点任务、基本标准、保障工程	场地开放不少于最低时限、免费获取健身服务、规划建设公园绿地等公共场所
2014年	国务院	《关于加快发展体育产业促进体育消费的若干意见》	促进群众体育与竞技体育全面发展,加快体育强国建设,不断满足人民群众日益增长的体育需求	初步形成我国体育公共服务建设的基本框架体系;场馆设施、全民健身项目、群众性赛事
2016年	国家体育总局	5月《体育发展"十三五"规划》	实施全民健身国家战略	加快建设水平较高、内容完备、惠及全民的基本公共体育服务体系,逐步推动基本公共体育服务在地域、城乡和人群间的均等化
2016年	中共中央、国务院	10月《"健康中国2030"规划纲要》	健康中国建设	发展群众体育活动、完善全民健身公共服务体系,提高全民身体素质
2017年	国家发展改革委、国家体育总局	1月《"十三五"公共体育普及工程实施方案》	公共体育普及工程	形成布局合理、覆盖面广、类型多样、普惠性强的公共体育服务网络
2017年	国家体育总局	8月《全民健身指南》	全民健身指导	体育健身活动效果、运动能力测试与评价、体育健身活动原则、体育健身活动指导方案等运动建议

资料来源:本表由作者整理所制。

人民体育运动工作报告》的指示中强调:"改善人民的健康状况,增强人民体质,是党的一项重要政治任务。人民的体育运动是国家的一项新的事业,各级党委必须予以充分的重视……领导和推动各有关部门共同努力,使群众性体育运动首先在厂矿、学校、部队和机关中切实地开展起来。"自此,群众性体育活动在我国开始有计划地展开。主要采用三种方式:一是建立和完善体育管理机构、发展体育组织;二是通过报纸、杂志、广播等渠道广泛宣传体育工作指导思想;三是不断组织体育比赛,并在工厂、部队、学校、机关、农村等基层单位大量开展广播操、工间操以及从劳卫制演变而来的各类体育锻炼标准等,从而促进群众体育运动开展的经常化、普及化。

20世纪50年代末到60年代中期,我国体育政策经历了从普及向提高的转变。这一时期政治环境的变化严重影响国家经济建设,群众体育的开展缺少必要的物质支撑,国民体育需求较低。基于国家政治、外交方面的需要,政策倾向于发展竞技体育。1966年开始的十年"文革"期间,我国并没有出台关于群众体育的相关政策,群众体育活动主要存在于那些群众体育开展基础较好的地区,依赖于群众自发和社会组织的管理。

改革开放开启了我国国家建设的现代化进程。在这场兼顾战略转变与体制改革、瞄准社会层面与人民生活的深刻变革中,政府除了重视物质文明水平的提高,也更加关注精神文化生活。政府将体育事业的发展目标,转向满足群众日益增长的体育需求,逐渐淡化国家建设服务功能。1982年,在中共十二大报告关于精神文明建设的描述中,体育被列为文化建设的重要内容之一,报告指出"文化建设也应当包括健康、愉快、生动活泼、丰富多彩的群众性娱乐活动,使人民在紧张劳动后的休息中,得到有高尚趣味的精神上的享受"。不仅强调体育对国民身心健康的促进作用,而且也是

"提高人民群众思想觉悟和道德水平,促进社会化发展的重要条件"。稳定的政治经济环境进一步推动了体育事业的快速发展。经济水平的迅速提高大幅增加了居民的可支配收入,上海、北京、深圳等经济较发达城市开始陆续跨入体育休闲的发展阶段,居民的消费结构逐渐从物质产品转向精神产品,休闲健身的体育生活方式受到人们的关注。

1992年,中共十四大确立社会主义市场经济体制改革的建设目标后,我国经济发展速度持续提高,人民生活水平显著改善,为体育事业的发展奠定了良好的物质基础。1993年,国际奥委会和世界卫生组织共同签署全民体育和全民健身合作备忘录,倡导各国发展群众体育、增强身体健康。1995年,世界卫生组织和国际体育医学联合会体育运动健康委员会共同发表题为"为健康而运动"的声明,呼吁各国政府将体育运动和促进公共健康作为公共政策的一个重要方面加以考虑。在此国际背景下,1995年,国务院正式颁布《全民健身计划纲要》,确定"用15年时间将全民健身工作提高到一个新的水平,基本建成具有中国特色的全民健身体系"目标。该《纲要》的出台,以增强居民的体育意识和健康意识为宗旨,拉开了各地全民健身活动开展的序幕。"全民健身周"成为全国性的制度化活动。各地政府纷纷围绕"建设群众身边健身场地""健全群众身边体育组织""举办群众身边经常性体育活动"三个环节,构建覆盖全社会的全民健身体系。同年,带薪休假制度进行了大幅调整,以周末双休日制度代替原有的单休日和大小周轮换制,为我国民众的体育休闲活动开展创造了社会条件。

1998年,九届全国人大一次会议首次将公共服务纳入我国政府职能转变的三大目标定位之一。2002年8月,国务院颁布的《关于进一步加强和改进新时期体育工作的意见》中明确提出:"努力构建群众性的多元化体育服务体系。为广大人民群众提供必要的体育设施和体育服务……适应各方面的体育健身需要,保障广大人民群众享有基本的体育服务。"这也是我国首次以官方文件的形式描述政府的体育服务供给责任及内容,体育的社会化功能得以体现。同年11月,中共十六大报告明确将全民健身体系纳入全面建设小康社会的目标,为社会各个阶层的所有人群提供良好的体育健身环境和条件,成为奋斗目标的重要组成部分。2003年12月,国家体育总局下发《关于创建社区体育俱乐部试点工作的通知》,进一步丰富了我国体育公共服务的建设内容。社区体育俱乐部试点工作的启动,带动了城市社区体育的迅速兴起。活动就近化、时间零散化的社区体育开始成为群众体育工作的重要内容。到2005年,我国90%以上的城镇社区健身活动基本形成"家庭健身、晨晚练点、社区单位体育比赛、社区体育单项赛事、社区大型综合赛事"五位一体的健身格局①。

2009年,国务院批准设立"全民健身日",颁布实施《全民健身条例》,明确了政府在推动全民健身事业发展中应扮演的角色和承担的责任。2010年,国务院办公厅发布《关于加快发展体育产业的指导意见》,将我国体育公共服务的发展目标定位于"与市场服务相互结合、体育事业与体育产业协调发展"。强调不断加大投入,加强城乡居民基本体育服务,积极培育体育健身市场,培养群众体育健身意识,引导大众体育消费。2011年,国家体育总局政法司发布了《体育事业发展"十二五"规划》,指出"政府提供的公共体育服务不足,体育场地设施建设、组织体系建立、科学健身指导等诸多方面与广大人民群众的需求存在较大差距",需要强化公共体育服务职能,建立完善以全民健身设施建设、组织建设、活动开

---

① 曹磊:《我国社区体育俱乐部发展的主要影响因素与发展阶段研究》,福建师范大学体育人文社会学专业硕士学位论文,2006年,第48页。

展、健身指导、科学评估等为主要内容的全民健身公共服务体系。2012年,《国家基本公共服务体系"十二五"规划》明确了群众体育建设的重点任务,将体育场馆开放和全民健身服务列为体育公共服务的国家基本标准,重点支持体育基本公共服务的保障建设工程。2014年,国务院出台《关于加快发展体育产业 促进体育消费的若干意见》(简称"46号文件")进一步完善并初步形成我国体育公共服务建设的基本框架体系。2016年5月,国家体育总局发布《体育发展"十三五"规划》,提出落实全民健身国家战略,加快建设基本公共体育服务体系。2016年10月,国务院印发《"健康中国2030"规划纲要》,将提高全民身体素质、统筹建设全民健身公共设施、完善全民健身公共服务体系、广泛开展全民健身运动等作为健康中国建设的重要内容。2017年1月,国家发展改革委、体育总局印发的《"十三五"公共体育普及工程实施方案》提出,到2020年,人均体育场地面积达到1.8平方米,形成布局合理、覆盖面广、类型多样、普惠性强的公共体育服务网络,各类体育设施的利用率有较大提升,基本满足群众体育健身需求。2017年8月,国家体育总局公布《全民健身指南》,基于中国居民运动健身实测数据,给与个性化体育健身以科学指导。

第四节 供给侧视角下体育公共服务改革的新要求

改革开放初期,依托要素投入、消费推动和出口拉动的三驾马车,我国经济实现了多年持续高速增长,社会发展水平和综合国力显著提高。如今受到全球总需求增长放缓、人口红利衰减、国内劳动力成本优势消退、中等收入陷阱风险累积以及国际经济格局的深刻调整等国内外市场环境的影响,我国经济步入"新常态"。经济发展方式面临由高速增长转向高质量发展的新阶段,从重视物质生产体系转向关注消费升级,对转变发展方式、优化经济结构、转换增长动力提出根本要求和严峻挑战。"十三五"时期是我国经济结构调整和经济发展方式转变的关键时期,推进供给侧结构性改革是适应和引领经济发展"新常态"的必然要求。2015 年 11 月,习近平主席在中央财经领导小组第十一次会议上提出,"推动供给侧结构性改革,着力改善供给体系的供给效率和质量"①。2016 年 1 月,在中央财经领导小组第十二次会议上,习近平主席指出,"供给侧结构性改革的根本目的是提高社会生产力水平,落实好以人民为中心的发展思想"②。2017 年 10 月,中共十九大报告明确提出"深化供给侧结构性改革"的要求,即,建设现代化经济体系,必须把发展经济的着力点放在实体经济上,把提高供给体系质量作为主攻方向,显著增强我国经济质量优势。2018 年 12 月召开的中央经济工作会议提出深化供给侧结构性改革,明确了"巩固、增强、提升、畅通"八字方针。2019 年 3 月,在国务院政府工作报告中,国务院总理李克强再次强调必须坚持以供给侧结构性改革为主线不动摇,更多运用市场化、法治化手段,巩固"三去一降一补"成果,增强微观主体活力,提升产业链水平,畅通国民经济循环,推动经济高质量发展。可见,供给侧结构性改革的宗旨就是通过调整和优化经济结构,使社会要素实现最优配置,提升经济增长的质量和数量,实现经济的可持续发展和人民生活水平的不断提高。

供给侧改革的思想最初可追溯到 19 世纪初西方古典自由主

---

① 赵超:《何为结构性改革?该如何推进——解读中央财经领导小组第十一次会议》(2015 年 11 月 11 日),人民网,http://cpc.people.com.cn/n/2015/1111/c64387-27803380.html,最后浏览日期:2019 年 7 月 13 日。
② 刘晓朋:《习近平主持召开中央财经领导小组第十二次会议》(2016 年 1 月 26 日),新华网,http://www.xinhuanet.com//politics/2016-01/26/c_1117904083.htm,最后浏览日期:2019 年 7 月 13 日。

义经济学派的经济主张。代表人物如法国著名经济学家萨伊,他认为供给能自动创造需求,自由竞争和市场机制能实现供需平衡。这一理论很快因为20世纪30年代世界经济危机的爆发而被凯恩斯的需求管理和国家宏观调控理论所替代。到了20世纪70年代,以美国经济学家拉弗为代表的供给学派,再次纠正了凯恩斯主义的过度重视需求,新供给学派由此诞生。在我国,体育公共服务作为人民群众应当享有的基本体育权利,其供需配置也面临诸多困境。

随着人们生活水平的提高,体育公共服务需求日益旺盛,需求总量不断增加,需求表现多元化趋势明显。人民群众从单纯的强身健体转向追求高品位的文化底蕴,希望通过参加体育锻炼和各类体育活动提高自己的健康素质和生活质量。然而,目前体育公共服务的提供呈单一化、政府财政投入有限,以致不能满足公众的实际需求;政策缺乏明确的服务对象,忽视实际效果,资源浪费严重,降低了体育公共服务供给质量和效率。

从目前我国各地的体育公共服务改革实践来看,首先,制度法规的不健全制约着体育公共服务供给的健康发展。以市场化购买为例,仅靠各地方自行出台的地方性法规推进,服务效果难以度量与测评,造成购买体育公共服务随意性严重、效率低下。市场准入、信息公开、人事制度的不完善,加剧了购买行为的不规范。其次,政府购买公共体育服务的数量远远不能满足社会公众的需要。除经济发达地区和省会城市以外,多数经济欠发达地区尚未启动政府购买公共体育服务。一方面,资金来源是一难题,有限的政府财政难以再挤出相应的资金用以购买服务;另一方面,社会资本却没有得到有效利用。部分社会公众认为,公共体育服务应该由政府提供,对私人部门提供的服务缺乏信任。政府将原本通过行政权力分配资源提供公共体育服务,改由私人部门提供,这也可能会损害部分既得利益群体的利益,使其缺乏积极性。再次,国内尚未形成健全的服务供给市场环境,购买对象范围狭窄。多数地方政府购买公共体育服务是直接定向委托学校和体育局主管的体育协会或社团,购买学校体育场馆向社会免费开放服务,或者由原事业单位转制,亦或者专门为了政府购买服务而成立的机构,公开、公平、透明的竞争性购买较少。最后,政府购买公共体育服务区域之间、城乡之间和人群之间分布不均衡。农民工和残疾人等社会弱势群体的体育权利没有受到充分重视,不同社会阶层的人群获取体育公共服务的机会存在较大差异。

因此,从供给侧角度,我国的体育公共服务改革要根源于消费者需求方的变化,把握体验经济时代服务供给方与消费者交流互动、信息和情感交集的特征。以消费者需求为中心,以创新驱动为引擎,以体育公共服务消费需求的多元化、个性化、精准化促进体育供给侧结构优化和产业升级。体育公共服务改革的关键在于扩大供给规模的同时提升供给的精准度、有效性。综合考虑公私合伙制(public-private-partnership,PPP)模式的优势与弊端,通过盘活存量、增加有效供给,解决我国体育公共服务供给内容不均衡和供给区域不均衡的双重困境,改善服务覆盖多而不优、广而不精的现象;充分利用互联网技术,满足民众对政务公开透明、决策参与的需求表达意愿,赋予民众话语权,从源头减少需求和供给的结构错配现象;简政放权,鼓励更多的社会力量参与体育公共服务供给,政府明确职责,扮演好市场监管者的角色。

第三章
体育公共服务改革的制度生态

第一节 从"效率优先"到"公平正义"的价值取向

公平与效率均为公共政策所追求的目标,但两者的关系之争一直伴随着我国经济社会发展的阶段转型。如何实现公平与效率的动态平衡,同样也是我国体育公共服务改革面临的价值选择难题。

一、公共服务的效率取向

效率的初始内涵是资源投入与生产产出之间的比率关系。正如美国学者阿瑟·奥肯所言:"经济学家就如同工程师,对于效率的追求意味着需要从给定的量中获得最大的产出。社会生产的投入包括厂房、机器设备等实物资源,土地、矿产、动植物等自然资源,以及人力资源的贡献。产出是各种社会所需的商品和劳务。当社会发现以同样的投入可以获得更多产出的途径,那么效率就得以提高。"[①]帕累托原则充分展现了社会资源有效配置的理想状态。"帕累托原则除了具有价值判断以外,在经济学中还代表着一种效率概念,即一个人或一群人获得效用而不会使其他人的效用

---

① [美]阿瑟·奥肯:《平等与效率——重大抉择》,王奔洲译,华夏出版社2010年版,第3页。

减少的可能性。"①尽管帕累托原则所描述的效率概念具有特殊性,但在现代经济生活中却被广泛适用。当一种社会状态移动到其他社会状态时,提高某些社会成员福利的同时,将损害其他社会成员福利,那么此时的社会状态称为帕累托最优;此时的社会生产效率被称为帕累托效率。帕累托效率表达的社会成员效用最大化和福利最佳状态,成为人类社会发展的普遍愿景。

人们对于经济效率的追求催生了"自由竞争"和"功利主义"。自由主义的效率观认为,自由竞争是促进经济高效率的原动力。自由竞争下的市场高度开放迫使市场主体努力提高生产率,尽可能地降低成本以获得利润。在排除市场失灵因素的情况下,竞争有利于优化资源配置和提高效率。功利主义从"最大幸福原则"的角度理解效率,认为人类具有趋利避害的天性,获取尽可能多的利益就成为人类行为的根本法则。追求效率最大化是功利主义的唯一价值目标。自由主义和功利主义更多是从价值生产的角度理解效率,而帕累托原则兼顾了资源分配。背后隐藏的深层意义即社会生产效率的提高并非确定指向全体社会成员生活质量的改善,依然可能存在状态差异和占有不均的问题。

对社会整体效率观点的把握将效率的涵义从经济领域扩大到社会领域的方方面面。美国经济学家曼昆将效率的实质界定为"通过资源配置使所有社会成员获得总的剩余最大化"②。这里的社会剩余涵盖了经济、政治、文化、生态在内的全社会产出,当然还包括人的主体性作用和人的成长与发展。社会整体效率强调社会产出对提高全体社会成员生活质量,促进社会全面发展的作用。在这个意义上,效率就成为一种关系范畴,反映人与客观对象之

---

① [美]N.格里高利·曼昆:《经济学原理(第7版)》,梁小民、梁砾译,北京大学出版社2015年版,第153页。
② 同上。

间、人与人之间的社会关系。在资源稀缺日渐成为社会常态的今天,如何实现社会资源的有效配置,如何充分利用存量资源的同时吸引增量资源,成为各国政府面临的难题。经济领域的效率提高,对于政治、文化、生态等其他社会领域的价值产出具有连锁带动效应。政府通过公共政策对社会价值进行权威性分配,凸显了效率的资源配置功能。"在社会层面,效率被看作是一个可以指导社会资本投放选择的理想手段,以便达到对社会资源的最大使用。通常情况下,资源往往流向能造福人类的方向。因为,交换就是选择。"[1]如此,资源的有效配置就成为社会选择的结果。一定程度上,资源配置是否有效,要看它能否激发人的潜力和积极性。可见,分配过程中出现的资源占有不平等现象实际上发挥了对人类主体意识的激励作用,并落实到社会生产活动中。今天,人类社会所普遍推崇的"努力奋斗"精神,很大程度上是对这种不平等分配制度设计的认同。

西方传统公共行政思想,在政府实施公共服务职能的行为选择上,突出地表现为以效率为基本的价值取向[2]。这种取向推动着西方国家政府实施了一系列旨在提高公共服务效率的举措。如政府退出部分公共服务领域的直接供给;利用服务标准的设计和服务质量的监控,为评估和修正政府的服务供给模式以及选择和替换后续服务供应者提供保障;建立合法的、经双方协商认定的合作框架、法定责任,并规定行政问责与对服务供给方问责的措施等。

借鉴西方的"效率优位"原则,"效率优先,兼顾公平"成为我国

---

[1] [美]德博拉·斯通:《政策悖论》,顾建光译,中国人民大学出版社2006年版,第65页。
[2] 范炜烽:《当代西方政府管理改革价值选择的内容初探》,《学术论坛》2009年第1期,第77—81页。

政府公共政策价值选择的主旋律。随着社会发展与改革的不断深化,对市场化和效率的过度追求也在一定程度上造成了公共行政的功利化、行政权力的异化、部门主义倾向和行政责任的缺失①。从中共十六大报告提出的全面建设小康社会目标,到中共十七大报告提出实现社会公平正义是发展中国特色社会主义的重大任务,再到中共十八大报告所倡导的"平等、公正的社会主义核心价值观","公平公正"的公共行政理念开始深入人心②。

二、公共服务的公平诉求

在日常生活中,"公平"与"正义"常结对出现。相对于"正义"概念的道德哲学显现,更为直观和具有操作性的"公平"就成为人类社会的主流价值。实际上,正义才是人类的终极理想诉求,公平只是正义的一种价值形态。

对正义问题的探讨起源于人类对道德和价值问题的思考。古希腊的哲学家们将正义视为个体心灵的最高德性,是节制的欲望、勇敢的意志、智慧的理性三者的和谐统一,并认为国家是由一定数量的个体组成的,因此,对个体的正义要求同样适用于国家正义③。现代正义理论的奠基人罗尔斯认为,"正义是社会制度的首要价值"④。正义被上升为关乎人的价值尊严及发展的根本问题范畴,体现为人类对于自身本质以及权力、财富、美德等其他生活价值的确

---

① 汪大海、刘金发:《转型期中国公共行政市场价值和公共价值的整合》,《中国行政管理》2011年第11期,第10—14页。
② 汪毅霖、王宇:《经济学和伦理学的缠结与转型期公共政策的价值选择》,《云南财经大学学报》2011年第3期,第32—42页。
③ 赵明:《正义的历史映像》,法律出版社2007年版,第173页。
④ [美]约翰·罗尔斯:《正义论》,何怀宏等译,中国社会科学出版社1988年版,第91页。

认①。任何社会制度与社会规范的制定都应符合正义的人性追求。

在《现代汉语词典》中,"公平"的定义是"处理事情合情合理,不偏袒哪一方面"。在生活中,公平的涵义更加广泛。不论是人与人之间、群体之间、国家之间,公平都意味着对等互利、礼尚往来、付出与所得平衡。相对于正义的整体性存在与否的场域判断,人们更加关注对公平的标准衡量。由于公平兼具正义理性和现实依据,通常被理解为贯穿于社会活动的起点、过程、结果中。起点公平,也称机会公平,即所有人具有均等的权利和事实可能性;过程公平,意味着规则一致,即所有人的行为和程序遵循同样的约束;结果公平,即回报适度,所得相对于付出的比例相当。尽管人们竭力追求最具普遍意义的公平,然而这种抽象的公平在现实生活中并不存在,事实上的不平等才是社会常态。如著名经济学家詹姆斯·布坎南所言:"在私有财产和契约组成的法律架构里,受到市场机制的制约,经济竞争的不公正往往来自天赋。因为在规则和选择发挥作用以前,人们首先是带着天赋进场的。"②既然无法界定广泛的普适性的公平,形而上的本体论意义就成为人们对公平观念的解读。罗尔斯认为,最广泛的基本自由权是平等的第一前提,利益是衡量不平等的依据,人的权利是否平等是衡量的根本尺度。因此,本体论意义上的公平,是特定历史条件下人与人之间的关系状态。这种对关系状态的主观把握,存在于不同历史时期人们的观念中,基于特定的社会生产关系具有不同的认识标准。

探讨公平意义设定的前提,就是为政府运用公共政策调节社会利益关系提供参照依据。"在社会生活中,处于不同社会地位的

---

① 胡海波:《正义的追寻——人类发展的理想境界》,东北师范大学出版社 1997 年版,第 24—25 页。
② [美]詹姆斯·M. 布坎南:《自由、市场和国家》,吴良健等译,北京经济学院出版社 1988 年版,第 131 页。

个体和群体具有不同的利益要求,需要政府对全社会的价值做权威性分配。"①公平意味着价值或公共资源分配的合理性。合理性的标志以特定的社会共同体中绝大多数人的认可为准。为了实现绝大多数人的认同准则,如何避免掌握大量社会资源的强势群体单向话语权左右公共政策,如何保障弱势群体的利益诉求表达和决策参与就成为政府面临的严峻挑战。

在体育公共服务领域,公平正义的价值诉求主要体现在对公民主体地位的认同,对公民享有体育权益的确立,对其参与体育公共事务决策的保障,对公民体育需求的满足与回应。公众是体育公共服务政策制定中不可忽视的主体。体育公共服务政策应以公众的体育运动需求为导向,而并非服务行政部门的意志表现。公众的高度参与,有利于克服政策的盲目性和随意性,提高体育公共服务政策的公众性、合法性和科学性。现阶段,我国体育公共服务政策制定面临公共表达渠道狭窄的困境。借鉴西方改革经验,可以采取以下措施予以完善。(1)广泛的民意调查。调查人群的选取要考虑年龄、收入水平、健康状况、残疾人、流动人口、城乡等因素,由于民意调查的工作量较大,数据庞杂,因此相关部门可以委托民间和私营调查机构进行。(2)信息公开。政府和公众在信息数量和及时性方面表现出明显的不对称,及时的信息公开尤为重要。通信网络的普及为体育公共行政部门信息公开提供了便利条件,根据国家行政学院电子政务研究中心报告显示,截至2013年年底,我国各级党政机构和党政人员微博客账号数量已超过25万个,较2012年增长率为46.42%②。(3)举行公开听证会。在当代

---

① [美]戴维·伊斯顿:《政治生活的系统分析》,王浦劬等译,华夏出版社1999年版,第26页。
② 国家行政学院电子政务研究中心:《2013微博客评估报告》(2014年4月5日),中国电子政务网,http://www.egovernment.gov.cn:81/art/2014/4/5/art_162_361.html,最后浏览日期:2019年6月23日。

法治国家,政策法规基本是公开听证会的产物。中央和各级地方政府在涉及财政支出、项目规划等体育公共服务重大决策之前,有必要举行公开听证会,听证人员至少应该由行政人员、领域专家、公众代表以及新闻媒体等组成。(4)公民请愿与投票。请愿与投票作为表达意愿最原始的方式并不过时,在某种程度上反而更贴近公众的实际需求,公民可以直陈意愿,参与体育公共服务政策制定。

公众参与的程度决定体育公共服务递送与供给结果的有效性。我国公共服务的政策制定、服务递送普遍存在滞后的状况,往往是公众的某种强烈需求始终无法得到满足,以至于累积到民众对政府失去信心的程度才会催生相应措施的实施。究其原因,主要在于服务递送过程中公众参与度较低,而公众的偏好又处于动态变化中,因此,政府不能及时掌握服务递送过程中的反馈信息,公共服务的灵活性受到限制。在体育公共服务的递送过程中,有必要赋予公众一定的行政权。借鉴发达国家的模式,可以采取以下措施让公众广泛地参与到体育公共服务的行政过程中。(1)建立由省、市、街道、社区构成的多级体育公共服务使用者委员会,赋予他们公共体育政策实施和服务递送的决策权和监督权。(2)政府降低门槛,鼓励并支持公众自发组织提供体育公共服务。我国现有的体育公共服务仍以政府和市场供给为主,而非营利的社会组织数量和能力可谓微乎其微。(3)构建志愿者服务通道。有关调查显示,我国公共领域志愿者服务参与率约为3%,而美国则高达44%[①]。所以,政府管理部门要协调社会资源,构建畅通的志愿者服务通道,吸收管理、服务和体育等各类人才共同参与体育公共服务。

---

① 转引自张小航、杨华:《创造公共价值:我国公共体育服务改革的新动向》,《天津体育学院学报》2013年第2期,第151—156页。

公众回应是评判体育公共服务效用实现的重要标准。体育公共服务以服务公众、增进公共利益为任务目标,所以,目标的实现程度就必须通过公众的回应来反映,而且公众的回应还是评价政府和其他管理部门绩效的一项重要参数。在对公众回应进行分析时,应当设置一个参照系,正因为体育公共服务反映的是公众的体育需求,所以科学的参照系理所应当是公众的期望值。2009年,英国学者布鲁克斯和韦根(Brookes and Wiggan)对英格兰地区体育公共服务资源进行调查的结果显示:在资源配置效率、分配公平性及资源使用效率三方面都表现出现实状况和公众期望值之间的明显差距[①]。显然,期望值会处于动态变化中,因此,也就要求体育公共服务的管理者要善于把握公众的需求变化,及时调整策略,缩小现实与期望之间的差距。

三、公平与效率的悖论

追求更加公平和公正的价值取向,也充分地体现在学术研究领域。人们在反思体育公共服务市场化、社会化改革的优势和弊端的同时,不约而同地将目光转向了寻求公平和公正的价值选择。然而,同所有的改革尝试一样,在我国的体育公共服务均等化试点改革实践中,公平公正的价值取向也遭遇了水土不服的尴尬。从世界各国的改革实践来看,追求公平往往意味着牺牲效率,而追求效率又不可避免地需要放弃公平。对于政府而言,公平与效率之间一直存在着统一与平衡的两难选择。

从公平的本质属性来看,公平本身就蕴含着分配的不平等。按照美国学者德博拉·斯通(Deborah Stone)的观点,公平悖论主

---

① 转引自张小航、杨华:《创造公共价值:我国公共体育服务改革的新动向》,《天津体育学院学报》2013年第2期,第151—156页。

要表现在以下四个方面。其一是对分配公平标准的判断，有学者强调以过程论，也有学者强调以结果论。不论是过程还是结果，标准不同都将影响对公平的评价。其二是公共政策需要对分配进行干预以实现分配公平，然而干预的程度涉及公共与私人之间的自由空间界限划分问题。持过程论观点的人认为自由就是按照自己的意愿处置和利用自己的资源，不受他人干扰和控制，因此不支持政府运用公共权力进行资源再分配。持结果论观点的人认为自由是建立在丰厚资源基础上的自愿选择，强调选择权的非强迫性和获取资源的保障性，因此支持政府发挥再分配职能。其三是财富创造的主体性归于个体还是群体。过程论认为个体是财富创造的主体，因此需要尊重个体获取与使用的自由，不需要政府再分配；结果论认为个体能够创造的财富仅占社会总价值的一部分，还有一些重要价值需要群体的通力合作才能创造，因此，政府有必要进行再分配以确保个体获得财富的途径。其四是个体从事社会生产活动的动机。有人认为个体进行生产和创造活动的目的是为了满足自身的需要，参与社会分配将会打击个体的劳动积极性，从而降低社会生产力；也有人指出在基本安全得以保障的情况下，再分配有助于提高人们的主动性和创造性。公平本身具有的悖论属性加剧了公平与效率之间关系平衡的难题。

对于效率的测量同样受到了学者的抨击。因为经济学家普遍认为，实现效率必须通过市场进行资源交换，而市场本身就存在悖论，如垄断、信息不对称、外部性和公共物品等市场失灵问题。市场交换依赖于政府要对所有权做出法律界定，还要为交换行为的契约履行提供保障，如果脱离政府，市场交换就无法实现。因此效率问题面临着政府与市场的双重挑战。此外，通过市场进行资源交换仅是众多类型社会活动中的一种，人们进行交换的目的有时也不仅仅为了取得价值，还可能来自工作本身带来的愉悦感和成就感,或者通过与他人合作创造价值的满足感。可见,市场交换是否是实现效率的必要途径在学界还存在争议。

对于公平与效率之间的关系,政府通常无法摆脱钟摆式的公共政策波动。以改革开放为界,我国公共政策经历了从公平至上但影响效率的"大锅饭"阶段,到效率优先兼顾公平的"抓住老鼠就是好猫"阶段,在效率取向的推动下,社会生产力被有效释放,社会财富大幅增长,国力显著增强,人民生活水平大幅提高。然而,随之而来的贫富差距和地区差异问题凸显,人们开始反思效率与公平之间的最佳平衡点,在"以人为本"思想的指导下,公共政策再度回归到追求公平正义的价值体系。

学者们也致力于探索将公平与效率相统一的可行途径。有一种观点认为,公平作为主观价值判断,主要依赖于人们的认同,或者说是社会共同体中绝大多数人的认同,这可以成为其在不同历史条件下通用的客观标准,可称为社会认同。如果某个公共政策的设计针对特定行为或过程进行规范并得到广泛的社会认同,则可以认为该政策具有一定的合理性。相对于绝大多数的不认同,广泛认同可被视为更接近于公平衡量的判断标准。关于效率的解释也可以基于同样的逻辑推理,如果某个公共政策设计得到广泛认同,通常也会激发人们的工作热情,从而提高社会劳动生产力,提高生产效率。可见,公平和效率在社会认同层面得到了统一。效率是公平的基础,效率的积累为公平向更高内容、更深程度的发展提供依据;公平是效率的前提,公平的协调整合功能促进全社会效率的提高。

从过程的角度理解公平和效率的关系,两者的统一是动态的平衡。这种动态平衡机制的形成,既依赖于政策体系整体功能的发挥,又离不开政策主体行为的协同一致;既需要建立不同群体的利益诉求表达机制,又要对汇聚的各种利益诉求进行统筹整合。

在绝大多数群体范围内形成共识,并在利益失衡时启动灵敏的平衡恢复机制。政府在这个过程中扮演着中央调节器的角色。

"市场失灵"现象的存在,进一步否定了传统经济学的观点,为政府通过政策手段干预市场、调节分配、谋取更高经济效率提供了依据。政府通过税收、利率、价格、行政管制等政策工具,克服市场的机能性障碍,减少外部效应和不确定性,实现公共物品的有效供给。除经济效率以外,政治效率也是社会整体效率的重要组成部分。政治效率虽表现为人们之间的政治权利关系与法律关系的和谐,但究其实质仍聚焦于社会生产和生活的公平与效率平衡。

实践中,尽管近年来我国积极实施体育公共服务改革,但体育公共服务供给能力有限的状况在一定时期内仍将持续,体育资源配置的结构性失衡与区域性失衡还将并存①。目前,在我国体育公共服务改革中,政府仍然扮演着重要的服务供给者角色。尽管政府已采取措施吸引部分社会体育组织参与体育公共服务的供给,但此类组织力量和规模有限,缺乏市场竞争力,且大多与体育行政部门存在或显性或隐性的深刻行政依附关系,这种依附关系直接导致了政府角色转变的障碍、服务供应方选择的局限性、政府和供给方关系的行政化、政府有效监管的缺失,以及制度环境的不完善。市场化公平竞争受到限制。此外,政府供给行为的内部化,选择、监督、评价标准的不清晰,保障性配套供给不足几乎成为目前我国各地体育公共服务改革试点中普遍存在的严重问题。

体育公共服务供给的实质是一种覆盖公共领域的政府社会管理服务职能,以实现和维护公共利益为宗旨,并在此基础上体现公共精神、回应公共需求。为了解决体育公共服务改革面临的瓶颈

---

① 齐超:《民生视角下上海市体育公共服务政府购买的制度设计研究》,上海市体育社会科学研究报告,2011年,第13—16页。

问题,促进体育公共服务资源的合理配置,需要一个更宽广的研究视角,应对社会转型期的管理挑战。

第二节 从"城乡二元"到"均等化"的供给理念

一、社会权利与公共服务

公民的社会权利与公共服务密切相关。生活性服务、事业性服务、保障性服务是社会基本公共服务的重要内容。通常关系民计民生的公共服务需求,即是广大民众最为迫切需要的。公民的社会权利是公共服务供给的法理依据。我国城乡分割的二元体制现状极大程度地限制了城乡社会公共服务的均衡供给。农村公共服务供给的滞后,某种意义上反映了对农民社会权利的剥夺,以及农民与其他社会群体之间社会关系的差异性恶化,不利于社会秩序的安定和谐。实现公共服务的均等化供给是维护公民社会权利平等的重要标志。社会权利的平等保障需要以破除城乡二元结构为前提。城乡一体化概念的提出正是对缩小城乡公共服务供给差距、实现城乡居民社会权利平等的有力支撑。

关于社会权利的描述最早可追溯至 17 世纪的欧洲。1601 年,英国曾颁布《济贫法案》,将国家层面对民众的救济行为与一般的慈善捐助区别开来。尽管该法案并未更加细致地探讨这一救济行为背后的国家职能与对象覆盖,但仍被视为社会权利观念的早期萌芽。随着人们对自然权利的认识逐渐深入,自然法的不断完善和改进推动着社会权利观念的转型。曾任美国总统的托马斯·杰弗逊将"追求幸福的权利"作为人的基本权利列入《独立宣言》,实现了传统社会权利观念向现代社会权利观念转变的一大进步。进入 19 世纪,社会权利观念愈加得到国民关注。1834 年,英国修订并实施新版《济贫法案》,明确获取社会救助是公民的合法权利,即认同生存的权利人人生而有之,救济则属国家和社会的法定义务。英国社会学家托马斯·马歇尔(Thomas Marshall)可谓社会权利观念的奠基人。他提出公民资格理论,主张公民权利、政治权利和社会权利同属公民资格,且社会权利包括公民受教育、医疗、福利等方面的权利[①]。美国学者托马斯·雅诺斯基将社会权利具体化为个人权利的集合,并区分了不同类型社会权利的性质和内容[②]。如公民享有医疗保健和家庭服务以保证基本社会生活的权利,称为能力权利;公民享有接受各级各类教育以获得工作技能和文化参与的权利,称为机会权利;公民享有提供转让金支付以保证退休者、残疾人、儿童及其他特殊群体获得基本经济来源的权利,称为分配权利;因工负伤、残疾军人等享有获得赔偿支付的权利,称为补偿权利。《经济、社会及文化权利国际公约》将社会权利概括为:社会保障权利、维持基本社会生活水准和免于饥饿的权利、医疗和健康的权利、受教育的权利。

公共服务供给是保障公民社会权利实现的重要途径。政府及公共部门通过提供公共服务,从国家意志的角度确认公民获得各类社会需要的正当性与合理性,将公民享有公共服务视为不可侵犯和不可剥夺的法定权利,使公共服务的供给具有了法理依据。涵盖人类生活最广泛领域的权利平等已成为人类文明的重要标志。如恩格斯所言:"一切人都具有某些共同点,在这些共同点范围内,人们是平等的。现代的平等可以从这样的共同特性引申出,一个国家的所有公民或一个社会的全体成员,都应当拥有平等的

---

① 孔繁斌:《公共性的再生产——多中心治理的合作机制建构》,江苏人民出版社2008年版,第88页。
② [美]托马斯·雅诺斯基:《公民与文明社会》,柯雄译,辽宁教育出版社2000年版,第41页。

政治地位和社会地位。"①保护公民的合法权利是现代人类文明的根本价值所在。

在国家层面,公民的社会权利归化为人格的一种外在表现,并通过法的形式加以确认。对人格的尊重等同于对社会权利的认可。社会权利的平等,归根到底就是基本人权的平等,尤其是社会资源配置的平等,即人人平等地享有获得社会资源的权利。而资源配置平等的正当性通过人类社会的制度安排与价值取向来体现,公共服务的均等供给就是其中一项标志性的制度安排。

公民社会权利的不可剥夺性,决定了公共服务的刚性供给,体现政府对公民社会权利的确认与尊重。"权利平等是全体社会成员进入国家社会的逻辑起点和实践基点。"②当公共服务与社会权利发生联系,公共服务在不同群体之间实行均等供给就具备了从应然状态转向实然状态的现实依据。

就体育领域而言,从 1975 年《欧洲体育运动全员宪章》的出台,到 1978 年《体育教育和体育运动国际宪章》的颁布,再到 1996 年发布的《奥林匹克宪章》,公民享有参与体育的权利已成为人类社会发展的共识。共享和参与不仅仅是机会的平等,也是实质的公民权利,更是让社会弱势群体有着真正公平参与的机会与实质的自由,旨在实现机会平等、过程公平直至结果正义的目标。享受体育公共服务自然成为公众参与体育的权利之一。传统的体育公共服务模式下,公民只是被动地接受服务,而相对忽视公众的需求和偏好,形成公众影响较为有限的不利局面,缺乏必要的公民参与。随着公共管理改革和"以人为本"理念的影响,共同参与体育公共服务体系建设可以较好地解决体育公共服务建设中供给与需

---

① 《马克思恩格斯选集》第 3 卷,人民出版社 1995 年版,第 444 页。
② 梅萍:《和谐社会权利平等的伦理思考》,《江淮论坛》2008 年第 1 期,第 21—25 页。

求之间的偏差问题,进而保障公众接触和享受体育公共服务的机会和基本无差别的体育公共服务,且所有的服务措施均应该无条件地向公众开放,接纳公众参加各种活动,接受公众的管理和监督。并且,公众参与体育公共服务体系建设,有利于反映体育公共服务需求和对体育公共服务进行有效评价。当然,不仅要扩大公民参与渠道,强化政府服务过程中公民参与途径的制度设计;还要加强对政府公务人员的道德教育,提高政府的责任意识和对公民参与的回应性,以保证公民参与的实现。而对于公民来讲,则要强化自身素质培养,培养参与能力,增强权利意识,培养责任感。

公共服务是一个复杂性系统,其复杂性来源于自身结构、参与方关系、供给方式和所处的社会环境的复杂性。而基于这种复杂性,公共服务供给中往往存在着各种不同机制的混合。体育公共服务体系不仅是一个不断推进和逐渐实现科学发展的过程,还与供给机制、品质评价及成本构成息息相关。政府与市场、政府与社会在提供体育公共服务过程中的角色定位、边界所在及其有效互动是构建体育公共服务体系的内在要求。

体育公共服务供给的内在要求使其理应符合"公平"标准,但是随着经济领域和社会领域组织力量的发展,政府与市场、政府与非政府组织间的传统界限逐渐被打破,政府、私营部门、第三部门之间的关系有主有次,体现出很大的竞争与合作性,而体育公共服务供给过程也演变成为由各种不同角色所组成的复杂合作网络的过程。体育公共服务体系供给强调政府、市场与社会的有效互动,归根到底就是为了满足公众对体育公共服务的需求,是一种以公众需求为导向的社会活动。体育公共服务各供给主体保持着一种相互独立、相互竞争、相互合作和制衡的关系,并在特定规则的制约下实施行动。基于任何单一供给主体都无法完全准确地反映公众需要偏好和现实的利益诉求,会因其自身的价值判断而造成供给结果与需求目标不一致问题的出现。政府应着力构建公共产品供给多元主体之间的对话合作机制,促进权力分享,建立起共同承担风险的体育公共服务供给联合体;政府应建立合理的激励和约束机制,提高私人部门的社会声誉、加大政府补偿力度、对非营利组织提供财政资金支持等,激励其参与体育公共服务供给,满足公共利益;进一步完善体育公共服务的市场价格形成机制,约束各主体市场利益最大化的冲动,保证每个公民公平享有权利。因此,兼顾效率与公平的体育公共服务体系成为新时期我国体育公共服务发展的重要内容。

二、城乡二元结构与城乡一体化

我国公共服务供给的不平等突出表现在城乡差距上,其根源在于延续已久的城乡二元体制结构。城乡分割削弱了农民的权利分享和服务获取。如法国学者皮埃尔·斯特罗贝尔所言,公民没有或缺少社会权利,将导致陷入普遍而持续的不利状态,甚至影响参与社会和职业的机会,最终沦为弱势群体[①]。对公民社会权利的剥夺,等同于否定其公民身份。不同利益群体之间社会资源的不均衡或不恰当分布导致的不平等,常常成为瓦解社会安全秩序、造成社会冲突与矛盾的导火索。

城乡二元结构是发展中国家从传统的农业社会向现代工业社会过渡时期出现的一种经济形式。当城市经济已经进入工业社会化大生产阶段,而农村经济仍处于个体家庭式小生产模式,就出现了城市与农村的经济结构分割并存,即城乡二元结构。我国的城乡二元经济还受到其他社会制度的制约,如现行的户籍制人为地

---

① [法]皮埃尔·斯特罗贝尔:《从贫困到社会排斥:工资社会抑人权社会?》,冯炳昆译,《国际社会科学杂志(中文版)》1997年第2期,第21—38页。

区分了居民身份——城市居民和农村居民,使农村居民和城市居民在劳动收入、就业渠道、消费水平、教育医疗、社会保障以及公共事业投入等方面均存在较大差异,加剧了二元结构的固化。

我国城乡二元结构的出现有其深刻的历史背景和时代条件。计划经济体制下的中国,为了迅速振兴国力、防范外敌,优先发展重工业是那一时期的战略选择。从中华人民共和国成立初期实行粮食"统购统销"以农产品补贴重工业资金,到防止农村人口盲目外流,再到1958年出台并沿用至今的《中华人民共和国户口登记条例》,政府从国家层面对城乡二元户籍制度予以确认,正式形成"农业人口"和"非农户口"的分类。该《条例》也是目前我国关于户籍管理的唯一法律层级的文件。需要指出的是,该《条例》的出台,归因于20世纪50年代计划经济体制下社会生产力水平普遍低下,受限于社会物资的匮乏,人们的衣食住行等生存权利无法实现全面满足,不得不依赖人为设置的身份差异以区别享有物质分配权。长此以往,对城市投入的大幅增加和对农村投入的严重不足,造成今天我国城乡公共服务供给不均的基本格局。

改革开放以后,市场机制的广泛介入,社会生产要素及产品主要通过市场作用配置,户口所承载的与生存权利相关的资源分配权被大大弱化。政府出台了一系列惠农扶贫政策,试图建立以工促农、以城带乡的城乡经济社会发展一体化的新的长效机制;同时加大向农村地区输送公共服务、加强公共设施建设的力度,然而城乡二元结构的消除,还是一个长期而艰巨的过程。优化公共服务供给机制、丰富公共服务供给内容、扩大公共服务供给范围、拓宽公共服务供给渠道、提高公共服务供给效果,需要政府具备更高的公共服务供给能力。

城乡一体化概念的提出,是对寻求破除城乡二元结构壁垒路径的有益尝试。恩格斯曾经对"城乡融合"一词做出阐述,认为"通过教育和职业的变换,消除旧的产业分工格局,使城乡之间融合,所有人能够共同享受创造的福利,全体社会成员才能得到全面发展。城市和乡村的对立也将彻底消失"①。他认为城乡融合的关键点在于城市居民和农村居民之间不再有阶级差别和人口分布的不均。我国的城乡一体化涉及的范围更加广泛,除户籍制度、教育医疗、社会保障以外,还包括土地使用、公共文化、社会习俗等。如何在较发达的城市和相对落后的农村之间实现生产要素的合理流动、资源配置的优化组合、城乡经济与社会生活之间的紧密结合与协调发展,最终实现城市和乡村的无差别发展,就成为解决目前我国城乡二元结构问题的基本思路,也是公共服务供给均衡化的必然结果。

基于现实国情,我国公共服务的城乡一体化需要着眼于三个方面的治理:平等开放的供给对象,城乡统筹的供给规划,以及合作互利的供给主体。首先,改变现行的城乡区分的户籍制度壁垒。打破与身份等级相挂钩的机会与成果享有权,实现真正意义的社会权利平等。其次,打造一体化的供给平台,统筹规划公共服务供给的规模、结构和布局。建立城乡公共服务一体化供给的财政机制,完善对农村地区的资金支持与转移支付,合理划分不同种类的公共服务投入比例,优化公共服务供给的内在结构,建立合理的公共服务融资机制。最后,公共服务的城乡一体化有赖于政府、私人部门、社会组织共同建立多元供给格局。以国家整体利益为前提,兼顾地区差异,通过政策设计和制度创新,扶持、引导和规范社会资本在公共服务供给中发挥积极作用。

三、体育公共服务均等化

2012年7月出台的《国家基本公共服务体系"十二五"规划》

---

① 《马克思恩格斯选集》第1卷,人民出版社1995年版,第243页。

中清晰地界定了基本公共服务的内涵,明确享有基本公共服务属于公民的权利,指出提供基本公共服务是政府的职责。体育公共服务,尤其是与群众体育密切相关的基层公共体育设施建设与全民健身活动的开展,成为我国政府在"十二五"期间着力推进基本公共服务均等化的重点领域之一。2017年1月,国务院印发的《"十三五"推进基本公共服务均等化规划》中,进一步明确了公共服务应当"由政府主导、保障全体公民生存和发展基本需要、与经济社会发展水平相适应",将公共服务定位于"最基本的民生需求",和"政府公共服务职能的底线";深刻诠释了基本公共服务均等化的内涵,即指全体公民都能公平可及地获得大致均等的基本公共服务;其核心是促进机会均等,重点是保障人民群众得到基本公共服务的机会,强调不是简单的平均化。因此,体育公共服务均等化意味着必须保证公众享用体育公共服务需求、权利、能力及结果的均衡平等,实现体育公共服务的区域均等化、城乡均等化以及不同群体之间的均等化。体育公共服务均等化的内涵具体如下。

(一)体育公共服务享有主体的均等

体育公共服务的享有主体即广大拥有体育权利的社会公民,体育公共服务享有主体的均等即享有体育公共服务的所有社会公民都不被排斥和歧视,所有社会成员在观念层面和法律层面上都拥有相同的体育公共服务权利。从目前我国的宪法和相关法律规定来看,国家保障每个公民的体育权利,没有任何个体、群体会有体育公共服务应然权利的限制。但是从体育公共服务实然权利的实现角度来看,我国体育公共服务的总量严重不足、区域差异明显、城乡差异明显、阶层差异明显[1],广大社会成员能够享有的体

---

[1] 张利、田雨普:《我国体育公共服务均等化现状及发展对策研究》,《西安体育学院学报》2010年第2期,第137—141页。

育公共服务十分缺乏,在这种体育公共服务供给和享有的现实之下,无论是体育公共服务主体享有体育公共服务"缺乏"的均等,还是体育公共服务主体享有体育公共服务的不均等都背离了正义这一主旨。

（二）体育公共服务享有机会的均等

体育公共服务的享有机会即广大社会成员享有体育公共服务的可能性,这种可能性主要是指享有体育公共服务的基本条件,因此体育公共服务享有机会的均等即享有体育公共服务基本条件的均等。享有体育公共服务的基本条件,包括财政资金、场地设施等硬件方面的条件,也包括体育组织、体育指导和体育信息等软件方面的条件,而这些基本条件主要由体育公共服务供给的核心——政府运用公共权力和公共资源来予以创造、建设和保障。我国广大社会成员享有体育公共服务的机会,从硬件方面来看诸如场地设施严重缺乏的问题十分突出,从软件方面来看诸如体育组织化程度低的现象十分普遍,而且差异十分巨大。因此迫切需要国家和政府为体育公共服务的享有创造均等的条件,体育公共服务才有可能实现其均等化。

（三）体育公共服务均等化的原则

均等是一个应用于个体或群体之间的范畴,对于均等的判断必须遵循一定的原则。在体育公共服务均等化过程中首先应当遵循的是普遍原则,体育公共服务享有主体的每一个成员都不应当被遗漏,对于体育公共服务均等化而言,即便是绝大多数成员的均等也不能被认为是实现了均等化。在现实生活中,"人人平等"的普遍原则受到无比的推崇,但是在具体体育公共服务实践中,或者是由于体育部门行政绩效考核的竞技体育成绩压力、或者是由于体育公共服务"效率化"引导下对于部分社会成员的忽略,普遍原则并未能够得到很好的贯彻。体育公共服务均等化另一个需要注意的是对等原则,即用相同的具有量化特征的均等指标对均等程度进行比较。应当运用量化的指标同等地衡量体育公共服务发展的程度,而不是以一定的借口减少部分人群、部分区域的体育公共服务,这一原则对于评价已然具有差异的个体之间的发展状况更具有现实意义。

(四)体育公共服务均等化的标准

体育公共服务均等化的标准,即衡量体育公共服务是否均等的要求、指标。体育公共服务均等化的标准是保证体育公共服务均等化实现的基本参照系,没有体育公共服务均等化的评价标准,就不能够正确、准确地对体育公共服务均等化发展水平进行定量的评估,不利于体育公共服务均等化的实现。我国于1986年颁布了《城市公共体育运动设施用地定额指标暂行规定》,在《社区服务指南》(GB/T20647.1—2006)中对社区体育服务的基本内容、设施配置管理、体育组织、体育指导员和评价也做了相应的规定,但是相关体育公共服务的标准都较为模糊。因此,可以借鉴国外多个国家有关社区体育中心建设方面的标准,以体育公共服务的标准化促进体育公共服务均等化;也可借鉴英国体育部门专门针对体育公共服务均等化发展而提出的基础、初级、中级和高级阶段的目标,保障体育公共服务的均等化。

第三节 从"单一主体"到"多中心"的治理模式

中国传统的高度统一和高度集权的治理模式,其隐藏的思维方式是将政府看作统治公共事务的主体,社会公众作为被统治的客体。伴随政府主体意识的强化和社会公众意识的游离,政府唯我独尊,而民众主权被虚置,民众主体意识被弱化,产生角色错位和角色冲突。政府被视为权力的中心,社会公众仅仅充当被管制的对象,是政府实现自身目的的工具。被公共权力边缘化的社会公众逐渐演变成与政府对立的力量。社会公众所拥有的权利取决于政府相关的制度安排以及政府的价值取向,民众失去了社会权利的选择权。由于政府的权力高度中心化,不断扩张的权力与日渐膨胀的利益驱使,使与民争利成为必然的结果。民众的利益缺乏公共权力保护,最终将导致社会冲突与暴力行为频发。在政府将民众作为被统治客体的同时,政府也被民众客体化成为民众批判的对象,进一步激化了政府与民众之间的矛盾。

交互主体性哲学的出现摆脱了主客体间对立关系学说,揭示了主体间的共同性,排除了外在力量的强制作用,抛弃了约束与被约束的主被动之分,构建了真正意义上主体间的平等交流、协商对话、求同合作的新型思维结构。以哈贝马斯的社会交往理论为代表的本体论主体思维方式的演进,使人们重新反思政府与民众之间的关系,促进了公共治理模式的变革。

首先,主体相互依赖表明新的治理模式下政府权力的有限性。主体与客体之间不再是传统哲学的认识与被认识、征服与被征服、改造与被改造的关系,而是两者共同存在、相互依赖,人与人之间的关系也应该是互为主体的伙伴关系。在公共政策的运行中,政府与民众之间的互为主体性表现在:政府的主体性需要社会民众的主体性加以确认,而社会民众的主体性通过与政府之间的协调关系得以形成。换言之,政府与民众、社会组织之间存在着权力依赖关系,即政府权力是有限的。在从事共同的集体社会活动过程中,政府与各相关社会组织之间必须相互关联,彼此交换资源,彼此制约,行为高度协同以实现各自的目标。

其次,主体间平等互动表明治理的核心是协商而不是控制。不同于传统思维方式的主从观念,新的治理模式下各主体之间互相依存,通过对话、交往、理解建立互动关系。在公共政策运行中,对政府与民众之间如何建立交流与对话模式具有重要的方法论意义。社会公共领域的主体多元共生，旨在政府组织与非政府组织之间、公共领域与私人领域之间，形成一种平等协商的互动关系，各主体间的权力界限被淡化模糊。

再次，权力主体的多元性，抛弃了传统思维方式中本体中心、客体边缘的理念，消除了明确的中心与边缘之分，将各主体统一到不同层次、不同领域的权力界面。权力主体不仅仅意指政府，还包括各类公共机构、私人组织。公共权力被进一步分散化，政府摆脱了单一主体的角色设定，以解决公共事务问题为导向的多元主体结构得以形成。

最后，网络化治理将成为常态。传统思维方式下主客体之间的联系与协调，通常依赖于某种中介力量的沟通与斡旋。高昂的机会成本与信息传递的谬误与缺失加剧了公共行政的效率低下与执行偏差。主体交互关系的形成，摒弃了中介的参与，将各参与者纳入相互联结、相互制约的网络形态，在不同的公共事务领域相互合作并共同承担责任。通过网络形态下广泛而自由的资源交换与利益博弈关系，最终达到各主体的政策目标。

以整体观和直观性思维为特征的管理理念突出表现为高度集权的治理方式。当政府的权力扩张、宏观调控与市场监管职能过度侵入市场竞争时，垄断就使得少数社会成员能够不当占有资源和超额利润，进而加剧了社会关系的不平等。在市场领域的过度介入，必然导致政府在社会管理和公共服务一定程度的职能缺位，公民权利无法得到保障。从经济学的角度来看，理性经济人的假设是公共选择理论的基本出发点，政府也被理解为"理性经济人"，具有追求自身利益的冲动；而政策主体在行使公共权力、管理公共事务、履行公共职能过程中秉持的公平正义价值取向，反映了主体行为的公共性。这种公共性与人类本性的自利性相背离。政策的实施与政府职能的实现需要通过政府公职人员的行为表现,难以避免个体自利性的纠缠,由此产生部分政府组织和公职人员的权力滥用及对公共利益的侵害。为了避免人的自利行为凌驾于主体行为之上,就有赖于政府、市场和社会的良性互动,多元治理模式就是保障政策主体行为以公共性为先、规范行使职能的方式之一。

主体交互性思维与多元治理模式为我国的公共管理提供了新的思路。新的治理模式要求政府与民众之间重塑平等信任关系,构建各主体间的交互平台,完善制度设计,整合不同利益群体需要,形成广泛共识的公共政策并付诸实施。多元治理模式涉及政府、市场和社会的关系变革,是提升公共政策合理性与有效性的重要途径。政策主体与公民、私人组织及社会组织之间的良性互动与有效协同是保证政策公平的基础与前提。

多元治理不同于多元主义。以罗伯特·达尔为代表的多元主义思想,其核心观点是:"社会体系内存在许多相互竞争的利益集团,政治权力分散在这些相互竞争的各个利益集团手中,并非由单一的利益集团或国家独占。在这种权力结构中,相互冲突的利益集团通过直接或间接的社会活动,参与国家政治生活,影响政治决策,以实现本集团利益。国家政策是各利益集团讨价还价和妥协影响的结果。民主就成为建立在社会经济利益、意识形态、价值尺度各异的利益集团之上的一种多元社会结构。"[①]可见,多元主义强调权力的分散与利益集团共治,将公共政策视为各方利益群体妥协谈判的结果。民众因其庞大的规模和分散的需求,无法形成统一的利益代言,话语权的缺失使民众往往成为政策利益的牺牲品。多元主义思想下的民主,实质上是少数人和少数利益集团的

---

① 徐鸿武、郑曙村、宋世明:《当代西方民主思潮评析》,北京师范大学出版社2000年版,第63—64页。

民主,并非充分考虑民众需求的社会化民主;而多元治理主要揭示政府、市场与社会的关系,目的是通过建立完善的机制使所有的政策主体在平等协商的基础上达成共识,以解决公共事务问题。这是两者的根本区别。

实行多元治理模式有助于在公共管理活动中打破政府对公共权力的垄断,形成政府、私人部门、社会组织和公民多元主体平等协商、协同互动的治理格局。改变单中心权威秩序的思维方式,意味着政府为了有效行使公共职能,调动社会多行为主体基于一定行为规则,通过协商修正、利益博弈形成互动互信的关系模式。在这种模式下,私人部门、社会组织、公民在与政府的互动协调关系中,对政府行为加以制约,遏制政府的自利行为,提升政策的公共性。

多元治理模式同样适用于体育领域。传统的政府单中心垂直治理模式已经无法适应民众快速增加且日趋多样化的体育公共服务需求,各国政府致力于积极寻求新的服务供给和管理模式以解决滞后的体育公共服务供给与民众需求之间的明显差距。西方发达国家探索将政府、公私组织、志愿者团体整合起来,组成"合作政府"的多元治理模式。这一模式基于不同主体之间优势互补的原则,将各主体的资源互补共享、取长补短、相互依赖,共同提升公共服务的供给质量,成为体育领域公共管理的新趋势。这些主体之间不存在依附关系,它们相互独立、平等协作,虽然拥有不同的资源禀赋和群体利益,但需要明确其共同的核心目标是保障以全体民众为服务对象的体育公共利益之实现,清晰地理解体育公共服务产品及服务供给具备的公共价值,将体育公共服务准确高效均等地递送给全体民众。

在这一多中心、网络化的管理框架下,由政府、私营部门、非营利组织等组成多元治理主体,明晰不同供给主体间的职能。框架中的政府虽然仍处于政治核心位置,但不再直接参与体育公共服务的供给,更多地是扮演服务监督和战略协调的角色。政府通过组织资源,平衡不同部门间、不同地区间、不同资源占有者间的关系,并依赖其他社会生产主体的伙伴关系、协议和同盟向民众提供高质量的体育公共服务产品。

私营部门负责承包生产政府的公共体育服务外包项目,并提供公益性公共体育服务,如体育企业和职业体育俱乐部举办的公益性社区活动、免费的培训活动、志愿者活动等。私营部门因其先进灵活的内部机制,有利于减轻政府公共财政压力,提高资金使用效率,改善公共体育服务质量。但出于"营利"的目的,私人组织在公共体育服务中容易偏离"公共利益"方向。

非营利组织是公共体育服务网络内非常具有活力和群众基础的力量,包括各类体育协会、体育社团、俱乐部等,能够更加贴近公众的实际体育需求,是公共体育服务的重要供给主体。非营利组织的主要职责是:协助政府提供和生产公共体育服务,对社区内的公共体育事务进行治理。比如,成立社区业主体育委员会负责社区的公共体育活动和公共体育设施的维护;成立"邻里中心"为社区居民提供公共体育服务设施;成立社区网站进行公共体育事务的治理。非营利组织由于其灵活的内部约束与激励机制,有利于服务效率的提高,保证公共体育服务质量。但政府有必要加强对非营利组织的监督、引导和鼓励;努力做到承认公共组织的存在和价值并赋予平等权力;允许非营利组织的独立和自由,提供必要的资金和管理支持。

由于网络内各主体的天然价值取向有所不同,所以公共体育服务治理网络的稳定性与合力发挥需要克服以下挑战:主体利益诉求差异与目标一致的挑战;权力不对等导致管理的挑战。因此,实现不同主体间的良性合作关系就必须遵循信任、协商、契约、奖惩、鼓励、整合的机制。其中,信任是公共体育服务治理网络有效发挥作用的关键要素,行动主体之间相互信任,能够推动网络治理中的合作,有效解决主体间的分歧,减少集体行动的障碍,约束行动者自觉遵守网络规则,为实现共同的目标通力配合;平等的协商是主体间展开合作的主要形式,可以通过各主体代表共同参加的"联席会议"来进行有关事务的决策;契约是对参与者权利和义务有效规范的手段,尤其是政府与私人组织之间更需要契约的保证。政府要发挥其政治核心的作用,适当利用其优势,根据合作伙伴的特点和潜能发挥提供奖惩及政策上的鼓励与支持,如为了克服私人组织"营利"与"公益"之间的矛盾,可以在财政税收方面给予适当的倾斜和减免。

整合机制表现在,不同层级政府、政府不同部门之间要加强沟通和协调,形成一个治理网络。通过建立公共体育服务绩效和责任回应来明确各层级政府间的职责和责任。中央政府提供土地管理、财政支出、指导规划等;省级政府提供立法、资金、技术支持、熟练专业人员的培训等;地方政府主要提供体育基础设施的建设和维护(区域和设施规划)、为特殊群体和个人提供体育服务、提供具体的体育技能教育、举办社区体育活动、举办体育比赛等服务。

第四节 从"服务供给"到"价值创造"的路径选择

一、公共管理范式的变迁

纵观公共管理的发展历程,共经历三次具有代表性、可称为"范式"的改革,即从传统公共管理范式到新公共管理范式再到公共价值管理范式,每一个新型管理范式的出现,目的都和解决公众与政府之间的危机有直接关系。

传统公共管理范式诞生于19世纪中期,西方国家为了消除专制、解决政府部门频繁出现的腐败和效率低下等问题,逐步建立严格的官僚等级制度,政治(制定政策)与行政(执行政策)逐渐分离。这种管理范式较以往的文官制度有质的改变,但由于缺乏灵活性,而且官僚机构作为公共服务的唯一管理和供给机构,其以不变应万变的工作方式无法满足居民对政府、对公共服务日益增长的需求。

自20世纪70年代开始,西方国家普遍面临社会经济"滞涨"及政府机构臃肿等困境。此情形下,以英国为先行者,美国、新西兰等西方国家纷纷大力开展政府改革。改革的重要特征就是将民众定位为公共物品的消费者或购买者,发挥市场机制在公共服务领域中的作用。新公共管理范式的目标可以归结为"3E"(economy、efficiency、effectiveness),即经济、效率和效益。虽然新公共管理运动通过市场化"处方"很好地改善了资金使用效率,但同时也模糊了公私部门的差别,忽略了公民对公共服务的政治决策权。20余年的实践证明,服务效率的不断提升并未使民众对政府的满意度和信任感增加,民主与公平等问题仍然存在。因此,学者们不断对其进行批判,政府人员也开始反思,甚至有些国家新公共管理的部分核心内容(如准入竞争、项目外包等)已被严格限制。

伴随着新公共管理范式逐渐步入式微,英美等国相继展开探索公共管理之道。1995年,哈佛大学教授马克·摩尔(Mark Moore)首先提出公共价值(public value)的概念。他认为政府的首要任务并非确保内部组织的延续,而是作为创造者,根据环境的变化和公众对公共价值的理解,改变组织职能和行为,创造新的价值。随后,英国政治家格里·斯托克(Gerry Stoker)2005年和2006年发表的两篇文章成为公共价值管理范式形成的标志。公共价值管理范式主张公众不仅是服务的消费者,更是"股东",需要同相关利益者一起创造社会公共价值,与新公共管理过于追求效率和"泛市场化"相比,公共价值管理更加注重公平与民主。目前,英国、美国、新西兰已将公共价值理论应用到公共治理领域,并已经开始显现其积极影响,且逐步成为其他国家启动新一轮政府改革的效仿典范。

二、公共价值创造的内涵与要求

"价值"最初在经济学范畴中指代经济价值和商品价值。18世纪末19世纪初,在英国哲学家大卫·休谟(David Hume)和德国哲学家伊曼努尔·康德(Immanuel Kant)提出的"事实"与"价值"二分法的基础上,德国哲学家赫尔曼·洛兹(Hermann Lotze)正式将价值的概念引入哲学领域[1]。价值研究的出现,使人们开始关注主体和客体间的关系以及主体需要的满足(即效用),对生产和生活实践具有深刻的指导意义[2]。

公共价值一词,由美国哈佛大学教授马克·莫尔于1995年首次提出。他认为政府管理的最终目的是为社会创造公共价值,而所谓公共价值,即公民对政府期望的集合,也是公民在政府的公共管理活动中获得的效用[3]。有学者认为,公共价值的创造取决于公共行政干预活动是否取得了积极的社会和经济效果[4]。还有学者认为,公共价值的本质表现为公民的主观满足感,不以行政决策

---

[1] 汪辉勇:《公共价值论》,湘潭大学中国哲学专业博士学位论文,2008年,第6—7页。
[2] [美]戴维·伊斯顿:《政治生活的系统分析》,王浦劬等译,华夏出版社1999年版,第26页。
[3] Mark Moore, *Creating Public Value: Strategic Management in Government*, Harvard University Press, 1997, pp.45-73.
[4] Gerry Stoker, *Public Value Management: A New Resolution of the Democracy/Efficiency Trade-off*, University of Manchester Press, 2005, pp.24-41.

者的意志为转移;这一价值取决于公民的偏好,最终由行政官员的公共决策表现出来①。

尽管对于公共价值创造的内涵,西方学者们还存在些许争议,发达国家政府却已经迫不及待地在实践中探索这一政府公共管理的新思路了。英国政府将公共价值创造作为政府公共管理部门提供公共服务的导向性标准。其内阁战略研究报告明确了实现公共价值和公共效用最重要的途径就是公共服务,探讨了如何找出公共价值并了解公众偏好,提出了如何运用有效检测公众偏好的技术应当注意的五个要点,形成规范性的操作手册供公共管理部门学习和参考。这一措施的出台,有效地提高了英国政府公共部门的工作效率以及民众的公共服务满意度②;美国的教育政策改革更加直接地体现了公平、效率、优异和选择的公共价值取向。20世纪 90 年代中,为了解决公立学校效率低下以及学生学业成绩低于其他国家平均水平引发的公众抗议,直至 2002 年,美国联邦政府出台了《不让一个孩子掉队法案》(No Child Left Behind Act,简称 NCLB 法案)。该法案以目标和结果为导向,强调优异选拔和按业绩奖励。NCLB 法案虽然在实施初期提高了很多学校的成绩,但随着实践的深入,负面行为频现,如惩罚弱势学校、学校仅关注达标课程、对不合格教师和学生可以除名,这些给学校的师资储备和生源带来灾难性后果。2009 年,奥巴马当选总统后,"力争上游计划"的出台强化了公平和绩效的衡量,致力于使"美国的孩子、美国的经济和美国社会都从中受益"③。这一原则的出台,正是基

---

① Kelly Galvin, Stephen Muers, and Geoff Mulgan, *Creating Public Value: An Analytical Framework for Public Service Reform*, Cabinet Office(London), UK Government, 2002, pp.12-17.
② 郝永林:《美国教育政策制定中的公共价值取向分析》,《教育理论与实践》2013 年第 9 期,第 16—20 页。
③ 同上。

于公共价值创造理论，摒弃了 NCLB 法案中行政性权威性资源分配和市场化的逐利性价值选择，关注了社会资源分配的合理性，强调公众效用和社会效用的实现。

可见，西方国家基于公共价值创造理论构建的公共管理体系是以满足公众需要为前提，充分考虑公共资源供给和分配的有效性和合理性，兼顾效率与公平，统筹多元主体的效用实现，最终达到社会整体效用的最大化。目前，我国关于公共价值创造理论的研究还处于探索阶段，现有文献以介绍西方的理论及实践经验为主，而进行某一领域的应用性研究较少。

从价值理性的视角，公共价值创造的实施取决于政府价值取向的统一。国家作为"肩负着为全体公民谋幸福的使命"的公共权力机构，公共性是其区别于私人部门的本质特征，即政府需要代表公共利益、坚持公共目标、承担公共义务、肩负公共责任。这里的"公共性"是一种以他人和社会为依归的价值取向，也是一种能够理解并顾及自我行为对他人影响的能力。如乔治·弗雷德里克森所言："一个人从只关心自我或自我利益发展到超越自我并能够理解他人的利益。"[1]从这个意义上说，公共价值创造可被视为"以人为本"理念的具体昭示。然而，改革加速了重视个人权利的市场原则向政治领域渗透，淡化了管理人员的公共意识，使经济和利益成为主要的价值追求。来源于私人部门管理的技术、方法及模式，虽然极大地改善了传统公共行政的效率，但同时也延续了自利人的逻辑起点。政府放弃部分社会职能，也意味着削弱了政府的公共责任感。因此，公共价值创造的管理范式，对政府行为提出更高的要求，着力于以公平正义为宗旨，以公共利益为取向，以公共责任

---

[1] ［美］乔治·弗雷德里克森：《公共行政的精神》，张成福等译，中国人民大学出版社 2003 年版，第 18 页。

为依托,以公民参与为支撑。

公平正义是政府行为的终极价值,也是公共精神的内核蕴意。按照罗尔斯的观点,当每一个人的行为都接受相同的正义观念调节时,这个社会就是秩序良好的①,所谓正义即公平。政府能够提供通畅的渠道满足人们表达公平正义的愿望,为不符合公平正义的现象铲除滋生的土壤,致力于维护公平正义行为的合理性与合法性。政府层面的公共价值创造突出表现为对公平的承诺与践行,如保障公民身份的平等,在社会交往中权力与义务的对等,享有社会服务与权益的平等,以及全体社会成员对于正义的信仰和对社会基本公平准则的坚持与维护。

政府是公共利益的核心代表。公共利益可被理解为社会群体中的每个个体都应享有的社会价值,也是社会群体赖以存在、维系和发展的基础。其界定有广义和狭义之分,广义的公共利益包括国家利益、正当的个人利益和社会公共利益;通常所言的社会公共利益则为狭义的公共利益,即对象意指的不确定性社会个体。实践中,这种面向不确定性对象的社会公共利益的满足主要通过公共服务的供给得以实现。政府通过追求和保护公共利益、体现公共精神、建立公共秩序,从而使人们自觉接受和遵守公共法则。

由公共权力赋予的公共责任是政府法定责任的一部分,也是公共精神的重要载体。公共责任的提法,源于对传统行政责任含义的扩充,包括法律责任、政治责任、职业责任和道德责任在内的诸多社会责任细分均可列入公共责任范畴。承担公共责任的主体也并非局限于政府机构及公职人员,在非营利组织、私营部门同样适用。从政府的角度而言,履行公共责任的要义就在于对公民负

---

① [美]约翰·罗尔斯:《作为公平的正义——正义新论》,姚大志译,上海三联书店2002年版,第43页。

责,具体表现在服务意识的增强、对民生问题的关注、尊重民意、工作作风扎实、不断完善公共服务体系、提高行政效率。

三、公共价值创造是实现体育公共服务均等化的有效选择

公共价值理论的核心诉求即公共价值的创造,究其实质是一种新的公共服务管理范式①。首先,公共价值的管理范式强调政府的一切决策行为必须以明确的公共价值取向为指引,而不取决于服务本身的经济利益,某些利益集团的诉求,或行政命令的执行,甚至行政组织运转的维系。其次,在公共价值的管理范式中,广泛的公众参与是民主含义的回归与超越。多途径地拓展公众参与、聆听和探究公众偏好表达就成为公共价值实现的最大挑战。最后,公共价值的管理范式主张通过公开竞争或磋商等市场化手段保障公共效用的最终实现。更加注重建立长期的战略性合作伙伴关系,摒弃狭隘的契约式约束,关注服务供给和递送中的信任和公共服务精神②。

我国公共服务均等化目标的提出与公共价值理论的观点不谋而合。当政府致力于为社会公众提供基本的、大致均等的公共物品和公共服务时,如何解决不同地区、城乡之间的资源公平分配,如何满足不同群体的公共利益诉求,如何推动公职人员积极履行公共责任、树立服务意识,以及如何实现建立在公民参与基础上的公共服务能力提升都成为政府面临的治理难题,这些恰恰也是公共价值创造的核心要素。

依据公共价值理论,建立体育公共服务供给的长效机制,使政

---

① Gerry Stoker,"Public Value Management: A New Narrative for Networked Governance", *The American Review of Public Administration*, 2006, 36(1), pp.41-57.
② Rod Aldridge and Gerry Stoker, *Public Value Management: Advancing Public Service Ethos*, New Local Government Network(London), 2002, pp.18-26.

府和民众共享政策制定和执行的目标,协同行动,有利于节省政府管理成本,促进政府的监管、制度设计和制度供给等进一步完善;有利于加速政府职能转变和管理水平提高,解决政府的财政困境。实现多元化的供给主体、供给内容与市场化推动下的服务质量提高,为不同层次的居民赋予更多的体育公共服务选择权,有助于增进社会福利,促进社会公平与社会和谐。充分发挥社会资源在体育公共服务供给中的作用,尊重市场规律的自动调节功能,促使社会化体育公共服务供给者在服务创新、提供专业水平和竞争力等方面不断提高,推动民间体育组织和社团的成长壮大,有利于为体育公共服务事业的长效、可持续性发展形成良性循环。

四、体育公共价值创造的逻辑体系及机制保障

公共价值理论为解决目前我国体育公共服务改革面临的困境提供了一个崭新的思路。借鉴发达国家公共部门改革经验,公共价值的实现依赖于三个要素[1]。第一是服务。公民通过公共服务的获取和使用而获得效用。第二是结果。与狭隘的产出或政府行为评价相比,现实可见的结果所具有的风险性更小,因而公众越来越关注对结果的追求。第三是诚信、合法性和信心。即公众对政府的信任程度,对政府行为的合法性认同,以及社会归属感和对政府执政能力的信心,可概括为公信力。这三个关键因素相互联结、共同作用成为后文的体育公共价值创造机制设计的逻辑基础。

基于公共价值理论构建的体育公共服务供给模式,既有别于供给手段的多样化选择,也不同于供给主体的多元化来源,而是谋求建立一种网络化多维动态供给体系,实现多元主体、多选手段、

---

[1] Gerry Stoker, "Public Value Management: A New Narrative for Networked Governance", *The American Review of Public Administration*, 2006, 36(1), pp.41-57.

多层目标的综合性治理。图 3-1 显示了体育公共价值创造体系的主体结构、要素间关系和保障机制。结合发达国家体育公共服务配置实践经验与体育公共服务供给的流程,体育公共价值创造体系的设计主要综合考量了如下几点。

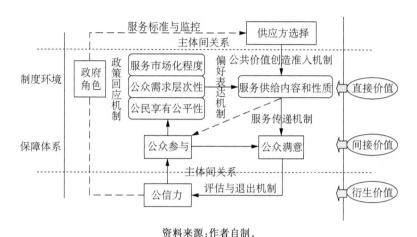

资料来源:作者自制。

图 3-1 体育公共价值创造的逻辑体系

第一,需要明确政府在公共服务配置中应当发挥的作用和所扮演的角色。政府退出部分公共服务领域的直接供给,代之以承担服务目标和服务内容的确定、财政支付、服务结果的监督和评估职责。如图 3-1 所示,政府为公众提供体育公共服务过程中创造的价值是其公共价值的直接来源。体育公共服务反映了公众的体育运动需求和休闲娱乐偏好。因此,公众的广泛参与和公共需求表达应当贯穿在体育公共服务供给过程中的各个核心环节。体育公共服务的政策制定者应摒弃传统的官僚制行政管理思维,培养民主参与式需求导向意识,提高政策制定的合法性和科学性,减少人为干扰和行政权力干预,使体育行政管理者及时把握公众体育需求的变化,并作出有效回应。

第二，服务供应方的选择是影响服务质量和效率的重要因素，服务供应方之间竞争关系的健康程度决定资源配置模式的有效性。理论上，政府公共部门和各种营利性、非营利性社会组织都可以成为服务供应方，选择标准只在于能否以同等的服务效率与质量达到同等的服务目标；但从实际情况来看，发达国家的非营利组织能够提供专业化、差异化的公共服务与政府供给形成功能互补，且非营利组织不存在对政府的行政依附或隶属关系，组织具有鲜明的非营利性和公益性特征，是承接政府公共服务供给的重要主体。

第三，对于服务结果有效性的客观衡量不仅仅是绩效目标，还包括更大范围的通过政府、公民、社会的共同参与创造和引领公共价值创造网络，即价值实现的间接来源。《国家基本公共服务体系"十二五"规划》中明确指出，群众的满意程度也是衡量我国公共服务体系总体目标有效性的重要标准之一[1]，如民众是否能够获得体育公共服务，是否拥护体育公共服务的供给，体育服务的供给是否具有多样性，公众是否具有选择权，是否能够获得体育公共服务的相关信息（如体育器械的使用、运动安全保护、日常运动损伤的应急处理等），体育行政管理部门对于公众的质疑和诉求是否快速有效地回应等。

第四，信任与合法性认同是服务价值实现的衍生来源。目前我国的体育行政管理体系，一方面延续了计划经济时期特殊国情下的"举国体制"发展战略；另一方面习惯于"上传下达"的官僚式体制。政策制定与服务递送的严重滞后、公众参与度低、公众偏好动态变化等因素的叠加，进一步加剧了体育行政管理者对服务信

---

[1] 《国务院关于印发国家基本公共服务体系"十二五"规划的通知》(2012年7月20日)，中央政府门户网站，http://www.gov.cn/zwgk/2012-07/20/content_2187242.htm，最后浏览日期：2019年6月23日。

息的掌握与公众需求反馈之间的矛盾。长期处于压抑状态的公众的体育服务需求,终将演化为对政府行政管理能力的质疑。因此,以公共价值创造为目标的体育公共服务改革,要求各级体育行政部门必须勇于承担政治责任,尊重公众的自由选择权和体育需求偏好的表达权,使公众获得健康和满足感,对政府产生信任和信心。

第五,公共服务资源的有效配置还依赖于制度环境的改善和社会参与式服务网络的构建等保障体系的建立和完善。从制度层面来看,西方发达国家普遍采用建立合法的、经双方协商认定的合作框架的方式。这种合作框架从法律的高度明确政府以及服务供给方的责任,并规定行政问责与对服务供给方问责的措施。社会参与式服务网络的构建则强调不同利益群体的诉求表达以及广泛参与。在这个由多方构建的利益传输和服务供给体系中,不仅强调服务的作用和效果、个体需求的满足,更关注实现民众对于自身需求和呼声得到关注的满足感,以及非营利组织对自身发展的成就感,增加了民众与非营利组织对政府的价值认同。

体育公共服务作为一项社会福祉,政府承担着寻找和创造公共价值、拓展公众参与、建立有效的服务获取和递送机制等职能,在实践中,供应方选择、服务标准和服务内容的确定,以及服务监控等方面还需要利用市场机制加以调节,以提高效率、节省成本。为了协调体育公共服务的公共价值创造体系中不同层次网络中行动参与者之间的关系,保障公共价值目标的最终实现,还需要以下几个维度的机制设计予以保障(如图3-1中的实线箭头部分所示)。

第一,建立政策回应机制。在体育公共服务供给中,政府承担着监管者、代言人和法官的多重角色。健康的市场化环境、有序的竞争关系、透明的价格体系和健全的市场退出机制都需要政府从制度建设和行为监管层面加以完善。民众的体育服务需求具有多样化和层次性特征,政府在服务供给中充当代言人的角色,协调各个利益群体的冲突诉求并达成共识。同时,政府具有保障民众平等享有体育服务权利的义务,民众的意见反馈也是行政部门决策的重要依据。可见合理定位政府职能、转变定位、培育公共服务精神、积极回应民众需求是服务结果实现的重要保障。

第二,形成公共价值创造准入机制。非营利组织等社会主体应当成为参与体育公共服务的公共价值创造的重要组成部分。通过公共价值创造的互动机制实现各个主体的自身价值、维护主体权益。公共价值创造准入机制的设计,旨在为合适的社会主体架设参与服务供给的桥梁,强调各个网络层面中主体间互动式的广泛参与,保障政府对体育公共服务供给有效性确认和不良信息的及时反馈,督促服务供给方不断提高服务质量和效率,也为体育公共服务消费方中的弱势群体提供诉求表达的通道。

第三,完善服务传递机制。公共服务传递是实现体育公共价值创造的必要途径。基于我国国情,体育公共服务体系尚不完善,需要政府按照经济社会的发展需求以及各地区的统筹安排,对体育公共服务进行指导性调控,借助信息、通信、网络技术等现代化工具提高政府公共服务供给的及时性与准确性。信息化条件下,政府公共服务职能的行使不再受时间、空间的限制,与民众之间的沟通能够实现零距离、跨层级,自动化虚拟系统的应用使政府服务传递的速度大大提高。通过网络一站式服务,政府将各类服务内容、程序、接受方法等向社会主动公开。一方面,降低了民众获取服务的成本,使社会公众及时了解政策导向;另一方面,提高了服务供给的针对性和准确性。

第四,畅通社会主体在体育公共服务的公共价值创造中的偏好表达机制。由于资源占有和能力的差异,不同层次网络中主体的偏好表达也存在不均衡。政府应当为各类社会主体构建一个能够平等表达自身偏好的平台,在保障多数群体偏好诉求的同时,实现共同竞争、共同受益的格局。程序和分配公正体现在各社会主体参与公共价值创造网络互动中享有均等的表达、交换、利益获取的机会。必要的约束机制有利于避免垄断寡头的出现,兼顾弱势群体话语权。

第五,明确公共价值创造的评估与退出机制。有效的评估机制能够帮助政府准确了解民众需求并及时给予反馈调整,推动社会参与主体行为的改进以及服务质量、工作效率的提高。此外,为了协调公共价值创造结构中主体的力量变更,需要设立退出机制以合理地淘汰其中不合适的主体,避免公共价值创造结构的僵化和价值偏差。

体育公共价值创造的实现,其实质是在体育公共服务领域中构建一种新的公共服务管理范式,旨在以满足公众的体育公共服务需求为前提,充分考虑体育公共资源供给和分配的有效性和合理性,兼顾效率与公平,统筹体育公共服务产品的生产、供给、分配、消费等各个环节中各个主体的效用实现,目的是实现社会整体效用的最优化。在体育公共服务改革中,需要以公民的体育需求为导向,强调公平、民主和信任的同时,更加重视体育行政管理者的公共责任,培养管理者的公共服务精神,更加关注公众的参与性和满意度,提倡对公众诉求的快速有效回应,将公共价值创造作为体育公共服务政策制定、执行、跟踪、反馈等一系列过程的指导原则和行动目标。作为一种新的管理范式,体育公共服务领域的公共价值创造体系构建还将面临政策主体的权力分配、公民的民主修养培育、公共价值的识别与测量等难题,这些都有待深入研究。

第四章
体育公共服务改革的市场化反思

第一节 从观念到技术:市场化改革的理性思考

在西方,市场化改革又称民营化或公私伙伴关系是世界各国政府改革的主要路径。市场化是政府管理的新理念,也是当代社会治理的重大战略和发展方向①。市场化改革推动着发达国家的政府管理从传统模式向准市场模式(quasi-market)的转变,逐渐形成"以市场为基础的政府"(market-based government)。市场化与多元主体协同治理展示了公共管理的新愿景,市场式政府被视为未来政府治理的可行方案和战略举措之一②。

一、市场化改革是一场观念的变革

将公共服务外包给私营机构并非20世纪的公共管理创举,如早在18世纪英格兰的路灯保洁、19世纪的铁路运营等,西方政府就已在多个公共服务领域尝试过私营机构的引入。与之相伴,关于私营机构承包公共服务利弊得失的争论也从未停息,成本、质量、公共责任优势等都是论辩的焦点,还曾经导致澳大利亚在19

---

① [美]E. S. 萨瓦斯:《民营化与公私部门的伙伴关系》,周志忍等译,中国人民大学出版社2002年版,第25—32页。
② [美]B. 盖伊·彼得斯:《政府未来的治理模式》,吴爱明、夏宏图译,中国人民大学出版社2001年版,第34—46页。

世纪末最终以政府雇员取代私营承包商从事建筑等工作。

在美国,公私伙伴关系一直是政府的主流政策。如1955年,艾森豪威尔执政期间,美国政府曾发布规定:"如果某些产品或服务能够通过正常商业渠道从私人企业采购获得,联邦政府不得开展或继续从事此类商业活动。"①1979年,卡特政府再次修订并重申了该项原则:"在一个民主、自由的企业体制中,政府不应该与它的公民展开竞争。具有个人自由和创新意识的私人企业制度是国家经济实力的重要源泉。基于这一原则,政府的一贯政策是依靠竞争性私人企业提供政府需要的产品和服务,这一政策将不会改变。"②

然而,政策文件的颁布并不必然意味着管理实践的有效执行。公共产品由政府提供还是私人提供一直未能达成共识,有学者称之为"钟摆式动荡,随着政府经验和政治需求的变化,每隔数十年出现一次"③。但从20世纪30年代到70年代,总体趋势仍然是由政府提供居多。尤其是1929—1933年席卷资本主义社会的经济危机事件导致了市场神话的破灭,从罗斯福新政到凯恩斯主义的宏观调控政策,学界对于市场失灵的关注和系统认知,福利国家在提升社会公平与维持社会稳定方面的显著成就,加深了社会对于政府的依赖,增强了政府信心并导致政府职能和规模的持续扩张。一直到20世纪80年代以前,传统的政府主导型管理模式在世界范围内都居于绝对的统领地位。政府被赋予大公无私而又能力非凡的骑士精神,当出现市场运行缺陷或社会问题时,政府就凛然出

---

① [美]唐纳德·凯特尔:《权力共享——公共治理与私人市场》,孙迎春译,北京大学出版社2009年版,第33页。
② 同上书,第34页。
③ Graeme A. Hodge and Carsten Greve, "Public-Private Partnerships: An International Performance Review", *Public Administration Review*, 2007, 67(3), pp.545-558.

现,匡扶正义。公众对政府追求公共目标的动机以及承担公共责任的能力高度信任。公共部门和私营部门之间的差异被放大到社会阶层的两极,两者之间管理的共通性被无视。由于政府的绝对权威和统治地位,公共服务的供给完全依赖政府的资源垄断、集中化管理和政府机构直接生产,市场主体、市场价值和市场机制并不在考虑范围之内。虽然政府本身也致力于改革,但改革的内容和焦点主要集中在组织结构、工作程序、公务员素质提高以及奖惩制度改进等内化式的温和调整①。

奥斯本和盖布勒曾用"牛市"一词形容传统模式中的政府地位②。这一描述形象地反映了这一时期政府地位的空前膨胀,同时也预示着这种无限膨胀背后必然裹挟着大规模的非理性行为。政府在社会事务管理方面的神之光环压缩了人们的理性思考,在社会范围内形成一种"绝对正确"的信念乃至偏见,最终导致重大问题的决策失误。比如,萨瓦斯曾经以自身经历提供了一个政府主导公共服务供给乏力的典型案例:"1969年2月9日,一场罕见的暴风雪袭击了纽约市。市政当局准备不足,积雪清理工作组织得一团糟,整个城市陷入停顿许多天,由此导致了一场政治风波……在如此紧急的状态下,市环卫机构实际清除积雪的时间不到工作时间的一半,其余时间耗费在取暖、加油、喝咖啡、清洗车辆上……我比较了该市政机构和私营部门的经营绩效,发现前者每吨尘土的清除成本几乎是后者的三倍。于是我向市长建议,通过竞争程序雇用私营公司承包63个市区中3个区的环卫工作,并选择条件相近的另外3个区比较市政机构和承包商的绩效。然而,

---

① 周志忍:《当代政府管理的新理念》,《北京大学学报(哲学社会科学版)》2005年第3期,第103—110页。
② [美]戴维·奥斯本、特德·盖布勒:《改革政府:企业精神如何改革着公共部门》,周敦仁等译,上海译文出版社2008年版,第78—92页。

这一异端想法受到某些市政府官员和工会领导的激烈抨击，认为我完全失去理智，政府预算主管甚至建议开除我，当地一位著名的行政学家也撰文指责我的想法荒诞无稽。市政府成立了一个委员会评审我的建议，然而由于市长更换了党派，参选总统需要工会的支持，因此评审委员会很快被解散了。纽约市一切如故，而我不得不离开政府，从事学术研究工作。"[1]萨瓦斯的经历表明，虽然政府出台了政策文件声称"依靠竞争性私人企业提供政府需要的产品和服务是不会改变的一贯政策"，但强调公共服务供给的政府垄断、集中管理、政府机构直接生产的"大政府"观念依然是传统模式下的主流思维定式。

作为一场观念的变革，市场化的最初驱动力来自政治理念。如史蒂芬·J. 霍奇（Stephen J. Hoch）所言："民营化运动背后的驱动力一直是政治理念，而非认真研究和评估后发现的惊人成就。民营化的基础是私营部门优越性的信念……向选民兜售政府的政策要比追求政府绩效的切实改进更加重要。"[2]正如英国是在撒切尔的民营化改革推行几年之后，政府才以系统方式向公众宣示了改革的目标。

观念的变革需要高度热情的推动，也会挤压理性思考的空间。市场化改革也不例外。一位印度学者曾这样评论狂热的市场化浪潮："学界、大众媒体、公共官员们怀着传教士一样的热情推进市场化改革，他们创造的市场神话似乎成了解决政府一切病症的万灵丹。在这些多元群体组成的世界性同盟面前，政府巨舰仿佛变成一条小船，既饱受外部狂风巨浪的冲击，又面临内部中

---

[1] ［美］E. S. 萨瓦斯：《民营化与公私部门的伙伴关系》，周志忍等译，中国人民大学出版社2002年版，第37—46页。
[2] Graeme A. Hodge and Carsten Greve, "Public-Private Partnerships: An International Performance Review", *Public Administration Review*, 2007, 67(3), pp.545-558.

空化的风险。"①对于市场化的过度追捧,使市场化被包装成为适用于所有情境的魔力药方,解决方案与需要解决问题的匹配性被严重忽视。世界范围的市场化改革又陷入了矫枉过正的尴尬境地。

从历史发展的角度来看,市场化的"热情过度"和"矫枉过正"有其客观存在的合理性。矫枉过正是任何观念变革的必然过程,是由固有观念的惯性力量和路径依赖决定的。当传统政府主导模式下衍生的思维定式和政治气候成为统治社会的主流时,市场化改革的首要任务就是打破其影响力的神话。改革者亟需一项事实证明,在某一特定领域应用特定市场化方式能够更好地提供公共产品或服务,以驳斥反对者批评的声音,破除政府垄断性直接生产是唯一最佳模式的观念,为市场化改革的铺开扫除障碍。

从世界范围来看,市场化改革引发了政府管理模式的转变。到20世纪90年代,公共选择和准市场模式已经替代了传统模式,成为各国公共服务的主导性制度安排。"在全球范围近乎霸权的地位,使传统政府模式几乎成了一种历史文物。"②市场化理念在经历了被视为异端邪说受到嘲笑、激烈的反对之后,终于迎来了放之四海而皆准的真理时代。

然而,当激情退去,学者们开始对市场化这一新的构念进行理性审视和权衡时,却发现虽然改革的目标是值得称赞的,但改革机制尚未完善。任何期许的收益都是理论上的,真正实施后的结果往往未如所愿。将私营部门在效率方面杰出的优越性与提高公共

---

① Amita Singh, "Questioning the New Public Management", *Public Administration Review*, 2003, 63(1), pp.116-119.

② David Lowery, "Answering the Public Choice Challenge: A Neoprogressive Research Agenda", *Governance: An International Journal of Policy and Administration*, 1999, 12(3), p.29.

服务绩效相结合的构念是美好的,但实际运作中,国企私有化后的运行绩效是否展示了预想的优越性?公共服务引入市场机制是否切实提高了绩效?优越性和绩效表现在哪些方面?市场机制引入的领域和改革的深度是否有界限?这些质疑背后的事实和证据表明,市场化的构念与经验实证之间存在明显差距。市场化构念由现存私营部门绩效优势、竞争优越理论以及政府预期目标等意识认同搭建而成,经验实证却表明市场化改革在不同领域、不同范围和不同程度上,有得有失、利弊共存。

二、从市场化到准市场的改革实践

市场化也是我国政府改革的主流方向。近年来,曾经被寄予厚望以降低社会成本、提高效率、扩大福利为目标的公共医疗卫生、基础教育等领域的市场化改革却遭到人们越来越多的抨击和质疑,公共服务领域的市场机制也出现了大规模倒退。我国从20世纪90年代中期开始了少量的利用私营资本投资公共服务的尝试,并逐渐完善相关法律法规,鼓励非公有资本进入公共服务和基础设施领域实行特许经营。2000年以后,在政府的引导下,国内掀起了一股公共服务市场化改革的浪潮,但是改革的结果却不容乐观。据报道,自2002年起,安徽省长丰县实施农业用水改革,即由企业化管理、市场化运作的供水公司直接向用水农户卖水①。这一改革的初衷是为了改变耕地灌溉效益低,用水"大锅饭"的局面,然而改革后,水费却成为农户最大的负担,拒交现象普遍。因田地水道的特殊性,供水公司也无法实现供水标准和收费量化。随着农户和供水公司之间矛盾的加剧,地方政府又不得不

---

① 罗兴佐:《长丰县农业用水制度改革研究》,《水利发展研究》2011年第6期,第31—33页。

再次参与,以行政干预手段维持供水秩序。此外,医疗卫生改革的过度市场化[1]、深圳公用事业改革的监管缺乏[2]等诸多案例,都受到学者们的批判。在公共服务领域实行市场化运作,尽管经济效率高,竞争充分,但因其私有权利追逐利润最大化的本质,往往忽视公共服务的社会公平性与福利性,容易引发社会矛盾。可见,对于公共产品和服务的供给,单纯的市场化不能实现公共利益至上的目标,无法承载社会福利功能。

"准市场"一词最初由奥利弗·威廉姆森(Oliver Williamson)在其1975年发表的《市场与等级制度》一文中提出,而后英国学者威尔·巴特莱特和朱利安·罗格朗(Will Bartlett and Julian LeGrand)于20世纪90年代初进一步将"准市场"理论归纳概括和系统化[3]。"准市场"是介于传统行政福利型和市场经济型之间的一种政策模式,即在公共部门和福利性项目中有限引入市场竞争机制。尤其适用于那些既要满足政府的社会福利功能,又要利用市场机制提高效率和质量的公共服务领域。

在传统的行政福利模式中,公共服务事业往往由政府直接管理,或由政府委托的准政府部门管理,完全依赖公共财政的资金支持,受益人即民众可无偿获得而无需直接付费。这种服务供给形式虽然有助于在更大程度上实现社会公平并满足弱势群体的需求,但也导致运行效率低下、公共资源浪费,损害了民众的自由选择权。随着民众需求的日益多元化和层次性,公共财政不堪重负。

为了既保障政府福利目标实现,又提高服务质量和经济效率,

---

[1] 参见刘美平:《对我国医疗卫生体制市场化改革价值取向的批判》,《当代经济研究》2011年第10期,第46—50页。
[2] 参见高新军:《缺乏监督,政府创新可能走向反面——深圳公用事业改革的反思与启示》,《中国改革》2009年第8期,第45—47页。
[3] Elenka Brenna, "Quasi-Market and Cost-containment in Beveridge Systems: The Lombardy Model of Itlay", *Health Policy*, 2011, 103(2), pp.209-218.

减轻政府财政负担,实行有限竞争和市场机制有限介入的准市场模式(详见表4-1)吸引了人们的视线。在该模式下,以政府为主导,鼓励公私部门和各类营利性、非营利性社会组织积极参与,打破行政福利型的资源垄断,推动多元供应主体间横向竞争,提高服务供给机构和项目的运行效率和服务质量,实现利润最大化不再是服务供给的终极目标。政府的财政支出不再以拨付和直接补贴的形式给与,代之以预算、凭单制或政府集中采购。政策主体间的行为规范依赖于合同约束,更加关注服务对象(即民众)的自由选择权,民众可以"以脚投票"的方式实现服务供给机构的优胜劣汰。部分服务项目免费,部分服务项目依运营成本的需要可实施低收费,一方面体现服务受益者的个人责任、约束其过度的服务需求,另一方面增加服务供给机构的资金来源。引入第三方对服务供给机构的业绩进行考核评价,作为服务合同延续和政府资金支持的依据。

表4-1 三种公共服务供给模式的比较

	传统行政福利型	准市场型	市场经济型
政策主体	政府及行政部门	政府主导,各类营利性和非营利性社会组织参与	企业
服务供应商关系	政府供给,垄断	多元供应商,横向竞争	多元化,独立,竞争
服务供给目标	公共利益,国家所有	不一定利润最大,不一定私人所有	利润最大化,私人所有
财政支出形式	财政拨付,直接补贴	预算,凭单,集中采购	货币购买
管理方式	行政管理	合同约束	市场契约
关注焦点	服务项目	服务对象选择权,"以脚投票"	消费者
服务对象	使用者免费,全民福利	部分免费,部分低收费	市场化收费

(续表)

	传统行政福利型	准市场型	市场经济型
绩效评价	内部控制	引入第三方考核评估服务机构的业绩	市场化评估
优点	社会公平、兼顾弱势群体需求	减轻财政负担、增加资源利用效率、满足需求层次性	无财政负担、经济效率高
缺点	公共资源浪费、效率低下、财政负担沉重、服务供给同一化	无法实现对部分极端贫困弱势群体的需求覆盖	不考虑社会公平与福利性,易引发社会矛盾

资料来源:本表由作者整理所制。

可见在公共服务领域实行准市场配置,其实质是构建一种新的公共服务提供机制。从供应方角度,将市场竞争理念引入传统的公共服务政府垄断性供给格局,允许包括公共和私人组织、营利与非营利机构等各类社会组织参与竞争,以此提高公共服务供给的有效性。从消费方角度,可以采取凭单制等形式在给予服务对象补贴的同时不损害其消费选择权,使供应方致力于满足服务对象需求。从政府角度,政府仍然保持对公共服务的财政主导权,是公共服务的资助者、规制者和购买者。从世界各国政府改革实践来看,其实质是追求政府(即委托者)与生产者角色分离、政府管制与市场竞争有机结合、以合同约束取代行政管理的过程;换言之,政府扮演了公共服务的委托者角色,通过竞标、制定预算或凭单制的方式由民众(即服务消费方)在竞争性选择服务供应方的过程中实现资源的再分配。

三、委托与代理的技术难题

随着政府将生产产品和服务的职能大量外包给私人部门,对从事实际工作的代理人即合作供应商们实施监督的职能大幅增加。政府对私人部门的监管不同于对其内部行政机构的监管。在传统的行政体系中,上下级之间的命令与执行依赖于官僚等级制,且经常存在上传下达的信息流失和谬误,上层指令被扭曲执行的现象时有发生。在公私伙伴关系中,承包合同代替了等级制,其权力链条分离了政策制定者和政策产出。政府官员无法向私人部门下达命令,只能依靠激励机制获得承包商的积极回应。委托-代理理论清晰地描述了这种合同关系。

政府作为委托人,以合同约定的方式,引导作为代理人的承包商依政府意志行事。理论看似简单易行,但现实世界往往面临着竞争不完全、信息残缺、组织与决策的有限理性等多方面问题。以科斯和西蒙为代表的学者将掌握信息的完备性及信息获得渠道确定为组织决策的必要条件。西蒙认为,经济人致力于追求最优化,而行政人常常奉行满意原则,即寻求满意而非最优的政策方案。稳定而可预期的程式化行为虽然有助于减少决策的不确定性,但这些不确定性却是在信息有限的情况下交易谈判过程中必然出现的结果。在组织内部,个体通过执行工作任务的情况获得薪酬,并因激励机制的影响而作出贡献。这种激励机制往往由委托人通过合同契约向代理人约定绩效报酬。虽然委托人提供了各种激励措施促使代理人努力工作,但代理人也有需要优先满足的其他利益;换言之,代理人不可避免地存在职责逃避现象而辜负委托人的信任,甚至从事不利于委托人的活动,比如,为委托人的竞争对手干活以谋取额外的收益。相对于委托人来说,代理人的逃避机会和动机远远超过委托人的监督范围。如果委托人充分了解代理人的逃避原因,可以通过调整激励机制加以避免,然而监控代理人的成本却十分高昂。委托人必须找到一个其所能够容忍的逃避水平和为此支付的成本之间的平衡点,不管委托人如何努力地试图监控,代理人总是比委托人更加了解自己的行为,道德风险应运而生。为了解决委托-代理中存在的这些不对称问题,合同契约的约束成为委托人的必然选择。当政府充当委托人角色时,这些不对称问题又引发了新的利益冲突和监控难题。

合同契约实质上是委托人和代理人之间就共同目标达成一致的协议。在公共部门,这种合同契约制更加复杂。行政管理人员追求的是政治程序背后多样的甚至相互冲突的结果目标,同时,法律身份限制了行政管理人员的决断力。政府项目的目标通常在不断的试错中改进,而合同契约中的目标需要明确具体。对于政府委托人来说,公共目标通常难以短时间内具体说明;对于代理人承包商来说,模糊又变动不停的目标很难执行,后续的绩效评价标准也无从确立。

代理人永远比委托人更加了解自己。在公共部门,由于政府无法完整了解承包商的服务资质,因此政府委托人在代理人的筛选问题上一直存在效用损失风险;换言之,"最好的"承包商是不存在的,需要政府尽可能地加以甄别和判断。一旦委托人确定了目标并选定代理人,相应的激励和惩罚机制有助于引导代理人按照委托人的意志行事,而最佳的平衡点是委托人以最低的成本获得代理人的适当行为。激励和惩罚机制设计是合同契约关系的核心内容,也是难点所在。政府的目标不清、过程监控不足、技术不稳定等都可能成为承包商绩效不佳的理由。监控绩效也是一个难题,代理人具有强烈的自我保护动机,委托人既不能过于干涉代理人的工作又不能轻视对代理人的密切关注。交易过程中监控成本的增加反过来降低了竞争理念的效率。

政府项目不断增长、财政紧缩、私有化理念的推广、技术进步都增加了政府与私人部门之间关系的复杂性。市场缺陷强化了政府权力,政府缺陷又强化了市场权力,不论依靠政府还是市场,都面临着成本增加、效率实现和责任归属问题。公私混合型权力的发展,不仅改变了传统的政府职能,还重新组合了政治权力。在新的公私合作伙伴关系下,政府与其所依赖的组织共同分担社会责任与权力。虽然公共部门和私人部门之间的责任共享模糊了两者的组织边界,但各自独立的目标追求依然可能造成威胁公共利益的结果。由此可见,随着社会需求和公共问题的日益复杂化,公共部门与私人部门之间的联结关系有其存在必然性。政府与私人部门之间的委托-代理关系所产生的各种困境都在具有实际缺陷的市场中被放大,民众的监督和行政控制就显得尤为重要。实际上,民营化的诸多理论优势只有在市场良好、信息充分、决策适度和外部性有限的情况下才能发挥最佳效用。当存在外部性和垄断、竞争受到约束、效率目标被忽视时,民营化不再是解决一切公共问题的万能丹。此时,追求公共利益就成为政府的核心目标。

鉴于私人部门的目标属性和利益追求与公共部门存在的巨大差异性,越来越多的政府开始将合作对象转向非营利组织,直接向社区组织拨款或提供补贴,鼓励向社区组织直接授权。从非营利组织购买公共服务成为政府市场化改革的新选择。对于政府而言,非营利组织的优势在于,更多地考虑顾客的福利,能够回应居民的各种需求。由于大量依靠志愿者提供服务,非营利组织的成本也常常低于其他私人服务供应商;非营利组织的资金来源比较广泛,有利于调动社会资本对公共服务供给的参与积极性。虽然在过去的几年间,非营利组织数量增长迅速,但组织规模普遍较小。同时,非营利组织的财政基础往往并不宽裕,因此,服务公共目标是一项重要的任务,但有时并不是唯一的目标。研究表明,非营利组织也可能会出现为了降低管理成本而采取偏重于经济效益、违背公共服务宗旨的行为①。

第二节　权力共享：改革中的主体间关系

一、政府与市场

长期以来,人们致力于推崇市场的优越性,赞扬市场追求效率、提供竞争,以及市场在质量和价格方面给予顾客充分的选择性。对于政府的批评则来自其相对于市场的比较。比如,因为缺乏竞争,政府行政人员懒散怠工的风气普遍存在,没有动力改革创新、控制成本或有效提供服务;而市场竞争下的私人部门一直保持精兵强将、高效运转的状态。政府官员受到奖励,往往不是因为工作效率提高,而是因为政府预算增加;也不是因为对民众服务绩效的增强,而是因为权力的扩张。这些观点能够很好地解释为什么政府支出持续增长,为什么公共权力经常越界,为什么民众需求的满足经常偏离,为什么政府行政经常低效。因此,新自由主义者提出了用企业家精神"重塑政府"的概念。换言之,就是将政府视为企业机构,将民众视为顾客,将行政人员视为企业员工,以市场竞争的手段进行社会管理,努力降低成本费用,快速回应不断变化的社会需求,努力让顾客即民众满意。持有这种观点的学者认为,实现政府的重塑,需要通过促进服务供应商之间的竞争,为公民赋予选择的权力,并为政府人员建立必要的激励机制,借鉴企业管理中"顾客就是上帝"的理念来进行政府的社会治理。

还有一种典型的论调更加简练易操作,新保守派认为造成目前政府管理乏力、行政低效的原因在于政府规模太大了,所以成本

---

① 齐超:《社会组织参与体育公共服务供给的现实困境及路径选择——来自上海的启示》,《天津体育学院学报》2016年第3期,第252—258页。

居高不下、工作拖沓冗长。为了实现政府规模的压缩,就需要更多地将政府的项目职能交由私人部门通过市场竞争加以规范,压缩政府的管理范围,摒弃对社会事务面面俱到的干预,仅聚焦少部分重点工程。

不论是重塑政府还是缩小政府,不同理念的改革路径最终都归结到了市场与竞争,无论是利用市场代替行政控制,还是利用竞争代替命令与权力,问题的关键都是要改变政府的运行方式,让政府的行政化工作变得更加商业化。美国的管理与预算办公室(Office of Management and Budget,OMB)曾经在一份工作报告中对此进行了描述:"竞争是保证私人部门经营质量和推动经济发展的驱动力。私人部门的管理者们经常面临来自市场各色竞争对手的挑战。如果他们不能采取有效的管理方式,很快就会被淘汰出局。私人部门这种以绩效为导向、以服务顾客为宗旨的管理模式,迫使他们在持续的竞争中不断创新、灵活应变。但在正常的政府运行中,行政人员不会遇到私人部门管理者们面临的压力。他们缺少可比对的标准,也不存在持续的竞争威胁,比较多的难题来自于立法和财政的限制。政府与私人部门展开竞争,凸显了政府的低效。接下来面对的选择就是:或者缩减政府规模使其提高效率,或者引入私人部门代其有效地提供服务。"[1]但实际上,众多已经付诸实施的市场化公私合作项目如医疗卫生、环境治理、职业培训、高速公路等,并未解决政府的问题;相反,更加暴露出管理绩效浪费、项目报告造假、行政人员渎职等管理问题[2]。

在美国管理与预算办公室派出调查小组前往 12 个民间机构

---

[1] Office of Management and Budget, *Enhancing Government Productivity through Competition: A New Way of Doing Business within the Government to Provide Quality Government at Least Cost*, United States, 1988, p.1.

[2] [美]唐纳德·凯特尔:《权力共享——公共治理与私人市场》,孙迎春译,北京大学出版社 2009 年版,第 34—57 页。

进行实地考察后,公布了一份关于私人机构承包政府职能项目的研究报告,报告的内容颇具讽刺意味。研究小组发现,承包商们往往会以高额的费用从其市场合作伙伴手中租用设备,再将其变成生活费用计入公司的支出账户;他们更加关注承包合同的裁定归属问题,而不是确保合同履行的各种规章制度,对于合同的具体实施所需要的指导、人员培训、资源配置等不予理会①。联邦众议院政府工作委员会的评价更加犀利:"一方面是愚蠢和拙劣的计划以及不充分的审计,另一方面是受贿和腐败,这两方面导致每年的政府错误采购就会消耗纳税人几十亿美元。"②值得深思的是,在积极推进政府企业化和运作市场化过程中,政府项目惊人的浪费、造假、渎职事件都裹挟着私人供应商的贪婪、腐败,甚至犯罪活动,政府却无法及时发现或更正这些问题。

必须指出,政府与私人部门之间的关系需要一个强大而有竞争能力的政府实施积极的管理,而不是任其自由的市场化自动调节。竞争并不一定总是能够带来效率。更何况,效率实际上只是政府众多的公共利益目标之一。某些时候,竞争还可能会妨碍其他比效率更加重要的目标的实现。支持竞争的理念无助于缩小政府规模也不能从根本上转变政府职能,除非政府自身提高管理公私伙伴关系的能力。因此,我们需要探索在政府不断依赖私人部门的情况下,如何保证这种关系的良好运行。

从法律层面看,政府与私人部门之间的合同管理应合乎规定。政府的合同管理者列出所需购买产品或服务的详细说明,做必要的社会宣传,在预定的时间、地点进行公开招标,将承包合同裁定

---

① Office of Management and Budget, *Summary Report of the SWAT Team on Civilian Agency Contracting: Improving Contracting Practices and Management Controls on Cost-Type Federal Contracts*, United States, 1992, pp.1-2.

② House Committee on Government Operations, "*Managing the Federal Government: A Decade of Decline*", Report of the Majority Staff, 1992, p.5.

给符合说明条件的价格最低竞标者。标准化的产品说明使政府无需为不同的供应商提供培训,也促进和鼓励了商家在稳定和统一原则下的市场竞争。政府行为几乎与市场上的其他私人消费者无异,明确自己所需后尽量找到那个价格最低、性价比最高的供应商,政府的支出成本被显著降低。然而,在这一采购过程中,绝大多数情况下政府只能被动地购买已开发研制且经过市场验证的产品和服务。对于那些需要灵活创新的、甚至市场上没有成熟先例的技术产品(比如,国防军需品),传统的合同管理模式不再适用。没有产品详细的说明书,政府官员不得不与供应商共同研究设计新的规章制度。按照预定价格生产一定数量产品的固定价格合同演变为"成本+固定费用"模式,即政府除支付生产商所花费的成本,还要额外支付一笔预先商议好的费用作为利润。这种模式促进了政府与供应商之间开始以合作伙伴的关系共存,私人部门的技术创新意愿被广泛激发。

从最初的航空、国防领域,到农业、医疗卫生、环境保护、社会福利,政府在新的技术理念、思想以及先进产品的开发和生产上越来越多地依靠私人部门。这种依赖性也引发了治理和问责的问题。在积极践行竞争理念的过程中,政府往往因各种理由将基本决策权让渡给了承包商。随着政府与私人部门之间不断增强的伙伴关系,最初将公共部门私有化的管理战略逐渐演变成为私人部门政府化;政府的权力不是被削弱而是增强,政府对私人部门的干预进一步扩大而不是缩小。政府绩效问题依然存在。为了解答这个疑问,我们有必要重新审视竞争对于政府和私人部门之间意味着什么。

通常而言,以竞争方式提供产品和服务,市场的调节作用主要表现在三个方面。其一,买卖双方通过供给与需求间的平衡确定生产水平。但对于政府来说,供给和需求却很少能够达到平衡。

如果政府官员在一个会计年度没有花光预算,那么剩余的预算将被上缴国库,下一年度的预算会被削减。掌握的预算额度决定了官员们的地位和权力,因此这种模式激励着官员们想方设法地耗尽预算额度,下一年度再争取更多的预算。这就解释了为什么公共财政支出是逐年稳步上涨的,超额开支最终还是由纳税人承担,而政府会有意提供超量的产品和服务以抵消财政压力。其二,市场能够规范质量。在私人部门的竞争市场,生产劣质产品的厂商很快会发现自己的业务转移到了那些能够生产更高质量产品的竞争对手一边,如果不加以改进,自己将面临被行业淘汰的风险。但对于政府来说,即使效率低下或能力不足的官员,依然不会影响他们的权力地位以及每年额度不断增加的预算。其三,竞争性市场有赖于大量买方和卖方围绕同质商品进行谈判交易。但对于公共产品或服务供给来说,往往政府是唯一的买方,尤其是那些市场不能做或做不好的产品和服务。对于这些特定的产品和服务,市场上也许只有少数几家供应商能够符合政府的购买需求。政府不得不自行构建市场,与供应商共同设计决定,两者并不是传统市场上独立的买方和卖方。随着政府与私人部门之间的合作伙伴关系愈加紧密,竞争优势的规范性、产品质量和替换机制就愈加难以实现。

虽然政府引入市场竞争的目标之一是提高效率,但效率却并不是政府的唯一目标,其他公共利益目标有时可能比效率更加重要,比如,效果、能力、对民众的回应、公民信任与信心。政府决策者们很快发现,比起如何有效利用公共资金、是否有其他更为危险的污染需要处理,社区居民更加关心自己小区里的垃圾堆应必须立刻马上被予以清理,他们认为只要能够消除垃圾堆对自己和家人的健康威胁,政府花多少钱都应该在所不惜。在这里,经济效益显然不是政府的管理目标,与成本无关。有时,政府为了在购买市场中保留一个以上的供应商以保持未来的合同竞争态势,必须将部分业务交由竞标失败者。面对不同层次的供应商,政府管理承包合同的能力就显得尤为重要。当决策者未经民众征询意见就做出决定,无论从政府的角度认为决策如何科学合理,依然会面临民众的反对和质疑。对民众的回应以及决策程序的正当是建立民众对政府信任的关键所在。

二、公共服务改革中的权力博弈

（一）从官僚制到企业家政府

政策是价值的具体表达,涉及资源和权力的分配[①]。公共政策可被视为公共资源分配的重要手段,公共权力机关为了追求公共价值、维护公共利益、实现公共目标,以政策制定、政策执行、政策评价的方式在全社会范围内进行资源调配。这一过程不仅是对政策方案、政策过程、政策效果本身的民主化与规范化,也是行政权与公民权的再分配[②]。在国家公共权力体系中,立法权、司法权与行政权是三种最为典型的权力形式。立法权和司法权旨在维护国家意志的权威性,其运用往往受到程序、范围、特定对象的制约；而行政权更具主动性、扩张性与侵略性,其运用程序易被简化,运用范围易被扩大,运用对象易被泛化。官僚制的出现可被视为对行政权力的特征固化,相较于市场那只"看不见的手"依靠机制调节,政府的"看得见的手"形象地描绘了行政权力对社会的干预和调节。行政权力是一把双刃剑：一方面,国家和社会公共事务需要行政权力的协调与强制执行以产生社会效益；另一方面,行政权力

[①] ［加］梁鹤年:《政策规划与评估方法》,丁进锋译,中国人民大学出版社2009年版,第33页。

[②] 姜国兵、蓝光喜:《重构公共政策评估——基于公民权与行政权相对平衡的分析》,《中国行政管理》2008年第8期,第50—53页。

的扩张也会带来腐败、效率低下和权力异化。当今世界出现的"行政国家"或"以行政为中心(executive-centered)"现象,表明了行政体系自我膨胀的趋势。

虽然公共政策制定本身是以服务于公共利益和公共目标为宗旨的,然而,公共选择学派已经论证,不论政府还是作为其代表的政策制定者或行政官员都是经济人,他们的行为自然也符合经济人的行为特征,都会追求自身利益的最大化。政治家、行政官员和普通公民一样都天然具有自利性。在公共政策的制定、执行与评价时,公共利益并不总是被优先考虑的。鉴于此,对于行政权力的制约、监督与评价就成为各国政府致力解决的问题。首先出现的趋势就是权力体系内部分权的社会化;立法权和司法权开始强调和鼓励社会参与;行政权通过委托、授权等形式逐步向社会转移;权力主体也逐渐从单一转向多元①。随着权力的部分转移,政府的机构得以缩小规模,政府职能得以聚焦,即所谓的"去规制社会"②,市场成为行为规范的主要力量。除此以外,公众和社会组织的监督,国际组织以及大量的非政府组织都可以成为约束公共权力的途径③。从社会主体及其社会资源占有的角度来看,公共权力并非国家独有,也不局限于任何合法社团或机构,是广泛存在于社会互动体系中作用于普遍对象的支配力、影响力和控制力。同时,人们也只有通过这一庞大的社会互动体系才能感知其存在、影响和权威④。因此,社会力量的广泛参与是保障公共权力通畅

---

① 郭道晖:《权力的多元化与社会化》,《法学研究》2001年第1期,第3—17页。
② [美]乔尔·S.米格代尔:《强社会与弱国家——第三世界的国家社会关系及国家能力》,张长东、朱海雷、隋春波、陈玲译,凤凰出版传媒集团、江苏人民出版社2009年版,第17页。
③ 郭道晖:《社会权力与公民社会》,译林出版社2009年版,第36页。
④ [法]莫里斯·迪韦尔热:《政治社会学——政治学要素》,杨祖功、王大东译,华夏出版社1987年版,第14—16页。

运转的有效方式。

由于高度集权化的官僚组织对公共利益的维护不力和对公民需求的反应迟钝，分权被认为是使传统的官僚制组织开放并"降低官僚化程度"的必要手段①。20世纪80年代，英国的撒切尔内阁和美国里根政府先后实行了大规模的国有部门或机构的私有化改革，尝试将部分政府职能剥离转向市场，以刺激效率的提升，同时降低政府开支。到20世纪90年代，这场源起于西方发达国家的政府再造浪潮席卷世界也漫延至发展中国家，产生诸多不同的称谓，如管理主义（managerialism）、以市场为基础的公共管理（market-based public administration）、企业型政府（entrepreneurial government）、新右派（New Right）、新治理（New Governance）等②。这其中新公共管理（New Public Management）得到普遍认同，该学派主张借鉴私营部门的企业管理经验理论对政府及公共部门进行改革。新公共管理运动摒弃了传统官僚制的指令式政府工作形式，代之以客户需求为导向，即将民众视为政府或公共部门提供产品和服务的消费者，注重服务质量和效果评估，采用企业管理领域的技术手段和方法，力求在灵活反应、迅速有效的基础上实现部门目标。因此，必要的分权（decentralization）和授权（authorizing）就成为政府改革的关键。不论采用分权还是授权，政府都面临着原有职能的转变和机构设置、人员配置的变更。分权的对象涵盖社会上各类公共组织和私人机构，鼓励他们参与社会公共事务的管理。1992年，美国知名学者戴维·奥斯本和特德·盖布勒所著的《改革政府：企业家精神

---

① ［美］菲利克斯·A.尼格罗、劳埃德·G.尼格罗：《公共行政学简明教程》，郭晓来等译，中共中央党校出版社1997年版，第141—142页。

② 张成福：《公共行政的管理主义：反思与批判》，《中国人民大学学报》2001年第1期，第15—21页。

如何改革着公共部门》是倡导对政府及公共部门进行企业化改革的代表性文献。他们将新公共管理范式下的政府改革概括为十个方面的原则,搭建了新公共管理改革的基本分析框架,深刻地影响了后来学界对于政府治理的研究。他们主张:政府应当掌舵而不是划桨;对社区组织应予授权;政府在提供公共服务过程中也应当引入竞争机制;政府应当具有使命感,而不仅仅是照章办事、循规蹈矩;政府工作应当讲求产出效果,而不是一味地关注投入拨款;政府应当以顾客需求为导向,而不是以政治需要为导向;政府应当有事业心,关注收益,避免浪费;政府应当有预见性,致力于预防或避免某些社会问题,而不是仅仅在事后处理或被动应对;政府应当打破等级制,营造各类组织部门与机构协作参与的社会体系;政府也应当重视市场的调节作用。奥斯本和盖布勒认为,过去实行的官僚制,尤其存在着历史必然性。受限于各地区之间、各类组织之间以及组织层级之间信息交流障碍,行政人员普遍教育程度不高,政府有赖于集权式的行政指令式管理。随着时代的变迁,尤其是信息技术的发展,使组织内部和组织外部的联结更加紧密和便利,因此,分权显现出比集权制更加灵活、有效率,更加鼓舞士气、鼓励创新,更能够激发员工更强的责任感[1]。新公共管理运动的出现,推动着"企业家政府"组织模式的形成。原有的政府大型的等级制开始瓦解,代之以分散、独立的更小单元的基层治理机构。新的分权式多元主体更加贴近民众的生活,更加关注民众需求,更加能通过为民众提供公平、优质、高效的服务赢得民众对政府的信任。

传统的公共行政学观点认为,不能允许行政人员有太多的自由裁量权(discretionary authority),因为那将导致执行偏差。然

---

[1] [美]戴维·奥斯本、特勒·盖布勒:《改革政府:企业家精神如何改革着公共部门》,周敦仁译,上海译文出版社 2006 年版,第 22—23、186—188 页。

而,新公共管理学派则推崇赋予政府管理者们更广泛的自由裁量权(broad discretion)①。后者所言的广泛的自由裁量权是指政府在转变职能、将更多的权力下放或转授的过程中,脱离过去的事必躬亲型直接微观管理,改为引导规范型间接宏观管理,不再干预具体的操作性事务,而是致力于营造良好的制度环境。如英国公共管理学者安德鲁·梅西(Andrew Massey)指出:"改革的目标还包括缩小国家的角色和范围……将大量决策(主要是经济决策)非政治化并将其托管给专家,而不是像原先的政客和官僚那样迫于服务自身利益的利益集团的压力而做出的带有极大随意性的决策……通过赋予公民不可剥夺的财产权和确保公民个人的自由确定公私部门的区分,以较为灵活的方式保障其免受国家权力的侵害,并防止公务员和民选政治家经受不住诱惑而独断专行,朝令夕改,滥用公民授予的权力。"②

为了避免公共权力的滥用和行政人员的自利行为,新公共管理改革强调产出控制和绩效评估。在企业管理中常见的交易成本理论、委托-代理理论,以及质量管理、目标管理、绩效评估等管理工具都被广泛应用到世界各国政府及公共部门。"绩效评估决定了资源的分配,政府比以往任何一个时候都更加重视结果而非过程。"③在欧美,法国于1989年成立国家研究评估委员会,专门领导跨部门的政府绩效评价工作④;美国于1993年通过《政

---

① David H. Rosenbloom and Robert S. Kravchuk, *Public Administration: Understanding Management, Politics and Law in the Public Sector*, 6th edn., The McGraw-Hill Companies, 2005, p.351.

② Andrew Massey, *Managing the Public Sector: Comparative Analysis of the United Kingdom and the United States*, Edward Elgar Publishing Limited, 1993, pp.7-8.

③ Christopher Hood, "A Public Management for All Seasons", *Public Administration*, 1991, 69(1), pp.3-19.

④ 姚刚:《国外公共政策绩效评估研究与借鉴》,《深圳大学学报(人文社会科学版)》2008年第4期,第80—85页。

府绩效与结果法案》(Government Performance and Results Act, GPRA)要求在联邦政府的各个机构都推行绩效评估制度,专门成立"国家绩效评议委员会",广泛吸纳专业评估人员和社会公众,负责对联邦政府的政策制定框架和政策绩效进行评价。在亚洲,日本为了保持政府绩效评估工作的连续性、稳定性和权威性,专设行政评价局负责对内阁和政府部门的各项政策实施全面深入的绩效评价,同时对政府部门已实施的政策实施再评价;韩国政府内部不仅专门设立了政策分析与评估局,而且还成立了独立的政策评估委员会,以及直属于国务总理的政策协调办公室(Office of Policy Coordination,OPC)[1],负责对政府绩效评估的指挥与协调工作。绩效评估进一步增强了新公共管理运动的民众本位和服务取向,引发了人们对于政府行政改革的深入思考。

新公共管理运动旨在重新调整政府与社会、市场的关系。一方面,减少政府职能,力求"少而精",并改革政府部门内部的管理体制,引入竞争机制以提高工作效率和公共服务质量,减轻政府财政危机;另一方面,推动社会自治,鼓励社会力量参与公共事务管理。新公共管理运动的市场化、社会化和私有化取向都体现了政府失灵和非市场缺陷的基本精神。不可否认,新公共管理运动对世界政府管理理论与实践产生了深远的影响。然而,新公共管理的市场取向模式也有其内在的局限性。英国的公共行政学者认为新公共管理运动忽视了公共部门与私人部门之间的差异,对于政府和公共组织而言,市场化倾向以及追求效率的目标可能会导致新的价值冲突和管理难题。

新公共管理运动摒弃了传统公共行政管理认为政府是公共物

---

[1] 吴江:《国外政策科学研究与我国政策科学教育》,《中国行政管理》1999年第12期,第30—33页。

品的唯一提供者的观点,借用私人部门的管理技术和激励手段,试图创造一个节约、高效的政府。但是,在市场化体制下,追求利润的动机将大幅提高公共服务供给的实际成本。公共管理者仍然需要保证服务质量和社会公平,与私人部门之间达成契约合同的行政技术问题更加复杂,政府控制和责任划分变得更加困难。新公共管理运动倡导的市场化分权、授权机制,使行政组织和人员更具有创新精神和主动性,弥补了传统官僚制组织僵化和缺乏弹性的缺陷,但同时也破坏了层级制组织的严密性、稳定性与权力制约。市场规则下的利益导向损害了公共行政体系的目标一致性,各自为政以及个体自利行为更加不利于公共精神的维护。新公共管理运动主张行政人员积极参与政策制定和执行,认为传统的政治与行政"二分法"会压抑行政人员的积极性。然而,这一思想的解除往往会导致行政权力的过分扩张,弱化对行政机构及其人员的行为约束。减少公共雇员、打破文官制是新公共管理运动的又一重要观点。虽然增加市场雇员会有效节约公共支出,但行政人员的奉献精神、公共价值观和忠诚度都将随之降低,对于政府部门及其工作人员的绩效测量更加困难。

(二) 政府改革的新视野

到20世纪90年代中后期,新公共管理改革的重点开始从单一的分权、规模裁减、职能专设转向"整体政府"(whole-of-government, WOG),或称"协同政府"(joined-up government, JUG)[①]。1997年,英国首相布莱尔在"公民服务会议"上首次提出"整体政府"的施政理念。1999年,英国政府出版《现代化政府》白皮书,该白皮书从政策制定、公共服务供给、信息技术运用和公务

---

① Vernon Bogdanor, ed., *Joined-up Government*, Oxford University Press, 2005, pp.101-112.

员管理等方面提出推行"整体政府"改革的10年规划。随后,澳大利亚、新西兰、加拿大、美国等国家的地方政府先后进行了类似的实践探索。整体政府思想的精髓在于组织协调,包括横向和纵向协调,并不仅仅局限于大规模的政府部门,也可以是一个部门内部或一个工作小组。整体政府理论认为,传统公共行政管理存在责任转嫁、重复浪费、互相冲突、缺乏沟通、部门主义、各自为政等缺点,导致公众无法获得有效的公共服务,因此有必要在公共政策过程中,采用交互、协作和一体化的管理方式与管理技术,以实现四个目标——促使政府机构、社会组织等各类管理主体能够协调一致、协同行动,达到功能整合、消除排斥的政策情境,有效利用公共稀缺资源,以及为公民提供无缝隙服务[①]。

整体政府的概念可被理解为一个伞型(umbrella term),即希望解决公共部门和公共服务中日益严重的碎片化问题以及加强协调的一系列相关措施[②]。整体政府的四个基本目标通过消除不同政策之间的矛盾和张力,直接有效地增加公共政策的效能;通过消除不同项目方案的重叠和冲突而充分利用资源;在政策部门的不同利益主体之间加强合作、传递优秀理念,形成一种协同的工作方式;以公民需要为导向,提供一套无缝隙的服务而不是碎片化的服务。可见,整体政府的行动逻辑既不是分裂现存组织,也不是建立一个超级管理机构,而是在不消除组织边界的前提下推进组织协同以实现公共目标。

实现组织协同的关键路径在于将不同的文化、动机、管理制度与公共目标相结合,形成工作联盟和伙伴关系,由各类管理主体联

---

① Christopher Pollitt, "Joined-up Government: A Survey", *Political Studies Review*, 2003, 1(1), pp.34-49.
② Tom Ling, "Delivering Joined-Up Government in the UK: Dimensions, Issues and Problems", *Public Administration*, 2002, 80(4), pp.615-642.

合完成工作任务。在治理的组织结构层面,整体政府的治理包括三个方面的整合:(1)不同层级或同一层级组织结构的治理整合,如地方政府、中央政府、国际组织治理网络的整合;(2)治理功能的整合,包括同一机构内不同功能的整合,不同功能部门之间的整合;(3)公私部门之间的整合,包括政府部门、私人部门以及非营利性机构之间的整合。传统的官僚制组织结构主张功能设置,新公共管理运动强调组织之间的竞争绩效设置,而整体政府治理与前两种行政管理范式的最大区别在于,不仅仅是解决政府问题,更加关注解决人们的生活问题,因此需要政府各部门以及全社会的共同努力。政府的运作将以治理的结果为核心,扩大授权给各个治理单位,以整合性的预算来完成任务。目前,整体政府已成为当代西方政府改革的新趋向,被广泛应用于解决犯罪、环境保护、社会排斥等跨部门问题。

"整体政府"改革在批判与继承传统官僚制组织与新公共管理"企业家政府"的基础上,结合当代政府管理面临的新问题进行组织创新,开辟了后公共管理时代政府改革的新视野。然而,也有诸多学者对此表示异议。挪威公共行政学者汤姆·克里斯滕森(Tom Christensen)和佩尔·拉格雷德(Per Lgreid)认为,整体政府虽比强调专门化的官僚制和关注职责清晰企业家政府有所改进,但也是在加强中央权力的方向上对新公共管理基本模式的调整,而不是根本性的变革[1]。协同政府与整体政府都很重视发挥政府的积极作用,但是正如英国公共政策学者爱德华·C.佩奇(Edward C. Page)所强调的,它们所反对的"各自为政"却也有充分的存在理由[2]。另一位著名的公共管理学者克里斯托弗·波利

---

[1] [挪威]汤姆·克里斯滕森、佩尔·拉格雷德:《后新公共管理改革——作为一种新趋势的"整体政府"》,张丽娜、袁何俊译,《中国行政管理》2006年第9期,第83—88页。

[2] Edwards Page, "Joined-up Government and the Civil Service", in Vernon Bogdanor, ed., *Joined-up Government*, Oxford University Press, 2005, pp.139-155.

特(Christopher Pollitt)也指出,职责清晰的组织边界没有过时,新公共管理运动依然在朝向更加分权化、合同化、以产出为导向的体制转变进程。更多的学者认为新的改革类型通常是对新公共管理改革成果(inheritance)的进一步发扬光大,而不是简单地取而代之①。

美国著名公共管理学家罗伯特·丹哈特夫妇基于对传统公共行政和新公共管理理论的反思,特别是针对作为新公共管理理论之精髓的企业家政府理论缺陷的批判而提出新公共服务理论。"所谓新公共服务,指的是公共行政在以公民为中心的治理系统中所扮演的角色的一套理念。"②罗伯特·丹哈特夫妇在民主公民权(democratic citizenship)、社区和市民社会的模型(models of community civil society)、组织人本主义(organizational humanism)和后现代主义(postmodernism)等理论和模型的基础上,从七个方面阐述了新公共服务理论的基本内涵:(1)服务于公民,而不是服务于顾客;(2)追求公共利益;(3)重视公民权和公共服务胜过重视企业家精神;(4)思考要具有战略性,行动要具有民主性;(5)承认责任并不简单;(6)服务,而不是掌舵;(7)重视人,而不只是重视生产率③。新公共服务理论强调公共政策过程中的公民参与及社区建设,关注建设政府与公民之间、公民与公民之间的信任与合作关系,重视公民权和公共服务的享有。在新公共服务理论中,共同领导(shared leadership)、合作(collaboration)和授

---

① Christopher Pollitt, *The Essential Public Manager*, Open University Press and McGraw Hill, 2003, pp.49-50.

② Robert B. Denhardt and Janet Vinzant Denhardt, "The New Public Service: Serving Rather Than Steering", *Public Administration Review*, 2000, 60(6), pp.549-559.

③ Janet V. Denhardt and Robert B. Denhardt, *The New Public Service: Serving, Not Steering*, M.E.Sharpe, Inc., 2003, pp.42-43.

权(empowerment)是组织内外部的共通原则①。

日益复杂、多元化的政治社会环境使政府改革面临前所未有的挑战。首先,传统政府主导型的政策过程模式已不能适应政策主体多元化的要求。在传统政策模式下,政府是政策制定与执行的主体,社会公众、非政府组织等则主要作为政策对象,政策过程中政府具有主导性的地位和作用,权力运行方向是自上而下的。伴随着多元主体在政策过程中的出现,社会公众、非政府组织等正式或非正式组织通过政策咨询、投票或学术研究影响着公共政策的制定和执行。政策主体的范畴进一步扩大。其次,政策资源的分散化要求政府与社会团体之间建立一种合作互动的新型伙伴关系。政策主体的多元化意味着不同主体掌握的政策资源分散性增强,在有利于改善和提高政策质量的同时,也加大了政策制定和执行的成本。为此,建立政府与社会团体之间的互动合作关系,其目的是将分散的政策资源集中,在政策规划与执行阶段形成通畅的谈判通道,降低谈判成本。这种新型互动合作关系,必须不同于纯粹市场化机制和传统科层制主体之间的资源依赖关系。在新治理理论中,社会控制论研究方法(the social-cybernetic approach)强调政策领域包含多个行动者,他们之间相互依存,具有共同的目标,形成互动式的社会管理方式②。治理的实质在于建立在市场原则、公共利益和认同基础上的合作,是政府与公民对公共生活的合作管理,是使公共利益最大化的管理。其管理机制所依靠的主要不是政府的权力和权威,而是合作网络的分享的权力和权威。其前提假设是"多中心"理论,即权力向度是多元的、相互的。

---

① Janet V. Denhardt and Robert B. Denhardt, *The New Public Service: Serving, Not Steering*, M.E.Sharpe, Inc., 2003, pp.42-43.
② R. A. W. Rhodes, "The New Governance: Governing Without Government", *Political Studies*, 1996, 44(4), pp.652-667.

1978年，美国著名政治学家彼得·卡赞斯坦（Peter Katzenstein）在《权力与财富之间》一书中首次提出"政策网络"（policy network）的概念，意指国家与非国家行动者之间建立的一种互赖与合作关系。随后，政策网络路径的研究方法取代多元主义（pluralism）、法团主义（corporatism）以及其他的传统模式，迅速在西方发达国家传播开来，但是对于政策网络概念的定义至今学界尚未达成共识，具有代表性的观点主要如下。（1）从政策主体的角度，布林特·米沃德（Brint Milward）和罗纳德·弗朗西斯科（Ronald A.Francisco）认为政策网络的概念源于"次级系统"。次级系统政治也被称为"铁三角"，说明政策制定过程中立法委员会、执行机构与利益团体紧密相关，强调政策网络是由个体、组织和组织联盟所组成的系统。（2）从政策资源角度，认为政策网络是在公共政策的规划、制定与执行中，各利益群体因政策资源的获取与分配而产生的关系联结，如罗德里克·罗茨（Roderick A. W. Rhodes）根据权力依赖理论将政策网络定义为一种资源交换的过程。莫里斯·莱特（Maurice Wright）将政策网络定义为"从分享共同的认同或利益的政策空间中抽取出来的行动者和潜在行动者"。资源的相互依赖性决定了多元政策主体间的协商与合作关系。（3）从政策过程的角度，强调多元主体间的互动关系，威廉·科尔曼（William D.Coleman）等认为，政策网络"描述围绕政策社群重要性议题的形成的特定行动者间的关系的特征"。（4）从政策目标的角度，政策网络被视为实现政策目标的途径。

政策网络可视为各利益相关者与政府部门之间建立的例行化互动模式，就关心的议题进行沟通与协调，使得参与者的政策偏好被满足或是政策诉求获得重视，以增进彼此的政策利益。政策网络内的行动者包括政府官员、行政人员、学者专家、其他利益团体等，这些社会团体可以因法定权威、资金、信息、专业技术与知识等资源的相互依赖,而结合成行动联盟或是利益共同体。政策网络研究与治理理论相结合,产生了运用政策网络框架来解释公共管理的网络治理理论(theory of network governance),主张不仅要管理网络结构内部的关系,还要政府创造积极参与的决策环境,转变资源分配方式[①]。

国内关于政策网络的研究仍处于初级阶段,期刊文献数量仅200余篇,早期的研究内容集中在对国外相关理论的消化和吸收,近年逐渐延伸到国内某具体政策领域的应用性实证研究。朱亚鹏和胡伟等人是国内较早一批将政策网络应用于分析和解释我国政策过程的学者[②],此后的十年间,开启了我国学者研究政策网络的进程。作为西方发达国家研究后现代政策过程的主流话语和一种新的分析范式,政策网络路径主要研究在政策过程中相互依赖的行动者的稳定社会关系模式对公共政策的影响。政策网络路径的"硬核"在于探讨政策网络结构特征与政策后果之间的因果关系。在政策网络中,行动者在网络中的地位、政策参与者关系的强弱以及网络的开放程度都会影响政策后果[③]。政策网络的优势在于将公共政策理解为国家与不同利益集团之间基于资源依赖关系的动态互补过程,克服了以往公共政策研究中完全理性和集权的缺陷,弱化了权威和制度在公共政策执行中的作用,增加了结构因素对公共政策的影响。在政策网络中,存在学习机制、隐性契约机制和博弈协调机制等内部动力演化机制。在这三种机制的推动下,政

---

① 唐兴霖、尹文嘉:《从新公共管理到后新公共管理——20世纪70年代以来西方公共管理前沿理论述评》,《社会科学战线》2011年第2期,第178—183页。
② 朱亚鹏:《公共政策研究的政策网络分析视角》,《中山大学学报(社会科学版)》2006年第3期,第80—83页;石凯、胡伟:《政策网络理论:政策过程的新范式》,《国外社会科学》2006年第3期,第28—35页。
③ 蒋硕亮:《政策网络路径:西方公共政策分析的新范式》,《政治学研究》2010年第6期,第100—107页。

策网络对政策效果发挥着重大影响,特别是学习机制(包括行为学习、价值学习和规范学习)对提高公共政策执行效率有直接影响[1]。政策网络概念的提出,从政策问题建构的视角表达了一种"去中心化"的主张,从而将利益集团重塑为政策问题建构多元主体中的一支行动者力量[2]。目前,政策网络作为一种治理工具已得到国内众多学者的认可,且治理途径的研究也已成为该领域研究的主流。有学者采用管理学和渐进主义的基本逻辑,将学派繁杂的西方理论进行融合,结合我国实际提炼出初步的政策网络治理分析框架。该框架由网络描述、网络管理和网络检查三个前后衔接的环节构成,其中网络描述从行动者、行动者之间的关系、网络结构和网络规则四个维度展开,网络管理和网络检查则主要围绕管理者、行动者、联盟关系和网络规则四个方面进行[3]。实证方面的研究主题更加广泛,现有文献涉及房地产调控政策(如保障性住房)、环境政策(如大气污染防治、水资源保护、耕地保护)、科技创新政策、教育政策(如农民工子女教育、异地高考)、食品安全监管政策、医疗保障政策、人口计生政策、社区治理政策等。

综观国内外对政策网络的研究,研究趋势从包括概念界定、模型解释在内的理论建构,逐渐转向针对某一领域的政策问题开展政策网络途径下的实证分析。政策网络分析的视角,虽起源于西方,带有鲜明的西方文化环境和制度特征,但其不拘泥于纯粹的价值判断,而是致力于分析行动者影响政策效果的过程和方式,为我国公共治理及公共政策研究提供了新的视角。

---

[1] 匡霞、陈敬良:《政策网络的动力演化机制及其管理研究》,《内蒙古大学学报(哲学社会科学版)》2010年第1期,第52—58页。

[2] 张康之、向玉琼:《从"多元主义"向"政策网络"的转变——考察政策问题建构视角演变的路径》,《江海学刊》2014年第5期,第108—117页。

[3] 田华文、魏淑艳:《作为治理工具的政策网络——一个分析框架》,《东北大学学报(社会科学版)》2015年第5期,第502—507页。

三、体育公共服务市场化改革的主体间关系

市场化已在全球范围内被视为当代社会治理的重大战略和未来政府公共管理的新愿景。借鉴西方的"服务型政府"理念,探索以政府为主导,鼓励公私部门和各类社会组织积极参与的准市场供给模式代替传统单一的政府管理和纯粹的市场化机制,也是近年来我国体育公共服务改革研究的主要方向。体育公共服务的政府购买,是由政府扮演公共服务的委托者角色,通过竞标、指定预算或凭单制的方式向由民众在竞争性选择服务供应方的过程中实现资源的再分配[1]。理论上,通过引入各类社会组织或企事业单位作为新型的服务载体,不以利润最大化为服务供给的终极目标,而是致力于提高服务供给机构和项目的运行效率和服务质量,更加关注服务对象(即民众)的自由选择权,由此推动各主体间的互动合作,从而有效地整合体育公共资源,满足民众的多元化体育需要。

体育公共服务的政府购买,不仅是体育公共服务供给领域的创新性制度安排,更代表了我国公共服务与公共治理的重要发展方向。倡导所有权与经营权分离的委托代理理论为体育公共服务的政府购买提供了理论依据。体育公共服务相较教育、医疗、公共卫生等其他基本公共服务的特殊性,决定其服务供给不能采用直接委托代理模式,而应由公众、政府和供给服务的社会组织共同组成双重多级委托代理关系链(如图4-1所示)。

在体育公共服务政府购买中,多主体间的委托代理关系表现如下。公众是体育公共服务的初始委托人,若公众将体育公共服

---

[1] 齐超:《准市场和有限竞争:体育公共服务改革的探索》,《首都体育学院学报》2016年第1期,第13—17页。

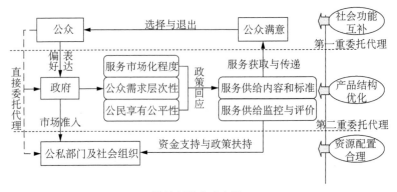

资料来源：作者自制。
图4-1 体育公共服务政府购买中的主体间关系

务直接委托给政府或服务供给部门，包括公私部门、各类社会组织等，这种关系被称为直接委托代理模式（如图4-1中左侧纵向虚线箭头部分）。直接委托代理链中的主体有两类：一是政府与服务供给部门，二是公众。体育公共服务具有如下特性：供给的缺乏对人们生活的影响具有潜在性，需求强度系数往往低于基本生活需求，不属于医疗、教育等迫切性选择需求；供给需要政府长期的持续性投入，民众体质的改善和健康等实施效果的显现具有滞后性。因此，若政府及公共部门直接提供体育公共服务，有限的公共财政资源无法承担巨大的长期的资金投入压力，也缺乏对于民众需求的目标指向性；若私营部门及其他社会组织直接提供体育公共服务，高运营成本就意味着高消费价格，势必将挤出部分贫困弱势群体，无法实现对公众的全面覆盖。

由此产生了第二种权、责、利关系——更加复杂的间接委托代理模式，即包括三类主体在内的双重多级委托代理模式（如图4-1中右侧纵向实线部分）：公众是体育公共服务的直接消费者，也是整个委托代理链中的初始委托人，通过参与偏好表达通道将所需体育公共服务产品的生产和供给委托给各级政府，此时政府充当公众的代理人,此为第一重委托代理;政府部门在充分考虑服务市场化程度、公众需求层次性以及公平性的基础上,再通过政府购买等方式将服务供给委托给符合市场准入条件的公私部门及各类社会组织,政府负责制定服务内容和标准,确定监控及评价程序,并适度给予资金支持和政策扶持,此时政府又充当委托人的角色,此为第二重委托代理。公众凭"以脚投票"的形式将所获得的公共服务质量和内容满意程度,反馈给其代理人(即政府),作为下一个服务周期对供应方选择和退出的评价依据。另外,政府之间也存在多层级的委托代理关系,如上级政府部门将体育公共服务生产通过契约形式委托给下级政府部门,或横向的同级跨区域政府部门之间的相互委托,也有利于发挥不同政府部门的区位优势、管理优势、资源优势,促进体育公共服务资源的区域性重新配置,降低管理成本。

可见,体育公共服务政府购买中的双重多级委托代理关系链,试图通过各行为主体间关系的重塑,构建一种资源配置合理、产品结构优化、社会功能互补的新型公共服务供给格局。

第三节　看起来很美:合同外包的约束

审视市场化既需要广角镜摄取整体图景,也需要显微镜透视其运作细节。作为市场化的特定形式,合同外包被广泛应用于公共服务领域,已成为政府利用社会和市场资源生产、递送公共服务的核心特征之一。竞争机制为合同外包穿上了诱人的外衣,但人们对竞争面纱背后的真相却了解不多。合同外包的优势与风险并存,在不同的情境下构成多样化的约束条件,使改革的实践问题愈加复杂。

一、合同外包的优势与风险

合同外包的实质是运用市场或私人企业提供公共产品和服务。这种市场和政府的特殊组合,因双方各自拥有的优势及内在缺陷,对合同外包的实现提出了一系列的挑战。节约成本一直被视为合同外包的最大优势,如2013年7月山东枣庄巨山街道的9个行政自然村纳入城乡环卫一体化管理,通过政府公共服务的外包,9个村居的垃圾清运工作每年可为政府节省3/4费用①。私人承包商主要通过三种手段降低成本:其一,在人员雇佣上拥有更大的灵活度,采取更具激励性工资制度;其二,通过资源共享、设备设施和人员的循环利用摊薄单位成本;其三,降低支付给工人的边际福利。然而,外包也并不总是意味着价低质优。据报道,石家庄市政府曾经尝试通过代金券的形式将养老服务外包给社会组织,以提高财政资金的使用效率、节省人力。但据称市内仅有"星光家政服务公司"一家可提供保健、保洁等相关服务,价格也很高。最终手持代金券的老人们不得不忍受"星光"的高价格和"只能将就"的服务水平②。缺乏有效的监督和跟踪机制,权力寻租、地方保护主义甚至腐败等问题在政府公共服务外包中频繁出现。2014年10月24日,《南方都市报》曝光深圳某清洁公司一份涉及248人的送礼名单,其中有多位公职人员。虽然涉事企业及相关人员进行了无罪回应和自我辩护,但鉴于披露信息的完整性以及其中两位公职人员已承认收礼的事实,该事件的可信度较高。同年10月10日,《南方日报》也曾报道深圳市清洁卫生协会会长周某德、深圳市机动车驾驶员培训行业协会执行会长黄某光、深圳市自卸车协会

---

① 白雪岩、万照广、张生:《枣庄抢鲜试水公共服务外包环卫外包年省45万》,《齐鲁晚报》,2013年10月30日。
② 董伟:《公共服务外包的问题在哪儿》,《中国青年报》,2013年9月23日。

执行会长黄某律三人因涉嫌行贿被立案查处。两起事件联系在一起,凸显了公共服务外包过程中政府行为的监管漏洞。深圳市是国内较早试验在城市环境卫生领域引入政府购买的地区,后被普及并推广到国内其他城市。有专家认为,环卫改革打破了政府既是运动员又是裁判员的不合理状态,有效破解了管办一体的模式弊端,让政府变成服务的购买者,将管理资源转向对购买服务的评估与监管。然而,随着政府外包服务的普及,收益可观的政府购买项目往往吸引了远超过政府需求数量的竞标者,在利益驱使下,部分企业开始向发包单位的主管专家和评委行贿,为了维持长期的政府合作,还要维护好与项目涉及的监管、监督等部门官员的关系[①]。因此,当人们发现政府无法有效监管和约束外包企业,服务水平提高有限,政府购买成本及消费者使用成本却节节攀升时,学者及媒体对监管部门的不作为乃至政府的公信力提出质疑就不足为奇了。

市场往往不是充分配置资源的有效机制。保证市场的有效运行依赖于一些理想化的前提条件,比如,买卖双方需保持距离以避免私下交易;交易商品同质,即从任何一家供应商那里都能买到同样的商品;市场上存在大量的买方和卖方,避免出现寡头垄断,促进价格激励。市场失灵常常会破坏这些前提,也是政府干预市场的主要理由。可见,自由市场竞争是一个不稳定的概念模型,一旦市场出现缺陷,政府有理由干预市场,此时公共权力与私人权力之间的平衡是达到效率的关键,针对不同的市场,表现出不同的公私关系。

美国学者唐纳德·凯特尔曾从"供给方缺陷"和"需求方缺陷"

---

① 郑渝川:《公共服务外包,监督机制须完善》(2014 年 10 月 25 日),新浪网,http://news.sina.com.cn/o/2014-10-25/000431041878.shtml,最后浏览日期:2019 年 6 月 23 日。

两个维度,对合同外包面临的约束进行理论概括①。第一类因为向政府提供产品和服务的市场所存在的缺陷而产生的市场失灵,或者来自私人供应商行为,或者来自市场结构本身,称为"供给方缺陷";第二类因为政府作为购买方的自身行为缺陷造成的市场失灵,称之为"需求方缺陷",即供需双方因各自缺陷的程度产生多种组合方式,表现出多样化的市场关系。

"供给方缺陷"主要表现在三个方面。(1)成熟的竞争市场未必存在。在完善的竞争市场进行产品和服务的购买,政府能够像其他顾客一样谈判出最好的交易,因为市场竞争本身会对产品界定并保证产品的低价格和高质量。比如,政府采购办公用品或清洁服务等大众产品,都可以找到成熟的市场与其他私人买主一样参加竞标。市场本身可以帮助定义产品,而竞争又能保证产品的低价高质。但竞争市场的存在需要一系列的条件,比如,军事装备、监狱等产品和多数公共服务而言,政府是唯一的需求者,成熟的市场未必存在,需要政府自身形成或建立一个市场。由政府负责定义产品、确定价格,并设定质量标准和性能评估,培育竞争市场对于航空器、军事武器等特需产品而言,这些行为于政府来说很难实现。(2)卖方之间竞争水平比较低。政府需要的产品市场非常容易为少部分供应商所把持,产生一个垄断寡头操纵市场价格,垄断厂商不断追求降低边际成本增加单位回报,政府不得不支付较高的价格以获取垄断厂商的服务,比如,政府对某些大型计算机软件系统开发公司的依赖,而其他中小规模厂商无力抗衡。当市场上仅存在少数供应商的情况下,政府同样会陷入两难局面。如果将合同全部交由其中报价较低的竞标者,会导致其他供应商退

---

① [美]唐纳德·凯特尔:《权力共享——公共治理与私人市场》,孙迎春译,北京大学出版社 2009 年版,第 25—28 页。

出市场,结束竞争,政府从而在接下来的购买中将不得不受制于一家供应商的垄断。如果将合同分包给市场上的供应商,虽然能够保证所有的供应商都生存下来,但政府又无法避免地面临着因所有供应商结盟抬高价格而支付较高费用的风险。政府创造的专需品市场还可能面临技术保密、资金高昂、政策安全、政治支持等多重壁垒,阻止新供应商的进入,造成市场长期处于竞争不完全状态。(3)合同外包会产生特殊的外部性,即额外的成本与效益影响。从私人市场购买产品和服务以后,政府可能还会面临供应商带来的环境污染等外部性问题。比如,某些武器生产商也会产生有害废弃物,造成水体污染,威胁周边社区居民的健康,政府将不得不在支付武器购买成本的同时,额外支付清理和环境修复费用。政府无法通过合同契约来有效控制外部性问题。

政府扮演产品和服务的购买者,也面临诸多难题,如无法明确定义产品而在合同中含糊其辞,无法获得承包商的准确信息而决策失误。"需求方缺陷"同样表现在多个方面。(1)定义产品的难度。通常情况下的竞争市场,买方能够确定想要购买的产品,确定合理的价格并设定质量标准。对于政府来说,往往所购买的产品或服务事先并无确定的标准或费用,完全依靠供应商的判断。最终产品也未必体现了市场对买方需求的回应,因为合同契约是政府与供应商之间的协议同盟,这种同盟关系破坏了买卖双方相互独立的竞争性市场规范。(2)产品信息的匮乏。在竞争性市场中,买方可以通过市场上关于所供产品价格和服务质量等信息,自行寻找、比较和选择最具吸引力的产品,一定程度降低了供应商隐瞒回避产品缺陷的风险,但政府的许多项目可能没有明确的目标,或处于技术探索阶段,市场无法提供充分的选择信息,除非依赖技术专家,否则政府无法独立评判产品和服务质量。而技术专家们往往会选择薪酬待遇更加有吸引力的私人部门,政府的服务评价和质量控制能力进一步被削弱。(3)委托代理的复杂性导致监管失灵。委托代理关系及其产生的问题在企业管理领域同样存在,但对于政府而言具有特殊的复杂性。当市场参与者的范围扩大到涵盖政府官员、行政人员、公民和供应商后,关系的复杂性呈指数递增。政府内部的政治环境有时充当重要的影响因素,制约或改变其他市场行为并扭曲合同关系。不同层级不同部门之间的内部沟通不畅是造成政府内部性交易成本增加的主要原因。(4)多重代理导致价值目标错位。合同的激励机制驱使供应商不仅要满足合同确定的目标,还要迎合评价其目标完成程度及绩效的政府官员。从这个意义上说,政府公共服务的对象从广义的民众变成了合同特定的管理人员,少数行政人员的管理目的代替了民众的服务需求。(5)政府契约能力的缺乏导致话语权的丧失。合同外包意味着政府将公共产品和服务的供给权委派给私人部门,私人部门在知识、信息、专业技术等方面拥有明显优势,实践中很多外包合同的条款设计者是私人部门而非政府。

供给方缺陷和需求方缺陷以不同的方式组合,呈现多样化的约束条件,决定了合同外包的项目抉择、面临挑战和管理难题。来自卖方和买方的两类市场缺陷解释了公私伙伴关系出现的效率低下和管理悖论。当市场缺陷增加时,政府的管理负担和交易成本也会随之增加。合同外包并不意味着政府将内部职能转移给市场组织,从而达到管理责任的减轻;相反,对合同以及市场供应商的监管使政府面临着更大的挑战。政府要有能力区分不同市场表现出的不同问题,用不同的方式管理协调与供应商之间的关系。越来越广泛的对私人部门的依赖,对政府的自身管理能力提出更高的要求。

二、公共服务合同外包的实践问题

目前,我国各地实践中主要采用"通过政府财政提供资金,向各类社会组织、企事业单位购买指定的全部或部分公共服务,并实施监督管理"[①]的政府购买服务(purchase of services)模式。

我国的公共服务外包首先肇始于城市管理中的事务性服务,深圳、上海等城市政府在20世纪90年代率先在街区清洁、园林绿化、公用设施维护等距政府权力中心较远的领域开展购买服务;随后,一些地方政府开始把政府自身内部的一些事务性服务,如政府内部办公信息系统维护、后勤会务工作、人力资源管理等外包给企业或社会组织,并逐渐在公共交通、自来水供应等公用事业领域试点探索外包改革。近年来,我国的外包改革领域进一步扩展,日渐趋近政府的核心职能。比如,政府工作中的一些包括规划编制、信息统计、专家咨询、课题调研等在内的技术性、决策性服务越来越多地被外包。国家发改委也曾宣布将中国"十二五"规划的数百个课题面向全球招标。行政管理执法领域也开始探索试验外包改革,出现了深圳西乡"综合执法管理"外包和湖南邵东"治安巡逻"外包等较为典型的外包改革项目。

随着外包改革领域的扩展和成效的显现,近年来我国公共服务外包呈现出自觉发展的态势,专门推进外包改革的组织机构、政策措施、工作平台不断涌现。2005年,无锡市率先出台了《关于政府购买公共服务的指导意见(试行)》;2006年,国家财政部出台了《关于开展政府购买社区公共卫生服务试点工作的指导意见》;2008年上海市浦东新区政府、深圳市宝安区政府,2009年浙江省嘉兴市政府、宁波市政府,2010年四川省成都市政府、深圳市福田区政府、湖南省长沙市政府,也相继出台推进公共服务外包的政策或方案。

---

① 王浦劬、[美]莱斯特·M.萨拉蒙等:《政府向社会组织购买公共服务研究:中国与全球经验分析》,北京大学出版社2010年,第54—76页。

尽管实行公共服务的外包后，行政配置、人工成本低，办事环节少，政府提供社会管理和公共服务的成本明显减少，质量有显著改善。机构得以精简，行政人员数量有所减少，相关的事业单位改革步伐明显加快。通过购买服务，吸纳社会力量参与公共服务的提供，一定程度上缓解了公共财政投入压力、专业技术力量不足的瓶颈，提升了政府的社会管理与服务水平。然而，购买服务也明显地存在如下问题。

一是购买内容的确定，即"什么能买什么不能买"。一方面是人们担心公共服务外包会导致公权力滥用，另一方面是公共服务购买的范围缺乏制度上的厘清和规范。2003年，《政府采购法》正式实施，但在采购范围中，对于"服务采购"的理解仅限于政府自身运作的后勤服务，而范围更广泛、更重要的公共服务并没有被列入采购范围。2015年3月1日，《中华人民共和国政府采购法实施条例》(以下简称《条例》)正式出台。对于2003年《政府采购法》中语义不详的资金来源、采购标的和采购项目，《条例》均作出进一步解释。其中，关于资金来源，《政府采购法》将其界定为"财政性资金"，《条例》解释为"纳入预算管理的资金"；关于采购标的，《政府采购法》明确为货物、工程和服务，《条例》对工程、与工程建设有关的货物和服务作出了明确规定；《条例》将《政府采购法》中服务的定义细化为"包括政府自身需要的服务和政府向社会公众提供的公共服务"；对公共服务项目的采购需求制定和履约验收提出了更高要求，如采购人应当就公共服务项目的采购需求征求社会公众的意见，公共服务项目验收时应当邀请服务对象参与并出具意见，验收结果应当向社会公告。但实践中，由于服务采购的内容和周期存在较大的区域性差异，经常出现各预算单位并未按要求将政府购买服务预算与部门预算一起布置、一起编制、一起审核、一起公开的现象，当年政府购买服务事项的预算由财政部门代为编写,这时常导致监督管理部门无法全面了解政府购买服务的事项,更无法实施公开、透明的全覆盖监管。

二是公共服务市场的不成熟。从理论上说,公共服务市场主体比公共部门具有更强的成本意识、更严格的管理和更灵活的反应能力,也就更能够促进竞争、提高服务质量并降低成本。但现实中,情况却并非如此。最重要的因素之一是公共服务市场发育困难,市场主体没有完全形成。尽管《条例》强调做好政府购买服务与事业单位分类改革、行业协会商会脱钩等相关改革的政策衔接,规定公共服务项目有特殊要求可以适用单一来源采购方式。但实践中,鉴于社会组织发展不完善和政府部门对于外部购买的风险规避,城市维护项目、事业单位购买服务等采购方式仍以直接委托或单一来源采购方式为主,竞争性采购较少。推行事业单位政府购买服务试点改革的效果也不明显,经费保障不足现象普遍存在。在市场主体不足的情况下,政府的选择非常有限,竞争难以充分开展,公共服务外包后的服务数量和质量很难保障。

三是与既有利益格局冲突。我国大部分公共服务过去都由政府部门或者事业单位垄断提供,外包改革必然会引起既得利益者受损,改革也由此遭遇阻力。各级政府部门与承接服务的社会组织,都是以实现各自利益最大化为最终目标的理性经济人,两者之间天然存在着利益冲突。各级政府部门更加关注委托的结果,即基于有限的财政投入,社会组织能否产出符合预期标准的公共服务产品;承接服务的社会组织则更加关注获取委托人(即政府)支付的报酬能否覆盖必要的日常管理开支,进而使组织能够保持长期稳定的发展。利益目标的差异,导致了不同的主体行为。一方面,政府采取行政手段意图加强控制社会组织的服务产出;另一方面,社会组织面临着服务时间延长、服务对象增加导致的场地维护、员工工资等高昂的管理成本,仅仅依赖公共财政拨付和公益性收费难以维系,希望有限地进行公共服务供给,额外增加市场化产品供给途径。

四是技术与能力障碍。公共服务外包涉及政府理念和实际操作多方面的变化,是一项复杂的系统工程,其成功实施有赖于操作技术和参与主体能力作为保障。但作为一项制度创新,目前我国还缺乏公共服务外包方面的深入实践和经验总结,一些地方政府及其官员还面临着操作技术和实践能力的瓶颈。例如,部分单位对政府购买服务政策理解不足,导致推进工作相对缓慢;有的单位单纯地认为通过政府购买服务可以解决单位经费不足,并以此作为增加财政经费的理由;有的单位将政府购买服务与政府采购混为一谈;有的甚至不知道政府购买服务政策①。按照《条例》要求,凡是政府事务性管理和公共服务事项原则上都应纳入政府购买服务事项,但很多地区真正开展政府购买服务的事项只有基本公共服务和辅助性服务部分事项。政府购买服务改革整体进展与政策要求、社会期待存在较大差距。

第四节 做精明的买主:政府角色的重塑

一、服务供给市场化≠政府责任市场化

政府治理的准市场模式已成为大势所趋,但对其的研究却多数停留在规范层面,仍然依靠观点归纳、逻辑推演甚至主观认识作出价值判断。支持者与反对者双方都能列举诸多的理论依据和现实理由论证市场化的合理性与不正当性。

---

① 刘亚:《浅议当前政府购买服务存在的问题及对策建议》(2018年1月25日),湖北省审计厅政府网,http://www.hbaudit.gov.cn/html/2018/0125/66877.shtml,最后浏览日期:2019年7月13日。

然而,对于市场化的批判并不等于对改革的否定,实践中出现的问题与反复也不意味着准市场模式的终结。与发达国家相比,在我国,当市场对资源配置的基础性地位尚未真正确立,当石油、电力等行业的国企垄断体制弊端仍被广为诟病,当"国家规定"还是企业规避社会质疑的有力手段,当政府权力干预甚至可以决定企业的生死存亡,当公共事业的政府垄断性直接生产除低效和浪费以外还伴随着腐败和权力寻租时,任何对于我国市场化改革的反对声都是轻举妄断。

近年来,随着医疗卫生、基础教育等领域问题的大量出现,我国市场化改革面临前所未有的责难和质疑。当怀疑和否定日益成为社会舆论主流,决策层正面临"倒脏水把婴儿一起倒掉"的风险。必须指出,公共服务市场化具有多种内涵和表现形式,最容易被忽视的是将政府责任的市场化和服务供给机制的市场化混为一谈。前者是把本应属于政府分内职责的公共服务推向市场;后者则是在政府承担基本责任的前提下,推行公共服务生产过程的市场化,通过多元生产者间的竞争降低成本、提高效率和质量。发达国家改革的重心通常是公共服务供给机制的市场化。从英国公立市场的内部市场到美国基础教育的凭单制,都旨在通过引进价格、供求衔接、顾客选择、竞争客户等市场机制,保障公民获得高质量免费医疗和免费基础教育的权利,同时由国家财政承担费用支出。相对而言,我国的公共服务市场化改革更加侧重政府责任的市场化,学界往往将"可以有效减轻政府公共财政巨额投入的负担"视为推行市场化改革的理由之一,一定程度上为改革赋予了政府减负"甩包袱"的意味。与政府责任市场化并存的是服务供给机制的市场化施行乏力,管理体制和制度供给严重不足。

市场化是政府管理的重大变革,市场化不是政府责任的减负;相反,市场化对政府的治理能力提出更高的要求。当政府采购实践中频频出现政府采购价高于市场价的现象时,人们往往将关注的焦点集中在采购过程存在哪些缺陷、采购程序是否合法、是否存在行政人员贪腐问题、如何改进采购制度等,却少有人质疑政府采购制度本身是否适用于所有的产品和服务。另外,哪些公共领域适用于特许经营等激进派市场化,哪些领域适用于政府提供直接财政补贴的温和派市场化,都需要政府的判断。简单的"甩包袱"式公共服务外包并不能实现有效市场化,政府仍然是公共服务的主要承担者和重要监管者。在促进公共服务外包的过程中,政府与社会企业之间的关系处理考验着竞争市场上企业经营管理的独立性和政府对社会企业的监管程度。政府对改革过程的驾驭能力和对行政事务的管理能力才是市场化改革的关键。

首先,政府需要明确需求,并有能力独立确定私人伙伴的工作目标。当竞争性市场缺陷增加时,依靠市场的力量定义商品和服务变得十分困难;当供给方缺陷增加时,市场构建政府选择空间的能力就会减小;政府及其合作伙伴在面对新技术的时候不得不谨慎行事;当需求方缺陷增加时,政府对工作项目的任务设计能力就会减弱;当供给方和需求方的缺陷同时增加时,竞争性市场虽然有助于确定选择方案,但在一个不成熟的市场,政府的信息获取就是最大的障碍。其次,政府需要了解在哪里能够获得所需的商品和服务,即对供应商的选择。当市场缺陷增加时,政府对供应商的评估与判断更加艰难,市场能够提供的信息十分有限。最后,政府需要清晰所购买产品和服务的结果(或称绩效),这是前述委托-代理理论的核心,也是公共服务市场化改革成功与否的关键标准。对于政府而言,对社会机构的公共服务供给结果进行质量评定是一大难题。参与竞争的供应商往往会陷入广泛的利益冲突,对获得政府订单的欲望远较向政府提供高质量产品信息的意愿强烈。

不同于个体消费者在市场交易中形成的买方与卖方之间独立

的主体地位,政府与合作伙伴之间常常是相互依赖的共生关系。市场缺陷的存在加剧了这种依赖性,使得两者利益集中,边界被模糊。当市场缺陷增加时,可选择性减少,政府不得不允许其他承包商拓展业务并进入公共服务的供给体系。部分涉及国防、航天等国家机密的私人承包机构,政府更加倾向于严密掌控这些合作伙伴的业务动向,从而出现企业政府化的现象,私人承包商逐步演变为政府的附属机构。不断增加的相互依赖性渐渐模糊了政府与承包商,或者说公共部门与私人部门之间的界限。这种组织边界的变化,对政府及其承包商的行为产生了如下重要影响。

其一,通过组织内外部资源的流动、吸收与释放,边界确定了组织的性质、组织的活动范围、技术核心以及适应外部环境所需的各种功能。当界限被模糊,政府与承包商之间各自的职责、权限就难以划分,将不可避免地出现政府的失职和私人机构的越权。其二,政府有赖于组织边界的清晰划分以面临大量的内外部环境不确定性。明确的组织边界有利于帮助政府理清公共财政的收入来源和委托项目的支出明细,一旦组织边界模糊,政府对于公共事务管理的控制就陷入混乱,公共部门与私人部门的业务与职能交织加剧了政府管理的复杂性。其三,政府为了削弱不确定性因素和市场缺陷造成的不利影响,必须及时地发现并更正错误,然而利益冲突和官僚制使组织学习难以实现。市场的赏优罚劣对于自由竞争具有积极的激励和导向作用,但当竞争萎缩、市场自身缺陷出现时,承包商之间的利益冲突就会影响市场信息的可靠性。信息流通顺畅依赖于组织内部的信息处理过程和组织之间的沟通方式。在官僚制的组织结构中,信息的上传下达经常受到信息过滤、信息扭曲、信息遗漏的干扰,这些干扰可能来自个体的文化知识背景、组织中的人际关系、群体意志、组织规范以及组织文化。当市场缺陷增加时,组织文化常常比市场的激励机制更加重要,表现在同一组织不同层面的不同文化抑制了信息沿着命令链的上下流动,即正式沟通中的信息失灵;而不同组织的相同文化往往会产生跨越组织层级和界限的信息流动,即非正式沟通的信息扩散。

总之,竞争不是缩减政府规模、提高政府工作效率的万能丹。政府不仅需要依赖承包商提供产品和服务,还要对购买产品进行评价,管理购买过程的各个环节。如果政府忽视了对于自身治理能力的提升,将面临把决策权拱手转让给私人承包商的政治风险。引入承包供应商拓展了政府与公民之间的关系,使公民除作为顾客接受服务以外,还需参与监督、参与激励机制设计,更多地融入社会事务管理。

二、政府在体育公共服务购买实践中的困境

2003年苏州首创医保"阳光健身卡"工程,拉开了各地政府积极探索体育公共服务市场化改革的帷幕。《政府采购法》的出台为各地体育公共服务政府购买的实施奠定了法律基础。2008年,上海试点购买公益场所体育服务[①];2009年湖南长沙政府购买中小学生暑期免费游泳服务,随后将购买范围进一步扩大到羽毛球、篮球、足球的免费培训[②];2011年,江苏常州以政府购买服务的方式奖励和补助体育社会组织承办各类赛事、代表常州组队参赛,鼓励和支持组织开展全民健身活动[③];2014年,广东惠州通过政府购买委托单项体育协会在市区及有关乡镇开展全民健身活动和木兰

---

① 郭修金、戴健:《政府购买体育社会组织公共体育服务的实践、问题与措施——以上海市、广东省为例》,《上海体育学院学报》2014年第3期,第7—12页。
② 胡科、虞重干:《政府购买体育服务的个案考察与思考——以长沙市政府购买游泳服务为个案》,《武汉体育学院学报》2012年第1期,第43—51页。
③ 谢正阳、汤际澜、刘红建:《政府购买体育公共服务模式的实践与探索——以常州为研究对象》,《成都体育学院学报》2015年第5期,第29—34页。

拳、太极拳、门球等体育项目技能培训①。

在最初阶段的试运行中,各地的服务承接组织能够充分考虑市民的要求,提供多样化、个性化、专业化的体育公共服务,而且兼顾组织自身的成长。各地方政府则实现了从服务产品的供给者向购买者和监督者的角色转变,不仅从具体的社会事务中抽离,而且降低了行政成本,提高了资金使用效率。然而,随着政府购买项目的逐渐深入,实践中暴露出的问题也愈加突出,主要表现如下。

第一,利益冲突。站在市场化的角度,政府是追求自身利益最大化的理性经济人,强调财政投入的产出绩效。作为公众的一级代理人,政府还承担着法律赋予的追求公共利益的责任。实行体育公共服务政府购买,旨在为不同层次结构中社会主体架设参与服务供给的桥梁,强调各个结构层面中主体间互动式的广泛参与,保障政府对体育公共服务供给有效性确认和不良信息的及时反馈,督促服务供给方不断提高服务质量和效率。这一桥梁架设者的角色,要求政府以公民的体育需求为导向,强调公平、民主和信任。但这一公共价值目标与市场化委托的效率约束之间也存在难以调和的矛盾。

第二,信息劣势。在西方发达国家,公共服务的政府购买,通常采用政府向社会公开招投标的竞买形式。但在我国体育公共服务政府购买的实践中,更多采用的是非竞争性采购方式,即政府购买部门与社会组织之间经过事先协商,指定区域内部分已具有一定声誉、运转基础良好的社会组织作为体育公共服务承接者,并不面向社会公开竞标。

当社会组织发展尚不完善,政府无法准确地了解市场上众多

---

① 王占坤:《政府购买公共体育服务的地方实践、问题及化解策略》,《武汉体育学院学报》2015年第2期,第12—17页。

社会组织的实际运营及服务状况,即委托人和代理人之间存在信息不对称时,这种双向选择指定式供给可以在一定程度上降低政府的采购风险,有利于政府购买服务的质量保证;但劣势也非常明显,购买行为的内部化容易导致购买程序的不严谨,对法律等规范性文件依据的不严密,对区域公共服务供给的市场化机制形成以及其他中小型社会组织的成长和培育都可能造成不良影响。

另外,体育公共服务的供给内容,除了场地供给以外,还涉及体育器材设施的使用指导、运动意外伤害的临时处置与防范知识普及等专业技术性要求较高的服务项目。一方面,作为委托人的政府无法实现对其服务质量的专业性评判,对代理人(即承接服务的社会组织)的努力程度也难以观察和测量;另一方面,社会组织在现实中不得不面临"公益服务、多多益善"与"自我发展、自负盈亏"之间的冲突,当激励和监督机制不够完善时,作为代理人的社会组织就会面临"道德风险"和机会主义,他们可能会采用隐藏信息或提供虚假信息、推卸责任、降低服务质量或自行限制公共服务对象的接待数量等损害委托人利益的方式,节约管理成本。

第三,权力边界模糊。在体育公共服务的政府购买中,作为重要的体育公共服务供给主体之一,各类公私部门和社会组织应直接负责服务产品的生产提供,与各级政府之间形成关键的委托代理链条。长期以来,我国体育公共服务的传统供给主体仅局限于从中央到地方的各级体育行政部门。尽管政府已采取措施吸引部分社会组织参与体育公共服务的供给,但受制于现行分级登记、双重管理的社会组织管理制度[①],即社会组织在民政部门登记注册

---

① 秦小平、陈云龙、王健等:《我国社会体育组织发展路径——基于政府购买体育公共服务的视角》,《上海体育学院学报》2014年第5期,第1—4页。

前必须先拥有与自身相关的主管机构,此类社会组织往往在成立之初就与体育行政部门之间存在深刻的利益依附关系。先天不足导致后期发展力量和规模有限,缺乏市场竞争力。主管部门仍习惯于对社会组织的服务活动进行行政干预,侵犯组织的自主决策权,变相代替社会组织行使最终代理人的职责。

政府与社会主体之间权力分配边界的模糊,还表现在目前我国体育公共服务政府购买实践中普遍存在的公权越位现象。例如,对本地服务承接组织的过度保护,限制外来竞争者,实行差别性或歧视性待遇,基于政治优势对服务购买价格的人为压低,设置大量冗余繁琐的官僚主义行政审批程序等。行政职能的过度侵入违背了体育公共服务政府购买的公平性、竞争性原则,进一步削弱了体育公共服务政府购买中服务承接组织提高服务质量、谋求自身发展的内源性动力,降低了对体育公共资源的利用效率。

三、体育公共服务政府购买中政府责任的履行路径

上述研究表明,利益冲突、信息劣势、权力边界模糊等政府困境的存在,使得单纯依赖服务供给方式的市场化改革来解决政府规模性和效率问题的愿望难以实现,其主要原因如下。首先,与发达国家相比,我国的体育公共服务市场化改革源于政府公共财政拮据的背景。虽然有研究显示政府购买的市场化服务供给方式确实能够缓解有限预算的尴尬[1],但这种成本的降低往往是通过私营部门的激励性薪酬、低工资福利甚至雇员身兼数职实现的[2],是

---

[1] [美]E. S. 萨瓦斯:《民营化与公私部门的伙伴关系》,周志忍译,中国人民大学出版社2002年版,第34—56页。
[2] [美]唐纳德·凯特尔:《权力共享:公共治理与私人市场》,孙迎春译,北京大学出版社2009年版,第50页。

以牺牲员工素质和服务质量为代价的。其次,促进竞争也是体育公共服务市场化改革的重要动因。竞争的基本前提是一个拥有大量买方和卖方且相互独立、公平规范的市场。然而,对于体育公共服务一类的公共服务产品而言,本不存在预先的供给市场,为了行使公共职能,政府不得不自己创设一个市场,因而不仅缺乏足够数量的市场供给主体,而且公共职能是否成功实现也取决于那些私营部门服务供给的有效性,垄断也因此更易形成。最后,当公众缺乏有效监督时,政府本身也不可避免地存在自利行为,表现在权力寻租、与私营部门合谋以及腐败等方面。

因此,在体育公共服务政府购买中,观念的变革比政策转向更加重要,政府需要成长为一个精明的买主,不仅要明确购买目标、购买对象及购买结果,而且要善于处理与其他社会主体间的关系、提高自身公共管理能力。这一过程中的政府责任主要表现在三个层面:政府通过向社会组织购买的方式为公众提供公共服务,与公众之间形成内容给付责任;对社会组织负有制度监管和规范行为的责任,称为程序给付;政府内部也承担着问责和追责的自我管理责任,称为部门自治(如图4-2所示)。

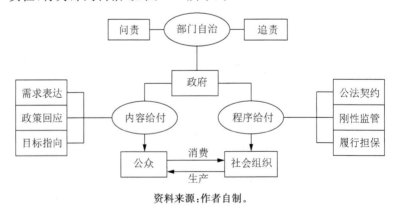

资料来源:作者自制。

图4-2 体育公共服务政府购买中的政府责任

(一) 政府与公众：内容给付

1. 需求表达

随着市场的发展，体育公共服务政府购买中供需主体间存在的再规制和官僚主义会增加交易成本和管理负担，导致服务供给方对于需求方的关注降低，需求方的选择权和退出权将受到一定程度的限制，而服务委托方（即政府）与代理人（即服务供给方）之间的信任度和相互尊重也将大大减少。此时，道德风险和机会主义行为就会出现。

因此，作为初始委托人的公众的广泛参与和公共服务需求表达应当贯穿在体育公共服务市场供给过程中的各个核心环节。政府应当为各类社会主体构建一个能够平等表达自身偏好的平台，在保障多数群体偏好诉求得以满足的同时，形成公平竞争、共同受益的格局。对于作为代理人的社会组织，政府应减少人为干扰和行政权力干预；对于作为初始委托人的公众，政府应尊重其自由选择权和体育服务需求偏好的表达权。在协调各方利益关切的基础上，努力实现主体间横向的价值诉求认同与纵向的无缝信任合作。各社会主体参与公共服务供给互动中享有均等的表达、交换、利益获取的机会也体现了程序公正和分配公正。必要的约束机制有利于避免垄断寡头的出现，兼顾弱势群体的话语权。

2. 政策回应

政府具有保障民众平等享有体育公共服务权利的义务，积极回应民众需求也是服务结果实现的重要保障。民众的体育服务需求具有多样化和层次性特征，政府需要在服务供给中充当代言人的角色，协调各个利益群体的冲突诉求并达成共识。社会组织的参与为实现多元化的服务供给与市场化推动下的服务质量与效率提高发展了制度上的可能性。除满足民众对于体育活动传统强身健体、娱乐身心的基本功能需求以外，兼顾更高阶的生活质量、文化品位、价值分层等社会功能,增加对体育专业人才队伍的培养、体育文化宣传、体育项目的开展以及配套制度建设等非物质性投入,也有助于为不同层次的居民赋予更多的体育公共服务选择权,增进社会福祉,促进社会公平。

3. 目标指向

政府仍然需要保持对公共服务的财政主导权,即公共服务的资助者、规制者和购买者同时有限地利用市场竞争机制,将社会资源尤其是社会组织和民间资本吸引到由政府主导的体育公共服务供给大军中。在发挥市场机制下社会资源的高效性和能动性所带来的鲶鱼效应及公共资源效用的同时,促使社会化体育公共服务供给者提高服务创新、专业程度和竞争力,推动民间体育组织和社团的成长壮大,为体育事业的长足发展奠定基础。

(二)政府与社会组织:程序给付

1. 公法契约

构建一个公平、公正的市场化运行环境,维护代理方的独立性与充分竞争,形成良性互动秩序是体育公共服务政府购买中政府对社会组织承担的主要职责。政府购买的供给方式,决定了政府和社会组织之间需要更多地依赖合同这一私法契约工具进行协调。理论上,政府、作为服务供给者的社会组织和作为服务消费者的公众之间存在一个三方得利的帕累托最优状态,但实践中,私法契约约束下的市场化主体往往更加倾向于追求自身利益而非公共利益。因此,政府购买的私法契约必须置于公法结构中予以实现,即考虑宪制民主国家的价值功能追求和公共目标为导向的制度框架。同时,要避免公法结构对私法契约的过度侵入,导致本应独立自主经营的市场化主体演变为政府行政职能的延伸部门。

2. 刚性监管

在体育公共服务政府购买中,政府承担着监管者、代言人和裁判者的多重角色。健康的市场化环境、有序的竞争关系、透明的价格体系和健全的市场退出机制都需要政府从制度建设和行为监管层面加以完善。由于体育公共服务这类无形性公共产品的特殊性,政府购买的内容范围虽可以确定,但服务的标准、服务的程度及其取得效果在招标之初则很难界定,即使结合投标者以往的服务经历、口碑,政府也难以凭借标书的文字描述确定选择合格的服务供给者。并且,服务的易逝性也导致其监督和衡量更多地依赖于服务过程结束后消费者的主观感受和心理评价。现行政府对于社会组织提供服务产品质量和过程的把控,仍然主要依赖现场考察、口头汇报和书面材料审核等柔性监管措施,缺乏完善的监控评估机制及难以量化的服务标准,增加了政府对服务后期的结果反馈和管理难度,进一步削弱了体育公共服务政府购买中服务承接组织提高服务质量、谋求自身发展的内源性动力,降低了对体育公共资源的利用效率。

3. 履行担保

目前我国的体育公共服务政府购买正处于探索阶段,更多地关注解决财政与投资、转移政府管理职能等问题,却忽视了政府的"元治理"角色和公共责任,供给过程缺少指导性意见,长效机制不健全,运动化、不定期、任务化购买等现象依然存在。作为服务承接者的社会组织在实施服务供给过程中缺乏统一的、可供遵循的法律法规,更加缺乏保障性配套措施。一方面,对于这些非营利性社会组织而言,保障性配套供给的不足,将直接导致年轻员工职业认同感的削弱和职业信心的降低。对于新入职人员,尤其是年轻大学生的人才培养和人才留住,从基本的岗位责任确认到长期的职业生涯发展规划都面临很多困难。人才流动性加大,不但增加了社会组织的招募、选拔、培训等管理成本,而且不利于组织自身的长期稳定发展以及承接政府公共服务供给的质量保证。另一方面,当服务承接组织不完全履行合同或失去履行能力,造成公共服务产品质量下降或价格提高甚至断供时,政府还应通过制度设计实现补救担保责任。

(三) 政府内部:自治责任

1. 问责

体育公共服务的政府购买,从表面上看,政府出资将服务交由社会组织提供减轻了政府的财政压力和行政负担,实际上,在这一服务供给框架下,体育行政部门面临着传统的体育公共责任主体和新型服务承接主体监督的双重挑战。公共服务市场化的本质分野和争议正体现在政府责任的市场化还是服务供给机制的市场化,前者是将政府的分内职责推向市场,后者则是公共服务生产过程的市场化。发达国家倾向于服务供给机制的市场化,在引进供应方选择、价格形成等竞争策略的同时,兼顾公众的公共服务平等免费享有权益。目前我国则更多地表现为政府责任的市场化卸载。当政府部门的角色缺位、规则失灵与监管不力并存时,问责制的健全与否就显得尤为重要。

利益冲突、信息不对称和道德风险的同时存在,导致体育公共服务政府购买中产生机会主义和逆向选择等不规范行为问题的概率大大增加。此时,扮演一级代理人角色的政府部门与二级代理人服务供应方同是问责制的约束对象。对于政府部门而言,问责制是一种自我管理工具。对政府公务人员或部门机构行为进行监督、衡量和评价,要求清晰地界定权力的归属和边界,涵盖公法结构与私法契约间管辖范围和方式的冲突解决。对于服务供应方而言,问责制是一种激励手段,目的在于促进二级委托人政府和二级代理人社会组织目标一致、利益取向一致,大幅减少行政干预,推动社会组织的自我管理,以期实现体育公共服务供给主体的多元化、公私部门的功能互补和体育服务供给的有效性。

2. 追责

对政府责任的追究,应当贯穿体育公共服务政府购买的全过程。首先,明确政府购买的体育公共服务的内容、范围及形式是体育公共服务购买议程设定的逻辑起点。直至今日,"公共体育服务"还是"体育公共服务"的称谓争论依然是学界绕不开的话题①。概念界定的不统一导致实践中各地政府对服务供给内涵和外延确定的差异性。其次,政府购买权力的行使,体现在对其购买对象、过程及行为的解释、选择及适用规则的制定上。服务标准的设计和服务质量的监控为政府的服务供给模式评估修正和后续服务供应者的选择替换,以及市场竞争秩序的维护提供依据。最后,政府购买的形式终点表现在对购买结果作出行政结论和管理反馈。从制度层面来看,西方发达国家普遍采用建立合法的、经双方协商认定的合作框架的方式。这种合作框架需要从法律的高度对政府以及服务供给方明确责任,并规定行政问责与对服务供给方问责的措施。

当政府部门出现履职不力或失职现象时,司法救济和行政惩戒可以成为功能性追责的必要手段。司法救济的实质在于利用法律手段对政府责任的制约,具有被动、中立和终结性特征,其要义在于法律规则覆盖的普遍性和适用性。行政惩戒作为司法救济的辅助手段,往往针对特定的公务人员及部门实行行政处罚或纪律处分,强调对象的特殊性。随着我国体育公共服务体系建设的推进和市场经济的不断成熟,未来体育公共服务供给将逐步转向深度市场化剥离。将原隶属于政府部门的部分服务提供机构进行民营化分离,将原职能部门内的公务员编制员工也推向双向选择、自

---

① 笔者较为认同"限定词+上位概念"的修辞学构词观点,故本书采用"体育公共服务"的提法。

由竞争的劳动力市场。伴随机构设置到人员利用的市场化运作，追责机制也将逐步从以结果为导向的外部控制转向以问题为导向的内部控制。

上述研究表明，利益冲突、信息劣势、权力边界模糊等政府困境的存在，使得单纯依赖服务供给方式的市场化改革来解决政府规模性和效率问题的愿望难以实现。政府购买的成本降低往往以牺牲员工素质和服务质量为代价；竞争不易促进，垄断更易形成；政府本身的自利行为滋生腐败。因此，在体育公共服务政府购买中，观念的变革比政策转向更加重要，政府需要成长为一位精明的买主：与公众之间形成响应需求的内容给付责任；对社会组织负有制度监管和规范行为的程序给付责任；政府内部也承担着问责和追责的自治责任。

可见，体育公共服务的政府购买不是解决市场失灵和甩掉财政包袱的魔法棒，也不是能够治愈政府规模和效率病症的万能药方，而是对政府与其他主体间权责边界的确定、关系治理以及自我管理能力提出的更高要求。

第五章
体育公共服务改革的公共利益实现

第一节 政策网络治理与利益相关者

一、政策网络治理的形成与约束

(一)政策网络的比较优势

全球性政府改革浪潮带来政府与社会、政府与市场以及政府内部关系的巨大调整,政府的公共治理模式经历了从传统行政控制模式,到多元行动模式,再到网络模式的演变。

传统的公共治理模式通常采用单一制国家形态,实行自上而下的治理结构,更加关注代理人(即政府)目标与委托人(即选民)目标之间的控制关系,致力于纠正代理人与委托人之间的利益偏差,使代理人的行为活动符合委托人的意愿,其体制运行的核心在于理性行为、中央集权和按规则行动。在这种模式中,公共政策的制定和公共治理过程以伍德罗·威尔逊的政治与行政二分法理论为基础,强调政治与行政的严格分离,认为政治负责作出决策,而行政即为执行指令,界定了现代公共行政的独立领域。马克斯·韦伯提出的官僚制组织理论进一步奠定了现代政府的组织框架和运作机制,确立了官僚制在传统公共行政中的中心地位。建立在公事公办、非人格化关系结构、层级节制与专业化分工基础上的官僚制,可以确保法律规则以逻辑严密、机械古板的方式应用于实际情景,同时保证行政管理的高效率,因此一度受到政府的广泛推崇。

然而,随着实践的不断深入,传统公共行政模式受到人们的诟病,具体表现在如下几个方面。

第一,政府作为单一的行为主体,长期的集权化和官僚制,以等级制的形式维持命令的传递必将导致政府机制的无效率、反应滞后、缺乏经济激励、无法调节市场价格、不能反映民众价值偏好。第二,管制与执行之间出现社会价值趋向的冲突。政府,一方面具有组织国家政务、高效执行国家法律与公共政策,实现政治决定的功能,体现工具理性价值;另一方面,以维护公共利益为目标,法律与公共政策制定的相关事务则是实现民主价值。因此,工具理性价值和民主价值之间的角色冲突,使得政府无法实现社会资源的有效配置。第三,内部取向的组织效率观差异。当把公共行政看作是价值中立的执行工具时,如何追求政府内部的组织效率及其实现机制的不断改进,就成为传统公共治理模式的奋斗方向。事实上,以效率为核心的组织价值观往往无法与寻求公平的公共利益相一致,传统的公共治理模式在效率与公平之间难以兼顾。第四,当传统公共治理模式致力于追求组织效率时,作为技术与理性工具的官僚制担当了政府组织效率实现机制的最佳组织载体。非人格化、层级化、专职化、专业化、权责一致、一切按法律和规则行事,就成了传统公共治理模式的金科玉律。然而,由于完全理性人假设的缺陷和外部环境不确定性因素的存在,对于公共偏好和公共选择的"最佳工作方式"是不存在的。传统模式忽视了执行主体和目标群体的价值和利益,无视这些群体的行动策略、资源掌控和行政能力,导致公共治理的无效率和无效益进一步加剧。

为了解决传统公共治理模式自上而下的缺陷,有学者提出了自下而上的多元行动模式。多元行动理论强调把社会组织、经济组织放在与政府对等的地位上,通过它们之间的有效合作来进行治理。多元治理体系中的治理主体具有独立性、依赖性、合作性、竞争性等特点。多元治理理论提升了社会组织独立参与公共事务的决策地位,但仍然以政府为主要角色。治理实践依靠政府领导下的多种治理主体的协商和合作,并在合作的基础上形成统一的决策。这种依赖性在加深主体间联系的同时,也加强了主体之间的竞争性。多元治理决策的制定通常涉及众多主体的利益和需求,以及多层次权力的运用和公共资源的分配。政策的制定与执行,实际上就是各种治理主体进行权力和资源分配、制衡的竞争过程,形成各种主体间既相互合作又相互制约的关系。与传统公共治理模式相比,多元治理模式下,公共政策的制定和执行往往成为各主体评估自身利益和目标的政治过程。其政策的有效性取决于政府赋予各行动主体资源的占有量和自主政策空间的大小,因此,政策的连贯性和全面性同样难以被保证实现。

在多元治理模式的启发下,政策网络模式将政府、多层次的社会组织和社会成员纳入统一的网络化行动框架中,但这些个体行动者均不拥有决定其他行动者的权力;换言之,政府并不被认为具有权力优势,而是与其他行动者具有平等的话语地位。在政策网络模式中,公共政策的制定通常在各方主体的相互冲突又相互合作的理性、利益、行动策略的不断博弈中进行。政策过程不再被视为特定目标执行的过程,而是作为行动者交换有关问题、偏好和信息及交换目标和资源的过程。行动者的行为不依赖于价值的共通,而是建立在程序契约基础上。评价政策成功的标准之一就是政策网络中的行动者成员采取了集体行动,以建立共同目的或避免共同威胁。表5-1比较了三种治理模式。

表 5-1 政策制定和治理的三种模式比较

	传统行政控制模式	多元行动模式	政策网络模式
理论基础	完全理性假设、韦伯的官僚制、威尔逊的政治与行政二分法	西蒙的有限理性、麦迪逊的分权理论、达尔的多元民主模式	多元主义理论、过程理论、组织间关系理论
研究目标	政府规则与目标群体的关系	政府规则与多元主体的关系	网络中的行动者与组织
焦点问题	政府规则	多元主体	行动者间关系
关系特征	权威性	集权与分权的对立	平等、相互依存
政策过程的特征	中立执行事先制定的政策	各利益代表和资源非正式使用的政治过程	信息、目标、资源的交换互动过程
政策成功标准	达到政策的预设目标	各主体获得资源和自主决策权	集体行动的实现
失败的原因	模糊不清的目标、太多行动者、缺乏信息和控制	激进的政策、缺乏资源、无行动主体参与	缺乏集体行动的激励或存在障碍
治理的建议	协调和加强政府权力	撤销政府规则,支持多元主体	在互动中创造合作条件、提高合作可能性

资料来源:本表由作者整理所制。

公共治理的核心是公共产品的供给,与治理理论的演进过程相伴的是公共产品供给模式的变迁。这个变迁的过程是围绕公共产品对于供给主体和供给手段的选择过程,这种选择不是单纯的排他性选择,而是追求供给主体和手段的多元化及其关系的协调。

在政策网络模式中,一系列相互依赖、相互联结的行动者之间,以资源依赖为基础,以彼此互动和协调维系动态均衡。资源的依赖性制约着行动者之间的社会关系走向,既可能结盟,又可能解体。政策网络产生的触发机制通常是因某一社会问题引起社会的广泛关注,由政策主体提请并通过法定程序转化为公共政策议题,在议题形成、政策起草、协商修订、正式出台的过程中,与此议题相关的资源占有者因各自的利益诉求而结盟,并按照利益关系的远近亲疏和资源占有的优势程度形成一个政策网络结构。这种网络结构,从公共政策制定的过程规范角度来看,发挥了保障政策运行的平台作用;从政府的社会治理角度来看,是一种允许社会利益集团参与政策过程的协商机制;从公共服务的供给角度来看,体现了政府、市场和社会三方联动的合作互利思路。

与其他类型的公共服务相比,体育公共服务作为有别于民众衣食住行等必要的基本需求之外的社会休闲娱乐服务的一部分,其供给的缺乏对居民生活的影响具有潜在性,容易被忽视。对于地方政府而言,体育公共服务的供给需要长期的持续性投入,而民众体质的改善和健康效果的显现都具有滞后性。在现行体育管理体制和传统运行模式下,体育服务供给主体单一,政府化倾向严重,体育场地设施和各类体育服务供给严重不足的现状与人民群众日益增长的各类体育服务需求之间的矛盾将日益加剧。因此,依据政策网络治理模式,建立体育公共服务供给的长效机制,通过政府、社会、市场三种主体之间的协调,寻求新型的互动合作伙伴关系就成为必然选择。这种新型的多元合作供给模式既不是单一供给主体对于供给手段的选择,也不是单纯增加供给主体的形式,而是将供给主体和供给手段进行多元化融合,构建一种多层次、网络化和动态的供给框架,使网络框架内的各个行动主体能够随时根据治理实践的变化,做出趋利避害的集体行动。

(二)政策网络中的主体角色与活动准则

政策网络的概念说明,在公共政策领域中,有大量公共和私人行动者,他们散布于政府和社会的各个层次和领域当中。政策网络的关系类型根据成员、整合程度、资源与权力等因素而定,政策网络的分类与特征如表5-2所示。其中,政策社群是指有权参与某种特定政策决策与执行过程的团体或个人形成的网络,如果这种政策社群所代表的是某种地域性的利益,又可称为地域社群;专业网络是指以专业团体或人士为核心的网络;府际网络是一种以地方政府为代表性组织所构成的网络;生产者网络是以生产者为主要角色的网络;议题网络是指参与某种议题讨论,或者受到这种特定议题所影响的团体或个人为主体所构成的网络。在这些政策网络中,网络组合结构和互动方式影响政策结果。其中,府际网络、专业网络、生产者网络描述的是一般组织间的关系,而政策社群和议题网络表现的则是利益集团与政府之间的关系。政策网络的类型依据关系的紧密性呈光谱状分布,政策社群处于网络内部关系紧密的一端,议题网络则处于松散的另一端。

表 5-2　政策网络的性质与特征

网络类型	网络特征
政策社群/地域社群	稳定、高度有限的成员、垂直的相互依赖性、有限的平行意见
专业网络	稳定、高度有限的成员、垂直的相互依赖性、有限的平行意见、服务专业的利益
府际网络	有限的成员、有限的垂直相互依赖性、广泛的平行意见
生产者网络	流动的成员、有限的垂直相互依赖性、服务生产者的利益
议题网络	不太稳定、参与者人数很多、有限的垂直相互依赖性

资料来源:David Marsh and Roderick Rhodes, "Policy Networks in British Politics: A Critique of Existing Approaches", in David Marsh and R. A. W. Rhodes, eds., *Policy Networks in British Government*, Clarendon Press, 1992。

马什和罗兹(Marsh and Rhodes)对政策社群与议题网络的概念进行了更为深入的研究,将政策网络光谱的两端分为高度整合和低度整合的政策社群与议题网络,并详细比较了两者之间的差别(见表 5-3)。他们认为政策社群的参与者是因为权威或专业知识而结合,而议题网络的参与者是因为追求某些物质利益;并进一步提出区别政策社群与议题网络的标准,包括参与者人数、持续性、互动频率、共识程度、关系性质、利益追求、权力分配、组织结构等①。

表 5-3　政策网络分层:政策社群与议题网络

属性		层面	
		政策社群	议题网络
成员	参与者人数	参与者有限,某些团体被刻意排除	很多
	利益追求	以经济和/或专业利益为主	牵涉的利益范围很大
整合程度	互动频率	频率高、质量高,对于与政策议题有关的一切事务均有互动关系	互动的频率与强度变换不定
	持续性	成员、价值观与政策后果均有长久持续性	成员与价值观变化很大
	共识程度	所有成员分享基本价值观念并且接受政策后果的合法性	可达成某种协议,但是冲突一直不断
资源	关系性质	所有参与成员均有资源,基本的关系是互换关系	某些参与成员虽然拥有资源,但是有限,基本的关系是协商性的
	组织结构	层级节制体系,领导者可以分配资源	变异性很大,不同的分配与管制成员的能力
	权力分配	成员间的权利均衡,虽然可能有支配性团体,但是必须是非零和博弈,政策社群才能长存	不平等的权利,反应不平等的资源以及不平等的接近网络机会——零和博弈

资料来源:David Marsh and Roderick Rhodes, "Policy Communities and Issue Networks: Beyond Typology", in David Marsh and R.A.W. Rhodes, eds., *Policy Networks in British Government*, Clarendon press, 1992, pp.249-287。

---

① David Marsh and Roderick Rhodes, "Policy Networks in British Politics: A Critique of Existing Approaches", in David Marsh and R.A.W. Rhodes, eds., *Policy Networks in British Government*, Clarendon Press, 1992.

虽然有诸多学者从缺乏理论基础①、没有内在动态、分类学方面有问题、脱离实际公共行政②等不同方面质疑政策网络,但实际上政策网络研究方法既关注宏观层面的抽象结构问题,又重视微观层面的具体调节问题,从而建立起一个不仅能够解释政策过程行动者互相依赖的关系类型,而且能够在此基础上进一步提出政策网络影响政策结果的理论模式,进而了解和解释政策变迁如何发生。该模式强调网络与政策结果的关系不是简单的、单向的,而是蕴含了三对辩证的互动关系:网络结构与行动者的关系、政策网络与运作中环境的关系、政策网络与政策结构的关系。如图 5-1

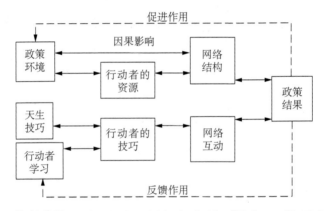

资料来源:David Marsh and Martin Smith,"Understanding Policy Networks: Towards a Dialectical Approach",*Political Studies*,2000,Vol. 48,No.1,p.10。

图 5-1 政策网络的关系模型

---

① Keith Dowding,"There Must be End to Confusion: Policy Networks, Intellectual Fatigue and the Need for Political Science Methods Courses in British Universities",*Political Studies*,2001,49,pp.89-105.

② Fiona Nunan,"Policy Networks Transformationg: The Implementation of The EC Directive on Packaging and Packaging Waste",*Public Administration*,1999,77(3),pp.621-638;Hugh Pemberton,"Policy Networks and Policy Learning: UK Economic Policy in the 1960s and 1970s",*Public Administration*,2000,78(4),pp.771-792.

所示,交互关系在图中以双向箭头表现。

政策网络的关系模型假定:政策环境影响网络结构与行动者资源的运用;行动者交易所需的技巧是天生与后来学习所获得;网络互动反映行动者资源、技巧、网络结构与政策互动;网络结构反映政策环境、行动者资源、网络互动与政策结果;政策结果反映网络结构与网络互动。可见,政策网络系统中的行动者和网络关系都会影响宏观层次的变量,同时,宏观层次的变量也会影响政策网络中的要素。

政策网络是具有变动性的政治结构,包含制度化的信仰、价值、文化和特定的行为方式,像其他政治制度和过程一样,反映过去的权力分配和冲突,并与现有的组织权力交织在一起构成系统。通过限制参与者的准入以及行为准则,网络设定带有偏好性的政策结果。政策网络的发展同时受到结构和个人的相互影响,除了偏好性的规则,非成文的制度化因素,如文化、价值观等,也会引导政策网络中的行动者建立各种联盟[1]。个人通过选择政策、议价、争论的权力和能力来诠释和影响行动者的策略拟定,也就能通过策略行动调节结构。

网络结构的改变会受到政治、经济、意识形态、知识基础等外生变量的调节,网络外部的变化会影响内部的结构和互动。所有的外部变化会经过个人的认知而加以调节,表现在结构、规则、规范和网络内部人际关系的结构上。网络会影响决策者制定共同偏好的政策结果,而政策结果会直接影响网络的形成、驱使政策结构和政策网络的变迁[2],也会对某些市民社会利益的结构性位置以

---

[1] Charles D. Raab, "Understanding Policy Networks: A Comment on Marsh and Smith", *Political Studies*, 2001, 49, pp.551-556; Jens Blom-Hansen, "A New Institutional Perspective on Policy Networks", *Public Adimination*, 1997, 75, pp.669-693.

[2] Geoffrey Dudley, "British Steel and Government since Privatization: Policy 'Framing' and the Transformation of Police Networks", *Public Administration*, 1999, 77(1), pp.51-72.

及网络行动者的策略学习产生影响。政策结果可能会导致网络成员变化或网络内部资源的再分配以达到新的平衡；影响社会结构系统，减少现有网络的特殊利益；在个人经验学习的推动下，政策结果会影响个人行动。

（三）政策网络的约束条件

政策网络的开放程度是制约社会公共利益实现的首要因素。虽然政策网络的形成尽可能地覆盖了相当数量的利益相关者，但这些利益相关者仍然局限于与网络议题相关联的部分行动者群体；换言之，政策网络的开放程度是有限的。对于已经处于网络之中的利益相关者，政策网络是其利益博弈、谈判交锋的场所；对于无法进入网络的利益相关者，谋求进入门槛就成为现实难题。政策网络的开放程度与行动者的资源占有和依赖高度相关。这些资源包括但不限于政治权威、资金占有、合法性依据、信息效率、组织单元等。这些资源的分布和功能决定政策网络的开放程度，即最低进入门槛，以及网络中众多行动者之间的话语权归属。资源分布的均衡程度与网络开放呈正相关关系。通常资源分布越集中，网络开放程度越低，网络中行动者的话语权也往往掌握在少数核心权威的手中；相反，资源分布较为分散，说明网络开放程度越高，可参与的行动者越多，网络中的制衡关系越普遍。

相对于资金占有和信息效率等硬性资源禀赋，政治权威与合法性依据则更多地指向政府的权力分配。政治权威是一种基于政府行政权力的影响力；政治权威依附于行政权力而存在，但又不等同于行政权力；从行政权力到政治权威的转化，需要社会成员的认同、信任与服从。合法性依据进一步表明人们对享有权威者的地位确认及命令服从。美国学者路易斯·亨金曾从"人民主权论"的角度阐述合法性依据与民众之间的关系。他认为，权力最终在于民。"政府的正当权力，获致于被统治者的同意……合法政府的产生依赖于人民的同意。"①从这一层面看,政治权威是民众赋予政府合法性的外在表现,其本质在于政府满足民众预期价值的能力以及获取民众的信任,最终的落脚点在于公共利益的实现。建立在政治权威与合法性依据基础上的政策网络结构,依赖于民众参与的广泛性和直接性,决定了网络的开放程度。

组织单元是政策网络进行资源配置的必要载体。美国著名政治学家塞缪尔·亨廷顿将组织视为"通向政治权力之路"。权力依托于组织而存在,组织因权力而发展壮大。政策网络中组织的含义除政府组织以外,更多的是指民间社会组织。理想状态时,民众以社会组织的形式结合,以集体行动的方式在政策网络中行使权利、表达诉求,并与网络中的其他主体产生互动,从而保障自身利益的实现;相反,在政策网络机制并不完善的情况下,民众以单独个体的形式难以进入政策网络结构,其行使权利、表达诉求的能力受限,难以同网络中其他组织形成有效互动,最终被排除在利益保障范畴之外。可见,民众组织化的程度越高往往决定了政策网络的开放程度也越高。高度开放的政策网络与社会公共利益的实现密切相关。作为行动者关系维系的平台,政策网络的开放程度越高,其包容性越好,越能够最大限度地吸纳资源并占有禀赋不同的利益相关者,促进统一平台的平等互动,使差异化的利益诉求得以体现。

尽管我国多年以来致力于推行以市场机制调节为主的经济社会体制转型,但不得不承认建立在官僚制基础上的政府管理模式和政策运行模式依然大量存在。随之带来的行政效率低下、机构冗员、管理成本高昂、对社会需求反应滞后等问题仍然是我国近期

---

① [美]路易斯·亨金:《宪政·民主·对外事务》,邓正来译,生活·读书·新知三联书店1996年版,第61页。

社会公共治理领域面临的主要难题。来自西方的政策网络理论创造了一个崭新的管理范式,为世界公共事务管理的发展开辟了新的研究视角。在西方,随着社会利益群体的形成、发展与壮大,政策网络运作模式已日渐成为各国政府实施公共治理的首选路径。鉴于我国经济与社会的历史发展特殊性,目前国内形成的政策网络还处于探索阶段,网络成熟度不足,网络结构和运行机制尚不完善,也有部分学者认为政策网络理论并不适用于我国的政策国情。但是应当看到,政策网络建构了一种不同于传统公共治理模式的新的分析框架,其对政策对象的利益相关关系分析,对政策内容的整合性梳理,对政策过程与政策反馈的逻辑推演都展示出强大的解释力,可为我国政策运行的解读提供有益借鉴。

我国的政策网络结构以政府主导型居多,其他组成主体包括各类国有和民营企事业单位、社会团体、研究机构、传媒组织等。国内的社会组织虽然数量庞大,但规模和影响力有限,且多与政府部门存在较为紧密的行政或利益的依附关系,因此在西方较为普遍的以社会组织为主导的政策网络在国内尚不多见。社会群体的组织化程度往往决定其是否能够进入政策网络结构,并充分发挥话语权作用。低组织化的社会群体或未经民政部门审核备案通过的社会群体通常被政策网络体系排除在外,其诉求缺乏回应,利益难以得到保障,而这部分群体占目前国内社会组织构成的绝大多数。此外,资源占有的丰裕程度也限制了我国政策网络开放的广泛性。在国内,公共政策出台的基本程序是由主管部门形成初步方案,再经过相关部门讨论并决策。在政策方案形成过程中,参与方案讨论、制定的利益相关者通常包括政府相关部门、社会利益群体、扮演智库角色拥有话语权的专家学者、传媒机构等。这些参与主体通过政策网络这一平台进行利益诉求的表达和彼此之间的互动与博弈,瓜分政策资源,保障各自代表的群体利益在最终的政策输出中得以体现。利益体现的完全程度则取决于群体占有的资源优势,资源匮乏的利益相关者往往被网络边缘化。有学者将我国的政策运行过程概括为公共权力部门化、部门权力利益化、部门利益法制化三个倾向[1],这从另一个角度突出了目前我国政策网络有限开放和资源割据的鲜明特征。

政策网络的顺畅运行要求利益相关者的充分参与及利益诉求的充分展现,以此保证政策输出的覆盖性和有效性,可交换资源的占有决定了网络行动者的话语权。对于广大民众而言,其所拥有的政策资源主要体现在对于政府行为合法性的判定。这种资源的占有具有长期性、易消解性和隐蔽性特征,资源作用的周期较长,容易被政策过程的中间环节所消解或弱化,且根植于行动者的主观意识,难以统一和验证。当政策网络的开放程度不足以容纳所有的利益相关者,某些政策对象(比如,民众中的弱势群体)在政策参与过程中的长期缺位,公共政策的回应忽略了该部分群体的利益诉求,甚至经常对其造成侵害时,该部分群体的长久积怨就可能造成群体性事件,以此期望"得到相关部门的重视",即作为可交换的政策资源。从这一层面分析,部分群体性事件的发生可被理解为该群体以极端的方式表达自己的利益诉求,从而拷问相关政策权力部门行为的合法性。管理实践证明,仅仅依赖管理层和决策层的价值偏好,或学者、代表们等话语权个体基于"良心"的奔走呼吁,不能成为体现弱势群体利益诉求的长效机制[2]。总之,政策网络的开放程度是公共利益实现的直接影响因素。

从行动者的角度,政策网络提供了一个利益均衡、关系调节的平台;从社会事务管理的角度,作为一种新兴的公共治理工具,政

---

[1] 肖凌:《遏制"部门利益法制化"》,《人大建设》2006年第7期,第25页。
[2] 王春福:《公共政策论——社会转型与政府公共政策》,北京大学出版社2014年版,第57—81页。

策网络本身也需要在开放性增加、运行机制更加通畅、结构体系不断完善等方面持续改进。这种改进来源于政府和社会的双重助力。

政府应致力于实现政策资源配置的均等化,包括权力资源和权利资源。一切"政策行为主体可用于影响他人行为的手段"[①]均可称为政策资源,其广泛分布于人们的社会经济生活中。然而,这种资源的拥有具有稀缺性,处于不同社会阶层的人们所占有的政策资源往往并不均等。尽管根据卢梭的人民主权理论,"权力应属于人民,人民应享有最高的权力"。但是,在现代行政管理体制中,囿于权力主体的数量和规模的分散性,大多数民众将自己享有的权力通过法定程序委托给政府,使政府成为民众的代理人,代为其行使权力。这一委托代理关系存在两个致命的缺陷:一是当委托人利益与代理人利益发生冲突时,代理人可能会做出不利于委托人的行动选择,即道德风险;二是当委托人群体缺乏广泛共识且监督机制不完善时,代理人将错位成为实际的权力控制者,将委托人作为权力作用和利益剥夺的对象,导致权力的异化。作为代理人的政府,是一个概念化的称谓。现实的行政事务处理主要依赖于相关政府部门的负责人或具体工作人员,此时,个体又成为政府代理人的权力延伸和决策终端,个体利益与公共利益之间的冲突进一步加剧了政府与民众之间委托代理关系的扭曲。腐败现象的出现正是社会精英与民众之间经济资源与政治资源的不平等分配以及精英层之间马太效应式资源交换占有的必然结果。

除了资源配置的制度均等化以外,民众权利运用能力的提高则有赖于社会资源均等化配置的辅助功能,如政府的社会保障与

[①] 中国大百科全书编委会:《中国大百科全书》(政治学卷),中国大百科全书出版社 1992 版,第 516 页。

社会服务,即营造社会公平、稳定的环境氛围,防止社会阶层过度分化,提高社会整体文明水平。社会组织可以成为推动政府职能转变与资源合理配置的中坚力量。当社会组织发展完善到一定程度,民众可在各自归属的社会组织内部拥有直接、平等、充分表达权益诉求的机会,社会组织整合形成群体诉求后,再通过开放的政策网络平台将群体意见上传,从而实现公共利益。经济体制改革与国际非政府组织的引入有利于促进国内社会组织的发展,不断增强自身的独立性与管理能力,提高民众的信任度和影响力是未来一段时间我国社会组织的主要成长方向。

二、政策治理与公共利益的实现

公共利益的实现是公共政策的核心价值追求,也是政策主体行为合法性认同的首要前提。只要政府代理人权力存在侵蚀公共利益理论上的可能性,建立保证公共利益实现的有效治理与监督模式就是必要条件,以便政策主体出现行为偏离时进行约束矫正。"公共利益理论的核心是在政治与公共行政中探讨公共利益如何实现。"[①]这也是公共政策价值定位的关键。目前学界关于公共治理模式的研究形成诸多学派,代表性观点包括:市场治理模式认为,公共利益的实现可由市场机制自主完成,即市场是民众需求的天然反应器,政府通过对市场的积极有效回应,提供符合民众需要的产品和服务,并降低自身的管理成本、提高行政效率,同时民众通过市场自由选择所需服务。但完全市场化的治理是不可信赖的,市场机制并非在任何情况下均为有效,现代经济学已经证实市场也存在"失灵"的现象。参与治理模式认为,公民对公共政策决

---

① 马骏、叶娟丽:《西方公共行政学理论前沿》,中国社会科学出版社2004年版,第121页。

策的最大限度参与可以实现公共利益。其潜在的逻辑顺序是公共政策应当由具有影响力的民众通过对话协商的方式予以制定,以公民需求表达的过程规范和公民参与政策选择、服务供给程度来体现公共利益。但如何保证参与渠道的畅通、如何确认公民的参与能力以及政策主体的回应保障机制都是参与治理模式尚未完全解决的问题。弹性治理模式认为,公共利益的实现有赖于更具弹性化的组织结构与监督体系,以降低政策成本、鼓励政策创新。但对于组织结构运行及监督机制的具体有效性并未给出可行对策。解制治理模式认为,更加积极、创新、束缚较少的政策主体有助于实现公共利益、提高政策效率,但对于以个体形式出现的政策主体行政人员而言,过度的自由裁量权往往意味着权力的滥用和公共利益的侵害。多元治理模式认为,不同利益群体间的相互作用是实现公共利益的重要途径。"利益集团与立法机关和上级部门不同,因为他们完全独立于政府之外,代表着特定领域的公共利益。"①但在利益群体区分中,强势群体和弱势群体的作用关系明显不对等,这种作用效果的有效性难以保证。

可见,上述不同的治理模式从特定的角度对公共利益的实现进行解读,虽然各自存在一定局限性,但都为建立新的公共治理模式提供了探索性思路。以政策网络模式为基础,整合现有的治理理论,我们归纳出以政府为主导的多元立体网状治理模式的分析框架。在这一框架体系中,政府仍然扮演着主导作用,实行多元化的治理主体成分,建立三维约束机制,构造网络化互动平台是该治理模式的核心思想。政府作为最具权威的公共机构,掌握公共资源的调取与分配,承担规范公共治理、协调利益关系、解决社会矛

---

① [美]史蒂文·科恩等:《新有效公共管理者》,王巧玲等译,中国人民大学出版社 2001 年版,第 191 页。

盾的基本职能，在网络结构中发挥着不可替代的主导作用。多元化的治理主体成分是网络治理结构的重要特征，意指在新的网络结构中，相关的利益主体，包括政府部门、非政府组织、民间社团等社会组织都应当成为参与公共治理的主体，治理的责任主体将不仅限于政府机构。"我们生活在一个权力分享的世界里，在这个世界中，政府组织、准政府组织、非营利组织、私人组织共同参与政策制定和政策执行。"[1]关于民间组织在政策过程参与中的地位，从政治学的角度，民间组织是保障公民权利行使、促进公民参与的现实载体；从社会学的角度，民间组织是属性介于政府机构和企业之间的过渡介质；从行政学的角度，民间组织是能够独立或与政府机构合作承担部分社会管理职能的治理工具。

在多元立体网状治理模式框架中，政治、社会、市场三个维度的结构体系通过各自的制度安排与关系联结，既互相支撑又相互制约，共同构成网络治理的立体化模型。模型中的每个主体行为均受到来自其他维度的机制约束。其中，政府行为的约束依赖于政治体制改革的民主专政和参政议政制度。社会结构的约束依赖于社会自主运转的惯性机制和民间组织的形成。民间组织的形成，有助于促使原本分散的单独公民个体以参与各类社会团体和组织的形式集聚起来，能够就一定的社会问题达成群体共识并向政府表达统一的利益诉求，以此实现社会结构对公共权力的制约。市场结构则在两者之间发挥有益补充，对于政府而言，部分职能的市场化有利于减轻政府财政负担、提高行政效率和资金使用效率，向社会提供更加优质高效的公共产品和服务。对于社会而言，市场规则同样适用于民众扮演的委托人和消费者角色，"用脚投票"

---

[1] ［美］乔治·弗雷德里克森：《公共行政的精神》，张成福等译，中国人民大学出版社 2003 年版，第 4 页。

就是对公共权力使用合法性与规范性的有力监督与约束。

三、体育公共服务政策网络中的利益相关者

从前文的理论分析可知，政策网络是一种用来分析政策制定与执行过程中利益集团与政府关系的方法和理论框架，强调在政策过程中，除了存在着政府机构和官僚制关系以外，还存在着众多其他相关利益行动者。该理论致力于在政府与其他利益相关行动者之间建立一种制度化的互动模式，就共同关心的议题进行对话和协商，并采取集体行动，使网络中所有参与者的政策偏好或利益诉求得到重视，增加彼此的政策利益。政策网络内的其他行动者包括行政管理人员、专家学者、利益团体等与该政策有利益关系的个人或团体，这些个别行动者或团体因为法定权威、资金、信息、专业技术与知识等资源的相互依赖，而结合为行动联盟或者利益共同体。因此，在进行体育公共服务政策网络结构分析之前，必须首先确定这些利益相关行动者的组成及其关系。

借鉴1984年爱德华·弗里曼（R.Edward Freeman）给出的利益相关者的经典定义，体育公共服务政策网络中的利益相关行动者可以被理解为那些能够影响政策目标的实现或被政策目标的实现过程所影响的个人或群体。根据这些个人或群体在政策实现过程中扮演的角色和发挥的作用不同，将其分为决策层（即体育公共服务政策制定者）、执行监管层、服务生产层（即体育公共服务供给者）、服务消费层（即体育公共服务的实际接受者）、政策支持层（为政策的执行提供保障与协助），详见表5-4。

其中，中央政府和国家体育总局负责制定全国范围内的体育公共服务发展规划，提出体育公共服务社会资源配置的总体要求和预期目标，并对各地实施细则提供指导性方案。各级地方政府和地方体育局及相关职能部门，对行政区域内体育公共服务的供

表5-4 体育公共服务政策网络中的利益相关行动者组成

政策网络谱系	利益相关行动者层次	行动者对象
政策社群	决策层	中央政府、国家体育总局
政策社群	执行监管层	各级地方政府、地方体育局、社区街道居委会
核心网络	服务生产层	体育非营利组织、商业性体育组织(如体育俱乐部、体育服务咨询类企业)、教育机构(如学校)、公共体育场馆(场地)
议题网络	服务消费层	民众(包括居民个人及家庭)
议题网络	政策支持层	新闻媒体、赞助商、基层体育项目协会、行政管理人员、专家学者、研究机构

资料来源:本表由作者整理所制。

给质量、标准和供给组织的绩效评估负有政策执行和监管责任。社区、街道、居委会等则是体育公共服务供给的基层管理责任人。各类体育非营利组织、商业性体育组织、学校等教育机构,以及公共体育场馆(场地)等社会资源是体育公共服务的直接生产者和供给者。体育公共服务的消费者是广大民众,包括个人和家庭。新闻媒体、赞助商、基层体育项目协会在体育公共服务供给中可以发挥舆论监督、资金支持和专业技术支持的作用。行政管理人员、专家学者和研究机构拥有对体育公共服务供给的咨询和决策建议权。

这些利益相关行动者构成了体育公共服务网络中的各个行动者节点,也称网络成员。著名的政策网络研究学者罗兹(Rhodes)根据部门层次和组织结构关系,将政策网络的类型归纳为一个谱系,并按照整合程度加以区分。基于罗兹的分析框架,按照这些行动者的稳定性、限制性、与其他网络的关系程度,以及拥有资源的特点,我们认为体育公共服务政策网络依据关系的紧密程度也形成一个谱系,关系紧密的政策社群与关系松散的议题网络分别处于该谱系的两端,两者依赖核心网络得以维系,具体如图5-2所示。

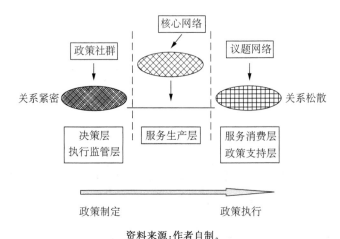

资料来源:作者自制。
图5-2 体育公共服务政策网络结构关系

图5-2直观地显示出,政策社群、核心网络和议题网络虽然共同构成了体育公共服务政策网络结构,但三者分列于不同的层次,在政策制定和执行过程中扮演不同的角色。每个层次网络都由一定数量的行动参与者构成,内部关系的紧密程度有所不同。每一个层次网络中的行动参与者占有的资源、行动能力、拥有的权力也有差异。作为政策社群的决策层和执行监管层是政策制定的起始端,其行动参与者数量有限,某些团体被有意排除在外,往往以公共利益和国家发展战略为行动导向。具体而言,这一群体中:行动参与者在所有相关的政策议题上,互动频率和互动质量均较高;其成员、价值观,以及对政策执行后果均有长久的持续性;所有行动参与者能够共享基本价值观,并接受政策结果的合法性;所有行动参与者均拥有资源,具有资源互换关系,并按照等级制进行资源分配;成员之间权力均衡,尽管可能存在支配性团体(如中央政府),

但该共同体的存在仍需依赖正和博弈。服务生产层中的所有行动参与者构成了核心网络。核心网络具有如下特征:其内部行动参与者的数量不稳定,成员构成较复杂,成员之间属于有限的垂直互相依赖关系,所有行动参与者为生产者利益服务。行动参与者数量众多的议题网络,构成政策执行的末端。议题网络具有如下特征:其牵涉的利益范围较广且难以协调;行动参与者之间的联系频率和强度都不稳定;成员准入缺乏持续性,虽然成员之间存在某些共识,但冲突不断;部分行动参与者可能拥有有限的资源,网络内的资源分配关系是协商性的;其分配方式和成员能力呈多样化且多变;成员之间拥有的权力并不平等,其群体间关系属于零和博弈。

第二节 政策工具选择与公共部门改革

一、政策工具理论的建构

政策工具是政策研究的重要主题之一。政策工具的选择直接影响政策目标的实现及政策结果的预期。从20世纪70年代起,关于政策工具及其在政策过程中作用的研究得到学者的广泛关注。最初在经济和环境领域,人们发现即使面临相同的政策问题和政策目标,采用不同的政策工具,其实施结果也大相径庭。自此在不同的政策背景下,对于政策工具选择的研究日渐理论化和系统化。然而,新的难题很快出现。一些已被验证的在部分国家政策过程进展中颇具时效性的政策工具理论,却在面对其他的政策领域或其他地区的政策案例时解释力不足。为了建立具有普适性的理论模型,学者们开始尝试将政策工具与政策网络、政策学习等其他要素相结合,并对政策工具本身进行更加细致的归类分析,充分考虑经济社会环境和组织特征,以进一步修正完善政策工具理论。

(一) 概念的缘起

政策工具的研究,可追溯至 20 世纪早期的社会学研究文献,如穆雷·艾德曼(Murray Edelman)强调通过语言和符号论来理解政府行为①。希欧多尔·罗维(Theodore J.Lowi)首先提出对政策工具进行分类,并根据工具的直接或间接强制属性以及工具作用于个体或环境四个维度划分了工具的层次,这一划分方法也成为日后政策工具研究的基本范式②。查尔斯·安德森(Charles Anderson)则从制度安排和程序设定的角度,将政策工具视为政策制定的过程载体③。迄今为止,关于政策工具究竟表述为"the policy instruments"还是"the tool of government",学界还存有争议。不同的表述方式意味着不同的界定视角和研究范畴。理查德·艾尔莫(Richard Elmore)认为政策工具是决策者对实现目标方案的选择。汉斯·布雷塞尔和彼得·克洛克(Hans Bressers and Pieter-Jan Klok)认为政策工具是一切被行动者采用以达到目的的方法的集合,涉及范围宽泛④。迈克尔·霍莱特和曼哈买提·拉米什(Michael Howlett and Madhumati Ramesh)认为政策工具是政府为实现其公共政策目标而采用的技术形式⑤,包括

---

① Murray Edelman, *The Symbolic Uses of Politics*, University of Illinois Press, 1964, p.17.

② Theodore J. Lowi, "American Business, Public Policy, Case-Studies, and Political Theory", *World Politics*, 1964, 16(4), pp.687-713.

③ Charles W. Anderson, "Comparative Policy Analysis: The Design of Measures", *Comparative Politics*, 1971, 4(1), pp.117-131.

④ Hans Bressers and Pieter-Jan Klok, "Fundamentals for a Theory of Policy Instruments", *International Journal of Social Economics*, 1988, 15(3/4), pp.22-41.

⑤ Michael Howlett and Madhumati Ramesh, "Patterns of Policy Instrument Choice: Policy Styles, Policy Learning and the Privatization Experience", *Review of Policy Research*, 1993, 12(1), pp.3-24.

但不局限于政策执行的方法、政策议题的形成,如何保证政策目标的实现程度等。从技术形式的角度理解,政策工具又常常被称为管理工具或政府工具。不论是技术形式还是方法集合,政策工具都被看作通向政策目标的桥梁,对这个桥梁设计、建立、选择的过程构成公共政策分析的基本要素。

随着政策工具在政策分析中的频繁应用,要求我们用更准确的(至少更具描述性的)语言来标识什么是公共管理的工具和手段[1]。皮埃尔·拉斯康姆斯和帕特里克·盖厄斯(Pierre Lascoumes and Patrick Le Gales)将政策工具描述为兼具技术性和社会性的策略,用以联结和协调政府与目标群体间的社会关系。认为政策工具不仅仅是一项实现政治、社会目标的技术性策略,更是一项需要借助权力规制才能得以维系的特殊制度。与早期学者们研究的工具理性和价值中立不同,他们认为政策工具是价值的载体,反映了一定时期的社会观念和权力规制模式,并非完全价值中立,也并不存在普遍适用的工具模型。按照概念内涵层次的由抽象到具体,他们将政策工具划分为方法(instrument)、技术(technique)和工具(tool)。方法是社会制度层面的安排与设计;技术是将政策方法具体化、操作化的策略;工具则是技术的最小实施单元。他们认为政策工具能够反映决策者与政策对象之间管理与被管理的社会控制关系,因此具有一定的价值偏好。政策工具的有效性不仅仅取决于自身工具的合理性,还取决于不同实施环境和实施方法所产生的逻辑结果[2]。可见,政策工具的内涵已经

---

[1] Christopher Hood, "Intellectual Obsolescence and Intellectual Makeovers: Reflections on the Tools of Government after Two Decades", *Governance*, 2007,(20)1, pp.127-144.

[2] Pierre Lascoumes and Patrick Le Gales, "Introduction: Understanding Public Policy through Its Instruments—From the Nature of Instruments to the Sociology of Public Policy Instrumentation", *Governance*, 2007,(20)1, pp.1-21.

从单纯的技术性范畴演变为能够降低参与者行动不确定性、优化制度设计与协调组织行为的系统性框架。其不但独立于政策目标而存在,而且直接影响着政策目标的实现。

综上所述,政策工具可被理解为政策目标和政策行动之间的连结机制,是公共政策主体为实现公共政策目标所采用的各种手段的总称。国内学界将"policy instrumentation""policy instrument"以及"government tools"都作为政策工具理解[1]。从某种角度来看,政策工具既指政府用于改善内部流程和管理方式的机制,又包括政府提供公共管理和公共服务的机制;既是一项政策,同时又是上层政策的一个工具[2]。政策工具研究的核心就是"如何将政策意图转变为管理行为,将政策理想转变为政策现实"[3]。

(二)研究视角的演变

虽然学界普遍认同政策工具在政策科学研究中的重要性,但对于其扮演的角色与解释路径却存在较大差异,具有代表性的观点有以下三种[4]:第一种是莱斯特·萨拉蒙(Lester Salamon)倡导的"组织化工具(institutions as tools)"视角,将公共企业(public corporations)、私营企业及各类第三方组织统一纳入"公共管理新范式"的研究框架[5]。其中代表性的理论成果包括免责分析和交

---

[1] 张成福、党秀云:《公共管理学》,中国人民大学出版社2014年版,第62页。
[2] 黄红华:《政策工具理论的兴起及其在中国的发展》,《社会科学》2010年第4期,第13—19、187页。
[3] [美]盖伊·彼得斯、弗兰斯·冯尼斯潘:《公共政策工具——对公共管理工具的评价》,中国人民大学出版社2007年版,第32—44页。
[4] Christopher Hood, "Gaming in Target World: The Targets Approach to Managing British Public Service", *Public Administration Review*, 2006, (66)4, pp.515-521; Christopher Hood, "Intellectual Obsolescence and Intellectual Makeovers: Reflections on the Tools of Government after Two Decades", *Governance*, 2007, (20)1, pp.127-144.
[5] Lester M. Salamon and Michael S. Lund, *Beyond Privatization: The Tools of Government Action*, Urban Institute Press, 1989; Laster M. Salamon, ed., *The Tools of Government: A Guide to the New Governance*, Oxford University Press, 2002.

易成本理论。第二种研究路径是"工具化政治(politics of instrumentality)"视角,关注政策选择过程中的政治博弈,基于政策过程中各利益集团的关系博弈与利益分配解释政策工具结果。第三种是超越政策领域界限的普适性政策工具研究,被称为"组织和价值无涉(institution and value free)"[1]。如史蒂芬·林德和盖伊·彼得斯将政策工具研究视为一个持续变迁的过程,认为不同环境背景下决策者对于政策工具选择的"政治过程"和"主观因素"差异将导致不同的政策结果[2]。可见,关于政策工具的研究视角逐渐从关注其客观表象转向探究决策者的主观认知,从致力于解决特定问题转向适应特定的政策环境。

政策工具研究最初应用于经济和环境政策领域时,常常被作为保障政策制定和执行顺利实施以达到政策目标的方法和手段,表现为能够直接影响公共产品与服务的生产与递送的实体性工具。政府通过颁布各种行政法条、条例、规定以及运用金融调控措施实现对社会的有效管理。有学者对此提出批评,认为这种实体化的工具属性界定将政策工具研究陷入了"技术"与"政治"的二元分割状态,使政策实践与理论解读进一步脱节[3]。"新公共管理运动"改变了政府管理方式,政府机构规模的缩减、公共服务外包以及对公共事务的直接干预度降低使传统的管制型政策工具难以为继。伴

---

[1] Richard F. Elmore, "Instruments and Strategy in Public Policy", *Policy Studies Review*, 1987, (7)1, pp.174-186; Anne Schneider and Helen Ingram, "Behavioral Assumptions of Policy Tools", *The Journal of Politics*, 1990, 52(2), pp.510-529.

[2] Stephen H. Linder and B. Guy Peters, "Instruments of Government: Perceptions and Contents", *Journal of Public Policy*, 1989, 9(1), pp.35-58.

[3] Michael Howlett, Jonathan Kim, and Paul Weaver, "Assessing Instrument Misses though Programand Agency-Level Data: Methodological Issues in Contemporary Implementation Research", *Review of Policy Research*, 2006, 23(1), pp.129-151.

随着新型公共管理范式的出现,政策工具的应用也发生了变迁①。如合同契约在政府环境规制方面的应用;商业导向型技术激励在经济领域的应用。信息技术的普及催生了新的信息获取和交流方式,推动着公共服务传递的便捷性与准确性的增强。公共管理的全球化趋势对决策者的政策学习和政策创新能力提出更高的要求。政策工具被更加细分为"多侧面政策工具、激励性政策工具、指标性政策工具、个人关注性政策工具,沟通性政策工具"②。抛弃了传统政策工具研究中以政府权威机构为单一主体的条件约束,政策工具研究开始向网络化、多元化、立体化演变,其他社会行动者也成为参与主体,影响着政策网络的结构层次、关系协调与利益分配。

政策问题的复杂性使得决策者倾向于将政策工具组合使用。比如,艾尔莫对教育政策进行研究发现,仅仅使用强制性政策工具并不能达到教育平等的目标,"教育券"作为补充性政策工具的组合应用能够较好地平衡教育资源地区性差异并促进教育质量的提高③。尼尔·格林汉姆(Neil Gunningham)等人认为多重政策工具的组合应用要求充分考虑与政策环境的匹配性、市场适应性以及第三方部门替代性工具供给,最终达到精巧化管理(smart regulation)④。

(三) 政策工具的分类

区分不同类型政策工具的性质与作用是选择与政策目标最相

---

① Renate Mayntz, "The Conditions of Effective Public Policy: A New Challenge For Public Analysis", *Policy and Politics*, 1983, (11)2, pp.123-143.

② 德·布鲁金、坦霍伊维尔霍夫:《对政策工具的背景性探讨》,见[美]盖伊·彼得斯、弗兰斯·冯尼斯潘主编:《公共政策工具:对公共管理工具的评价》,顾建光译,中国人民大学出版社2007版,第69—84页。

③ Richard F. Elmore, "Instruments and Strategy in Public Policy", *Policy Studies Review*, 1987, (7)1, pp.174-186.

④ Neil Gunningham, Peter Grabosky, and Darren Sinclair, *Smart Regulation: Designing Environment Policy*, Clarendon Press, 1998.

匹配的政策工具的基本前提。从分析政策工具自身的特点出发,有学者将不同种类政策工具的集合形象地比喻为"政策工具箱"①。1968年,德国经济学家艾蒂安·科臣(Etienne-Sadi Kirschen)曾尝试列举64种经济工具并分析比较以获得最优结果②。1998年,学者万·多伦(Van der Doelen)将政策工具划分为更宽泛意义层面的法律工具、经济工具和沟通工具③,这一分类方法在学界得到广泛认同。英国学者克里斯托弗·胡德(Christopher Hood)在《政府工具》一书中将政府资源分为信息、权威、财富和组织四种,按照所依赖的资源和使用目的将政策工具分为八类④。这种基于控制论的分类方法强调政策工具之间彼此独立、不可替代,分别适用于不同的政策问题。加拿大学者布鲁斯·多恩(Bruce Doern)和里查德·菲德(Richard Phidd)认为强制性是政策工具的基本属性,只是在表现形式和强制程度上的差异⑤,他们认为各种政策工具在本质上是一致的,相互具有较强的可替代性。艾尔莫从政府干预的角度将政策工具分为授权、诱导、能力建设与系统改变⑥。安·施耐德和海伦·英格拉姆(Anne Schneider and Helen Ingram)从行为目的的角度将政策工具分为权威型工具、激励型工具、能力型工具、象征型工具和学习型工具⑦。

---

① G. Bruce Doern and Richard W. Phidd, *Canadian Public Policy: Ideas, Structure, Process*, Methuen Press, 1983.
② Etienne-Sadi Kirschen, *Economic Policy in Our Time: General theory*, North Holland Publishing, 1968.
③ B.Guy Peters and Frans K.M. van Nispen, *Public Policy Instruments: Evaluating the Tools of Public Administration*, Edward Elgar, 1998, p.17.
④ Christopher Hood, *The Tools of Government*, Chatham House, 1986.
⑤ G. Bruce Doern and Richard W. Phidd, *Canadian Public Policy: Ideas, Structure, Process*, Methuen Press, 1983.
⑥ Richard F.Elmore, "Instruments and Strategy in Public Policy", *Policy Studies Review*, 1987, (7)1, pp.174-186.
⑦ Anne Schneider and Helen Ingram, "Behavioral Assumptions Policy Tools", *The Journal of Politics*, 1990, (52)2, pp.510-529.

尽管早期研究者们尝试从不同的研究视角解读政策工具的内涵,然而上述分类方法却遭到诸多质疑①。有学者指出这些分类方法过于简单宽泛,忽视了政策工具内部的差异性;过于理论化和理想化,缺乏机制保障和实证基础;政府被视为单一行动者,忽视了其内部的结构分层和利益群体分布;简单地将政府与民众作为政策工具实施者和影响者的两端,形成假想的二元对立关系。从决策者的角度,政策工具分类应当被赋予更多的情景化含义,由此产生"政策设计"的研究路径。美国学者林德和彼得斯认为政策工具的选择取决于所依托资源的特点和不同的政策设计要求②。加拿大学者霍莱特和拉米什在多恩和菲德的连续型分类方法基础上,以目标精准性代替强制性,以完全自愿和完全强制作为衡量政府提供公共产品与服务水平的两极,并按照政府的干预程度排序,得到自愿性政策工具、混合型政策工具和强制性政策工具三类③。这也是目前在政策工具分析领域应用较为广泛的一种分类方式。美国学者萨拉蒙从工具构成的要素间关系入手,提出测量政策工具的四个维度:强制性程度、直接性程度、自治性程度、可见性程度④。拉斯康姆斯和盖厄斯从影响政策工具形成的政治与立法关系角度,对胡德的分类法加以改进,将政策工具概括为五类:立法和管制、经济和财政、基于认同与激励、基于信息与沟通、惯例与非通行规则。这种分类方法考虑了民间社会中各行动者之间的权力

---

① Anne Schneider and Helen Ingram, "Systematically Pinching Ideas: A Comparative Approach to Policy Design", *Journal of Public Policy*, 1988, 8(1), pp.61-80.
② Stephen H. Linder and B. Guy Peters, "Instruments of Government: Perceptions and Contents", *Journal of Public Policy*, 1989, 9(1), pp.35-58.
③ Michael Howlett, "Policy Instruments, Policy Stylesand Policy Implementation: National Approaches to Theories of Instrument Choice", *Policy Studies Journal*, 1991, (12), pp.3-24.
④ Lester M. Salamon, ed., *The Tools of Government: A Guide to the New Governance*, Oxford University Press, 2002.

关系,不同于传统的命令管制式关系,更加关注行动者之间的沟通与咨询①。随着科学技术的变革和组织边界的泛化,政策网络和政策学习正在成为政策工具领域新的研究焦点②。

(四) 政策工具与公共部门改革

如今,科技的创新和广泛应用缩短了社会成员之间信息传递的距离,拓宽了个体与组织、个体与政府的沟通渠道,社会边界逐渐模糊。公民与国家之间的关系正由过去专制独裁式的命令与服从转向民主参与式的权衡与考量,互相依赖、彼此制约的网络社会正在形成。民众正在经历从公共服务消费者到公共事务参与者的角色转变,网络社会结构提供了这种角色转变所需的资源、关系与横向对话。显然,政府部门也注意到了这些变化,自20世纪以来,各国政府与公共部门纷纷尝试采用新的社会治理方式,大量原本适用于私营部门的市场化工具被移植和嫁接到公共部门中,如合同外包、补贴贷款、消费券以及PPP模式的各种衍生模式。这些新的工具及模式的应用,都离不开第三方的参与,社会资本的进驻推动着公共部门不得不重新审视自己应当扮演的角色和应发挥的作用。公共服务的供给者与协调监督者开始实现职责分离,从表面上看,公共部门摆脱了繁重的服务供给负担,有利于管理职能的聚焦,实际上,社会关系的复杂化使公共部门面临着更加艰巨的管理挑战,即如何与社会群体进行协调与合作,如何与民众进行沟通与对话。

政策工具的研究是反映政府治理状态的重要维度之一。20世

---

① Pierre Lascoumes and Patrick Le Gales, "Introduction: Understanding Public Policy through Its Instruments-From the Nature of Instruments to the Sociology of Public Policy Instrumentation", *Governance*, 2007, (20)1, pp.1-21.

② Michael Howlett and M.Ramesh, "Patterns of Policy Instrument Choice: Policy Styles, Policy Learning and the Privatization Experience", *Review of Policy Research*, 1993, (12), pp.3-24.

纪90年代初,施耐德和英格拉姆就提出对于政策工具的研究有助于通过隐含的行为假设观察政策的参与性和公众的政策反应[1]。20世纪90年代末到21世纪初,学者们倾向于以新的治理方式(governance)代替传统的管理(government)[2],表明世界范围内公共行政研究呈现的新趋势。放权和协商成为各国政府不约而同的管理方式,超越国家层次的组织介入和区域治理问题的普遍出现,社会组织和民众开始越来越多地参与处理地方事务[3]。

新的治理模式催生了新的政策工具,新的政策工具的选择和应用为民众参与社会治理提供了更广阔的空间,社会网络结构与关系进一步优化和协调,从而推动着政府治理模式的持续演进和完善。在这一系统性变革过程中,新的治理模式的顺畅运行需要诸多的组织与资源保障。对于政府而言,作为公共决策的重要主体要保证决策信息的及时、有效、完备供给,保持对其他参与者主体的政策回应与追踪反馈,构建接纳并协调众多参与者主体的网状关系平台,更新治理理念,提高政策过程的规范性与合法性,培育行政人员的公共服务精神;对于民众而言,新的开放式公共治理模式,充分保证了民众获得公平表达与深入参与的机会,同时要求他们积极学习民主制度,辨识和理解利益冲突,增强公民意识和决策参与能力。

二、政策工具选择的案例研究

自1995年国家颁布实施《全民健身计划纲要》并号召人们加

---

[1] Anne Schneider and Helen Ingram, "Behavioral Assumptions Policy Tools", *The Journal of Politics*, 1990, (52)2, pp.510-529.
[2] Gerry Stoker, "Governance as Theory: Five Propositions", *International Social Science Journal*, 1998, 50(155), pp.17-28.
[3] Andrew Jordan, Rüdiger K.W. Wurzel, and Wurzel Anthony Zito, "The Rise of 'New' Policy Instruments in Comparative Perspective: Has Governance Eclipsed Government?", *Political Studies*, 2005, 53(3), pp.477-496.

强身体素质锻炼起,全民健身日益受到社会重视和支持,被视为人民增强体质、健康生活的基础保障,也是关系民生改善、社会和谐、文明进步,健康中国建设的有力支撑,更是全面建成小康社会的重要途径。2011年2月,《上海市全民健身实施计划(2011—2015)》正式颁布,这是自2009年国务院实施《全民健身条例》以来,全国第一部地方性全民健身实施计划。该《计划》对于探索构建既响应中央精神又兼具地方特色的群众体育发展模式提出前瞻性思路及对策,也为国内其他城市提供了有益借鉴。此后的五年间,上海市体育发展的环境、条件、任务、要求等均发生新的变化,为此上海市政府于2015年3月启动了对新版实施计划的编制修订工作。2016年6月,国务院印发的《全民健身计划(2016—2020年)》作为我国"十三五"时期开展全民健身工作的总体规划和行动纲领,就今后五年我国深化体育改革、发展群众体育、倡导全民健身新时尚、推进健康中国建设作出战略性部署。为贯彻落实党中央及国务院精神,全国各地方政府纷纷着手制定本区域的全民健身实施计划。上海市政府也依据国务院最新颁布的《全民健身计划》精神,对2011版实施计划进行了全面修订,并于2016年11月颁布《上海市全民健身实施计划(2016—2020)》。

从2011版《实施计划》到2016版《实施计划》,反映了新时期背景下上海市群众体育政策致力于贯彻新理念、采取新举措、满足新需求的重要变迁。通过对比这两个版本的全民健身实施计划,分析其结构体系的改进、制度设计的完善及政策工具选择的取舍,有助于了解政策变动蕴含的制度逻辑与规则导向,以期对上海市未来全民健身活动的开展及国内其他城市的群众体育发展提供参考。

(一)制度前提

以2004年上海颁布实施的《全民健身发展纲要》为基础,以建设"136工程"为主要任务,到2010年上海市已初步建立起具有地方特色的全民健身服务体系。然而,囿于人们工作学习压力的增加,不良生活方式的延续和顽固性,以及政府公共服务水平与市民健身需求之间的差异性,上海市民经常参加体育锻炼的人数比例偏低,市民体质健康状况不容乐观,亚健康群体持续扩大等问题愈加凸显。2011版《实施计划》的出台,旨在推进"全民健身365"工程建设,并首次将提高政府体育公共服务能力纳入政策目标。相较于2011版《实施计划》将全民健身更多地定位于全民锻炼的体育行为,作为"十三五"时期开展全民健身工作的总体规划和行动纲领,2016版《实施计划》将全民健身上升为健康中国建设的有力支撑和全面建成小康社会的国家名片,从社会系统范畴及多业态融合发展的角度探讨深化体育改革、倡导形成全民健身新时尚的路径。从两者出台的背景可见,2016版《实施计划》一方面体现了上海市群众体育发展在新时期的制度延续,另一方面表明了在健康上海和建设全球著名体育城市等新思路的指引下,政府面临群众体育工作新问题的政策针对性调整与修订完善。通过对2011版《实施计划》和2016版《实施计划》在结构体系、内容阐述、保障措施三个层面的比较,可将上海市全民健身政策的变迁,在制度设计层面归纳为三个发展趋势。

一是对全民健身活动战略地位的提升与发展目标的调整。

2011版《实施计划》以体育生活化、健身科学化、服务便民化为统领,内容涵盖发展现状、指导思想、目标任务、推进重点、具体要求、组织实施六个方面。其中"发展现状"部分总结了近年来上海全民健身工作的成就及不足,这是继续推进全民健身工作的基础和起点。这一时期全民健身工作的指导思想是:着力于关注科学发展,发挥后世博效应,推进体育公共服务。

随着《"健康中国2030"规划纲要》的出台,提升中华民族健康素质成为全面建成小康社会时期的国家重要战略举措。上海市提出"建设全球著名体育城市"的目标，更加明确了上海体育产业未来10年的发展目标。围绕这两个总目标，2016版《实施计划》在2011版《实施计划》框架的基础上进行了修订创新，分为指导思想、发展目标、核心任务、重点工程、保障措施五个方面。力求将全民健身与全民健康深度融合，以创新驱动发展，进一步发挥全民健身在经济社会发展中的支撑作用，构建现代全民健身公共服务体系。这一时期全民健身工作的指导思想是：将全民健身上升到国家战略、城市发展战略、民生大计的高度；将关注的焦点放在提升全民健身现代治理能力、展示体育独特魅力、促进市民体育兴趣养成上。

不同阶段指导思想的差异决定了2016版《实施计划》在目标、任务及重点工程等方面均较2011版《实施计划》有较大幅度的调整、细化和新增。2011版《实施计划》创建的"全民健身365"意在围绕体育民生3个目标，完成全民健身6项重点指标，建设5大实事工程，将关注市民健康的生活方式、基层体育设施和体育组织建设、青少年体质、市民科学健身、工作创新5方面列为工作重点。2016版《实施计划》提出未来5年上海全民健身工作重点是落实"全民健身135"：一个发展目标——打造充满时尚活力的运动之城；三项核心任务——强化基层体育发展、转变服务供给方式、促进市民经常参与；五大重点工程——健身场地达标工程、健身组织培育工程、健身消费促进工程、健身素养提升工程、健身服务智慧工程。

二是从重视硬件设施的建设与"量"的增长，转向关注服务产品供给形式与效果的"质"的提升，任务设定更加符合上海实际，更具可操作性。具体变化如表5-5所示。

经常参加锻炼人数比例、市民体质监测合格率、人均体育场地面积是全民健身活动开展的三个重要衡量指标。在2011版《实施计划》和2016版《实施计划》中均将其列为主要任务和重点工程，但考虑到上海全民健身活动开展的现状及深入程度，在2016版

表5-5　2011版《实施计划》与2016版《实施计划》的关键指标与数据比较

修订类型	关键词	2011版《实施计划》条文	位置	2016版《实施计划》条文	位置
调整	经常参加锻炼人数比例	全市经常参加体育锻炼的人数比例达到46%。市民主要体质指标处于全国前列水平	主要任务1	本市经常参加体育锻炼的人数比例达到45%左右	发展目标
调整	体质监测合格率	国民体质测定标准合格率保持在95%以上,优秀率达到25%	推进重点(二)3	到2020年,市民体质监测达标率达到96%	重点工程(四)
调整	人均体育场地面积	人均体育场地面积达到2.6平方米,基本满足市民体育健身需求	主要任务2	到2020年,体育场地面积达到6100万平方米,人均体育场地面积达到2.4平方米(按照2500万人口计算)	重点工程(一)
调整	健身及休闲设施建设	建成奉贤、松江、宝山、崇明、浦东5个具有运动休闲功能的体育公园	主要任务2	推进徐家汇、崇明自行车、长兴岛、前滩、南桥、松江、罗店、长宁等体育主题公园,以及沿江、沿河、沿湖体育休闲设施建设	重点工程(一)
		在全市大型公园、绿地,建设具有一定标准的符合市民健身需求的300条健身步道	推进重点(三)1	到2020年,建成市民健身步道300公里	重点工程(一)
调整	学校场地开放	力争85%学校场地向公众开放,进一步增加开放时间	推进重点(二)5	学校体育设施开放率不低于86%,每周累计开放时间不少于21小时	主要任务(一)1

(续表)

修订类型	关键词	2011版《实施计划》		2016版《实施计划》	
		条文	位置	条文	位置
调整	基层体育组织	基层体育组织的数量不断扩大,社区健身团队达到15 000支	主要任务3	每万人拥有体育健身组织数量达到20个	重点工程(二)
调整	社会体育指导员	社会体育指导员人数达到本市常住人口的1.5‰	主要任务6	每千人配备2名社会体育指导员	主要任务(一)1
		获得社会体育指导员技术等级证书的人数达到3.3万人,获得社会体育指导员国家职业资格证书的人数达到8 000人	推进重点(二)6	2016版《实施计划》去除了该条款	/
调整	青少年体育	深入推进校园足球等活动,做到人人有项目,班班有团队,校校有特色	主要任务4	推动校园足球全面普及,学生掌握两项体育运动技能,养成终身锻炼的习惯	主要任务(三)1
调整	职工体育	机关企事业单位坚持工间操制度,广泛建立职工体育健身团队,开展经常性的职工体育健身活动和体育竞赛	主要任务5	推广楼宇体育、园区体育的有效做法,评选示范企业,鼓励企业举行职工运动会	主要任务(三)2
细化	老年人、残疾人体育	老年人、残疾人体育进一步发展	主要任务5	巩固提高老年健身条件。加强残疾人健身与康复的分类指导,完善残疾人体育设施,推进社区残疾人健身点建设	主要任务(三)3、4

(续表)

修订类型	关键词	2011版《实施计划》条文	位置	2016版《实施计划》条文	位置
细化	社区体育	积极开展社区体育比赛和活动,推广"体育生活化示范社区"	主要任务5	在社区建设15分钟体育生活圈,市民健身活动中心街镇覆盖率达到40%	主要任务(一)2
细化	农村与农民体育	大力组织农民体育活动,加快发展农村体育	主要任务5	挖掘美丽乡村文化内涵,升级改造农村体育设施,大力开展农民体育健身活动,评选农村体育健身示范区	主要任务(三)4

资料来源:本表由作者整理所制。

《实施计划》中对具体比例数值进行了微调。如将经常参加锻炼人数比例由46%微调至45%,将市民体质监测合格率从95%提高到96%,说明政策焦点从关注人数比例转向更加关注市民体质改善的实际效果。虽然2016版《实施计划》按照2 500万人口数量,将人均体育场地面积从2.6平方米下调至2.4平方米,但对于体育场地总面积的明确,为后续各区(县)体育场地设施的修建改造指明了方向。

健身及休闲设施建设是政府体育公共服务供给的重要内容,也是推进全民健身活动的首要环节。2016版《实施计划》除了增加体育主题公园的建设数量以外,还将体育休闲设施建设范围进一步扩大到沿江、沿河、沿湖。对于健身步道的修建要求也从2011版《实施计划》的"300条"调整为"300公里",以里程目标代替数量目标。学校场地开放是体育公共服务供给的重要补充。相较于2011版《实施计划》中"力争85%学校场地向公众开放"的推进性描述，2016版《实施计划》将"学校体育设施开放率不低于86%"作为主要任务，并明确规定"每周累计开放时间不少于21小时"。针对学校场地开放问题的政策性约束，有利于学校及政府相关部门的工作协调与配合。

基层体育组织培育与人才培养是推进全民健身活动的基石。相对于2011版《实施计划》对于社区健身团队等基层体育组织"达到15 000支"的总量控制，2016版《实施计划》以"每万人拥有体育健身组织数量"进行均量控制。同样，在社会体育指导员的数量要求上，2016版《实施计划》摒弃了2011版《实施计划》中"获得社会体育指导员技术等级证书人数""获得社会体育指导员国家职业资格证书人数"等绝对数量的限制，代之以"每千人配备社会体育指导员数量"，并将比例从1.5‰提高到2‰。

青少年、职工、老年人和残疾人一直是上海市全民健身推进工作中重点关注的群体，2016版《实施计划》对于青少年体育和职工体育提出了更高的任务要求，如青少年体育中校园足球的开展从"深入推进"转向"全面普及"，从"人人有项目"提高到"掌握两项体育运动技能"，并倡导"养成终身锻炼的习惯"。对于职工体育，强调各级工会、各类职工体育协会的作用，推广"楼宇体育""园区体育"，制定了评选体育健身活动开展示范企业等鼓励性措施。不同于2011版《实施计划》关于"老年人、残疾人体育进一步发展"的概括性描述，2016版《实施计划》分别对老年人体育和残疾人体育工作进行了细致的任务要求。如老年人体育部分，涉及社区养老服务设施、老年人体育协会、门球太极等专门健身项目以及老年人体育健身比赛等。残疾人体育部分，涉及残疾人健身与康复的分类指导、残疾人体育设施、社区残疾人健身点建设等。

社区体育是全民健身活动开展的基本单元，也是民众感受健身体验、分享健身成果的主要场所。2016版《实施计划》将社区体育活动要求进一步具体化、实地化,提出建设"15 分钟体育生活圈",以及"市民健身活动中心街镇覆盖率达到 40%"等任务指标。对于农村与农民体育,2016 版《实施计划》从乡村文化挖掘、农村体育设施改造、农民体育健身活动开展、农民体育健身示范区评选等方面予以细化规定。

三是更加重视政府、社会、市场三者之间的协同互促与社会资源的整合利用,对政府职能的转变、体育治理能力的提升,以及市场作用的充分挖掘与发挥都制定了积极的引导性规范。

2011 版《实施计划》从组织领导、财政投入、整合资源、营造氛围、引导消费和法治建设 6 方面配套保障措施,同时规定了对各级政府、各有关部门有效落实计划的相关要求。2016 版《实施计划》将保障措施概括为加强组织领导、加大经费投入、推进依法治体、加快人才培养、强化监督考核 5 方面。从内容要求来看,尽管两个版本实施计划均提及组织领导、财政投入、法治建设,但具体论述仍有较大差异。在组织领导方面,2016 版《实施计划》除继续丰富和明确各级政府部门、各级工会、共青团、妇联和各行业协会等社会团体的职责外,还增加了对于各级发展改革、国土资源等部门的体育用地安排要求,以及对街镇基层管理部门的人员配备要求。在财政投入方面,2011 版《实施计划》采用经费纳入预算、彩票公益金分配、鼓励社会捐赠的方式以"确保财政投入"。2016 版《实施计划》在财政预算、政府购买、消费补贴等多手段投入方式的基础上,提出推广政府和社会资本合作的 PPP 模式以"增加经费投入"。在法治建设方面,2011 版《实施计划》涉及相关法律法规执行、规范政府职责、建立统筹机制等。2016 版《实施计划》提出"依法治体",新增与全民健身相关保险政策的描述,强调体育设施建设、健身类企业、商业性赛事的行业自律以及相关标准规范的制定与完善。此外,2016 版《实施计划》的保障措施删去了 2011 版《实施计划》中的"整合体育资源""营造健身氛围""引导健身消费"部分,将其合并论述至"主要任务"与"重点工程"部分,新增"加快人才培养"和"强化监督考核"部分,充分重视全民健身人才的基础性、先导性作用,突出对基层人才的激励和保障,建立全民健身智库、专家委员会等外脑机构。在现有的年度报告、年度检查考核、奖励措施基础上,新增了"管办分离"和"基层体育团体自治"制度,完善了全民健身第三方评价机制、市民评价和反馈机制,并要求定期向社会公布结果。

除上述条目的调整、细化以外,2016版《实施计划》在内容上还新增了诸多体现时代特色的创新性发展思路,可归纳为以下五个方面。

第一,基本公共体育服务均等化。"保基本、补短板、兜底线"这9个字高度概括了"十三五"时期上海市全民健身工作开展的指导原则,"增强市民共享体育发展成果的获得感"形象地描绘了上海市致力于实现基本公共体育服务均等化的组织愿景。

第二,供给方式转变。2016版《实施计划》将全民健身作为城市发展战略,明确了多业态社会化融合、政府-社会-市场的"三轮驱动"、全民健身的国内外开放联动三种服务供给方式转变的发展思路。2016版《实施计划》强调社会力量的引入、现代企业制度的运用,鼓励健身消费新业态、新热点的拓展及针对体育健身企业的创新扶持;倡导"康体结合、防在医先"的健身理念;提出"健身健脑、健心育人"的全民健身功能定位;将树立全社会体育健身文化、形成文明生活方式作为近五年的工作重点。

第三,两个特殊的关注。一是对于特殊群体的覆盖,2016版《实施计划》首次将积极发展妇女、幼儿体育,外来务工务商人员公共体育服务,少数民族传统体育项目推广以及驻沪部队体育事业发展均纳入群众体育发展的主要任务。二是对于特殊项目的关注,除了足篮排三大球和游泳、路跑、赛车、网球等传统体育项目以外,借力2022年冬奥会的契机,冰雪运动被列入"十三五"期间健身消费促进的重点工程之一,击剑、射箭、攀岩、定向、极限运动、房车露营、电子竞技等新兴运动项目得到一定关注。武术、健身气功、龙舟、龙狮等民间特色体育项目也得到了政策支持。

第四,新技术的应用。2011版《实施计划》曾提出建设包括体育地图在线服务平台、区域全民健身网站、全民健身基础数据统计体系在内的"全民健身信息工程"。近年来在大数据、移动互联网等新兴技术推动下,云计算、物联网、健身APP、智慧场馆、公共体育场馆WiFi全覆盖等便民、高效的信息感知和数字化服务体系构建在2016版《实施计划》中得以进一步细致展现。建立在大数据分析与深度挖掘基础上的全民健身科技创新成为上海近五年的发展方向。

第五,凸显国际化特色。2016版《实施计划》将加强国际大众体育对外交流,积极拓展国际交流渠道作为推进全民健身开放联动发展的必要途径。鼓励全民健身活动和重大国际体育赛事的有效联结,鼓励开展国际特色鲜明的全民健身赛事活动,鼓励国际体育组织进驻,作为上海打造"充满时尚活力的运动之城"的重要名片。

(二)工具选择

以下借鉴罗伊·罗斯威尔和沃尔特·齐格维德(Roy Rothwell and Walter Zegveld)针对科技创新政策工具分型的思想,结合体育公共政策的特征,对2011版《实施计划》和2016版《实施计划》进行比较分析,研究目前上海市全民健身活动的推进主要采用哪些类型的政策工具,这些工具的适用性问题,以及前后两版《实施计划》在政策工具选择上的取舍和变迁。基本政策工具包括需求型、供给型和环境型。其中,供给型和需求型政策工具分别发挥直接的推动和拉动作用,环境型政策工具则表现为间接的影响作用(如图

5-3所示)。

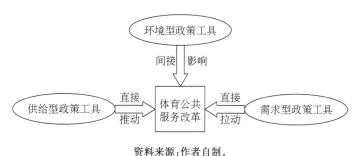

资料来源:作者自制。
图5-3 政策工具对体育公共服务改革的作用力

供给型政策工具是政府通过对体育公共服务产品或服务的直接提供、人才培养、科研技术、资源及信息共享等方面的有效支持,推动体育公共服务改革的纵深化、精细化发展。主要涉及体育公共服务产品及载体提供、体育人才培养、体育科技支持、体育资讯服务、财政支持等。

需求型政策工具是政府通过培育市场,弱化和消除潜在障碍,引导社会资本、社会关注向体育公共服务领域倾斜,激发民众的体育公共服务需求本能,增强需求表达和需求满足意识,形成改革文化。主要涉及对民众体育需求关注的吸引、良好健身氛围的营造、树立标杆和榜样、发挥示范和带动效应、提高民众健身素养、强化体育习惯的养成等。

环境型政策工具表现为外部因素的潜在影响和间接渗透作用。政府通过完善体育公共服务改革的环境,提升体育事业在城市经济和社会发展中的战略地位,加强对体育公共服务改革的组织领导与制度保障力度,深化社会认知,减少政策执行阻力。主要涉及体育目标规划、体育法规与管制、政府职能转变、领导与协调机构、政策执行保障等。

依据前述分析框架,将两个政策样本根据供给型、需求型、环境型三种工具范围进行具体化的分析类目,采用的分析单元是政策文本的有关条款。首先对政策文本内容按照"政策条目—内容分析单元"进行编码,形成政策文本内容分析编码表后,再根据已有分析框架将编码内容分别归类。2016版《实施计划》限于篇幅未能完全显示文本内容编码(如表5-6所示),2011版《实施计划》(发展现状部分除外)的文本编码同理。

表5-6 2016版《实施计划》的政策文本内容编码一览表

政策条目	内容分析单元	编码
一、指导思想	全面贯彻落实中共十八大和十八届三中、四中、五中、六中全会精神,以邓小平理论、"三个代表"重要思想、科学发展观为指导,深入学习贯彻习近平总书记系列重要讲话精神……不断满足市民日益增长的多样化体育健身需求,为建设社会主义现代化国际大都市作出积极贡献	1
二、发展目标	围绕健康上海和建设全球著名体育城市的总目标,推动全民健身和全民健康深度融合,力争到2020年,市民科学健身素养不断提升……全民健身整体水平位居全国前列,打造充满时尚活力的运动之城	2
三、主要任务	(一)强化基层体育发展 2.全面推进社区体育生活圈建设。坚持重心下移、活动下移、资源下移,促进社区体育发展,充分发挥体育在社会治理中的作用……建立健全社区体育组织网络,整合社区体育设施和服务资源,提高资源共享利用水平	3-1-2
四、重点工程	(一)健身场地达标工程 3.加强场地设施开放管理。进一步盘活健身场地设施存量资源,公共体育场馆要严格遵守相关开放时间、开放项目、优惠措施等规定,并做好相应的安全保障和维护维修工作……完善政府购买体育场馆公益性服务的机制和标准,健全体育场馆公益性开放评估体系,鼓励民建民营体育场馆开展公益性开放服务	4-1-3
……	……	……

(续表)

政策条目	内容分析单元	编码
五、保障措施	（五）强化监督考核 各级政府要高度重视全民健身工作，将其纳入政府重要议事日程和目标责任考核内容；探索"管办分离"的有效形式和基层体育团体自治制度……各部门、各行业要将实施本计划纳入日常工作中予以落实。对全市全民健身事业作出突出贡献的单位和个人，根据国家和本市的有关规定予以表彰奖励	5-5

资料来源：本表由作者整理所制。

之后，将基本政策工具在分析框架的工具范围基础上进一步细化，得到政策工具分布一览表（如表5-7所示）。

表5-7显示，从整体来看，2016版《实施计划》仍然兼顾了供给型、需求型和环境型三种政策工具的综合运用，为上海市体育公共服务改革提供了全方位、多角度的发展促进。但三者在权重上表现出明显差异，供给型政策工具占43.33%，需求型政策工具占30%，环境型政策工具占26.67%。说明上海市政府在体育公共服务改革的政策工具选择上偏爱以供给推动为主、需求拉动和环境影响为辅的模式，体现政府在政策运用上的倾向性，具体分析如下。

供给型政策工具继续强势，内部结构不均。与2011版《实施计划》相比，2016版《实施计划》的供给型政策工具中，体育场地设施建设等硬件供给、健身组织的成立仍是关注的焦点，说明这两个方面依旧是未来上海市全民健身推动的主要切入点。其原因可能在于硬件设施数量、健身组织数量、市民体质监测等指标的政策效果立竿见影，易于设定目标，易于操作执行，且易于量化比较。人才培养、财政支持等辅助性政策，在2016版《实施计划》中得到关注，但仍较为宏观，政策性配套有待加强。体育资讯与科技创新

表5-7 2011版《实施计划》与2016版《实施计划》的基本政策工具分布比较

政策工具类型	工具名称	2011版《实施计划》文本编码	数量（个）	比例	2016版《实施计划》文本编码	数量（个）	比例
供给型	体育健身设施与场地	3-2-2, 4-2-2, 4-2-5, 4-3-1	4	40.625%	3-1-1, 4-1-1, 4-1-2, 4-1-3	4	43.33%
供给型	体育健身组织	3-2-3, 4-2-1	2		3-1-2, 4-2-1, 4-2-2	3	
供给型	体质监测与培训指导	3-2-6, 4-2-3, 4-3-5	3		4-4-3	1	
供给型	体育人才培养	4-2-6	1		5-4	1	
供给型	体育资讯与科技支持	4-3-3, 4-3-4	2		4-5-1, 4-5-2, 4-5-3	3	
供给型	财政支持	5-2	1		5-2	1	
需求型	活动吸引社会氛围营造	3-2-5, 4-1-1, 4-2-4, 5-4	4	28.125%	3-3-4	1	30%
需求型	榜样示范与消费引导	4-3-2, 5-5	2		4-3-1, 4-3-2, 4-3-3	3	
需求型	健身意识与文化	3-2-1, 4-1-2	2		4-4-1, 4-4-2	2	

(续表)

政策工具类型	工具名称	2011版《实施计划》文本编码	数量(个)	比例	2016版《实施计划》文本编码	数量(个)	比例
需求型	青少年体育	3-2-4	1		3-3-1	1	
	职工体育*	3-2-5(含)			3-3-2	1	
	老年人体育*	3-2-5(含)			3-3-3	1	
	体育目标规划	2, 3-1	2	31.25%	1, 2	2	26.67%
	体育法规与管制	5-6	1		5-3	1	
环境型	政府职能转变	4-1-3, 5-3	2		3-2-1, 3-2-2, 3-2-3	3	
	领导与协调机构	3-2-7, 5-1	2		5-1	1	
	政策执行保障	6-1, 6-2, 6-3	3		5-5	1	
合计			32	100%		30	100%

注:*表示2016版《实施计划》中的新增单列项。

资料来源:本表由作者整理所制。

服务作为体育发展的催化剂,是普及推广科学健身知识、提高体育资源整合能力的重要平台。在 2016 版《实施计划》中,融合大数据、移动互联网等新兴技术,对于健身服务智慧工程从建设信息平台、集成健身大数据、强化科技创新三个层面进一步提出具体要求。

需求型政策工具有所改进,部分工具缺失。在需求型政策工具中,致力于提高市民体育健身素养,营造全民健身氛围,将全民健身社区化、基层化、均等化是 2016 版《实施计划》关注的重点内容。政府还希望通过推行达标工程、评选示范区等发挥辐射和带动作用,尤其注重近年来兴起的时尚型体育产品和健身服务的消费促进,以及民间传统体育项目的支持和传承,以深度激发全社会关注体育健身的热情。鼓励"体育+"等多业态融合、扶持体育健身企业的创新都显示了全民健身作为新的经济增长点的政策导向作用。2016 版《实施计划》除继续强调青少年群体良好体育锻炼习惯的养成以外,对于职工体育、老年人体育也以单列条目的形式予以重点关注,且针对残疾人、外来务工务商人员等弱势群体的体育需求满足也在政策文本中有所体现。与 2011 版《实施计划》相比,2016 版《实施计划》着重增加了"体育国际交流"部分的阐述,是唯一重要的需求型工具改进。除此以外的政府体育公共服务采购、服务外包、消费补贴、定向资助等更加直接的"指挥棒式"需求拉动工具,未予体现,可理解为对政府后续相关政策的出台留有空间和余地。

环境型政策工具仍然有限,操作性不足。在环境型政策工具中,2016 版《实施计划》从互促融合、多元供给、开放联动三个层面突出强调了政府职能的转变,政府开始关注自身角色的转型及与社会、市场三者之间的关系重塑。《实施计划》中明确了目标规划和法规完善,强调了政策执行的保障,但仍以指导性政策描述居多。虽然有利于各区县基层单位根据所辖情况制定更加符合当地实际的操作细则,但也为政策无法切实落地埋下了隐患。在环境型政策工具的延伸利用上，除彩票公益金使用分配、税收优惠以外，项目补助、贷款贴息、基金引导和后期赎买、后期奖励等市场化金融工具的缺位，都说明政府对于激励各类企事业单位及社会资本的改革参与措施还有待细化完善。

全民健身活动的广泛推进，是"十三五"时期我国群众体育工作的战略性部署。上海作为经济较发达城市和我国体育公共服务改革试点的重要基地，其改革的思路、措施与创新技术的应用，都具有典型性和借鉴价值。从2011年上海市率先出台全国第一部地方性全民健身实施计划，到2016版《实施计划》的全面修订，反映了上海市对于全民健身活动开展的积极探索与持续推进，也是上海市结合地区实际、紧贴时代特征的经验总结与路径创新。全民健身战略地位的提升为群众体育的社会化协同奠定基础，新的发展目标为下一阶段的工作重点指明方向，对服务产品供给形式与效果的"质"的关注体现了对于民众体育权益的深入保障，人们健身素养的提高、全社会健身氛围的营造有赖于政策的指向性引导与瞄准式推进，然而目前政策工具运用的策略性偏爱、选择有限与结构性不足使政府职能的转变与体育治理能力的提升面临更多的挑战。

第三节　民主决策与利益表达

一、利益表达的民主诠释及现实考量

（一）利益表达的主体差异

民主决策是改革实施的基本保障，其实现有赖于利益表达机制的有效建立和顺畅运行。利益表达是指在政策制定与执行过程中，代表社会各阶层的团体或个人通过一定的方式和渠道向国家权力主体表达自身的利益需求，并以此影响政策输出的结果。建立完善的利益表达机制要求不同背景的利益主体能够获得平等的利益表达机会,且国家权力机构能够及时地给予政策回应。对于民众需求的广泛关注与合理回应,既是民主决策的题中之义,也是现代公共服务精神的核心要旨。

在民主决策体系的利益表达机制中,代表不同阶层利益的团体和个人共同构成了利益表达主体。这些主体因其对社会资源的占有程度不同,而拥有不同的机会获取能力和社会影响力。通常,人们将那些具有较强生存能力和财富创造能力、具备一定的就业竞争优势和抗风险能力的利益群体称为强势群体;相对应地,将那些生活能力较弱或存在社会权利缺失的利益群体称为弱势群体。在社会生活中,强势群体往往具有更积极、更广泛的话语权和社会事务参与权,对公共政策决策拥有一定的主导权;而弱势群体则是需要国家权力机构重点关注的群体,他们或者因自身条件限制而缺乏参与决策的能力,或者因社会资源占有的贫乏而失去利益表达的机会;除此之外,还有数量庞大且规模日益扩张的中产阶层,他们的社会资源禀赋处于强势群体与弱势群体的中间状态。建立有效的利益表达机制,必须充分考虑这三种利益群体的社会阶层特征及行为诉求,构筑一个机会平等、传递顺畅的信息表达通道。

不同群体的自我意识发育成熟程度差异,直接影响群体利益表达的有效实现。如约翰·密尔(John Mill)所言:"每个人,只有当他有能力并且习惯于维护自己的权利和利益时,他的这些权利和利益才不会被人忽视。"[①]在这三类阶层群体中,强势群体相较于其他两类群体具有较为成熟的自我意识,群体组织集团化的倾向比较明显,利益要求明确一致,善于运用群体的力量影响政府决

---

① 转引自[美]罗伯特·达尔:《论民主》,李柏光等译,商务印书馆1999年版,第60页。

策、维护群体利益；当受到利益侵犯时，更容易实现群体联合并具备与政府进行博弈谈判的话语权。弱势群体的组织化程度较低，组织构成较为松散，虽然组织成员对个体利益要求具有一定认知，但对群体的共同利益诉求未能明确，群体意识缺失，群体利益表达的动力机制严重不足。对于数量庞大且构成复杂的中产阶层而言，尽管个体意识较为强烈，但由于利益诉求差异难以在群体内部达成一致，群体意识仍处于较低层次，群体利益表达尚未形成合力，利益表达能力有限。

不同群体对社会资源占有程度的差异决定了其利益表达机会的多寡。组织化程度较高的强势群体表达利益诉求的途径除通过正常的制度化渠道以外，还包括呼吁调动各类民间组织，影响新闻媒体制造舆论氛围，获得具有话语权的知识阶层支持，甚至与政府行政人员结成利益联盟，从而使政府决策有利于群体利益的实现。相比之下，弱势群体拥有的社会资源普遍匮乏，这意味着利益实现、自由获得的可能性较低，在社会中的经济地位、政治地位、发展机会等重要参数均不足以支撑这一群体的充分权利表达。当利益受到侵害时，非制度化的利益表达方式就成为该群体的首选途径。这就解释了为何弱势群体较易采取越级上访、静坐抗议、自杀自焚等冲动过激的利益表达手段。中产阶层在社会资源配置的角度处于社会结构的中间层，群体构成成分较为复杂，群体内部拥有的社会资源极不均衡，既包括拥有少量经济资本的小业主和自雇者等"老中产阶层"，又包括拥有技术资本的专业技术人员、拥有一定公权力的基层和中层领导干部、拥有一定数量资产控制权的企业管理者等体制内和体制外的"新中产阶层"[1]。体制内的新中产阶层

---

[1] 孙明：《城市中产阶层的改革态度：利益驱动与理念牵引》，《江海学刊》2015年第5期，第114—121页。

除了依靠市场能力,还能将再分配权力及公权力衍生出的"寻租能力"转化为获利资本,具有最为清晰的权威性利益表达路径。体制外的新中产阶层,其成长大多受益于经济体制改革和现代化发展,更为认同尊重私有财产和分配公平的市场价值观,个体意识较为强烈,能够积极投身政治生活,并相信自己有能力影响甚至改变政策,表现为参与型利益表达。老中产阶层一方面拥有抓住机会扩大其社会资本的欲望,另一方面身份上游离于政治系统之外,倾向于通过对某一个人或团体的支持来实现利益诉求,表现为支持型利益表达。可见中产阶层的群体内部组织分化明显,利益表达形式分散。

(二)利益表达的机制建立

健全完善的利益表达机制旨在为不同群体提供平等进行利益表达的规范性制度平台,应当具备公平、开放、多元融入的特征。一方面,保障不同群体以理性合法的形式表达各自的利益诉求;另一方面,帮助政府及时关注不同群体的利益需要并给予诉求反馈,提高政府决策结果的公正性。

1. 增强群体表达意识是建立利益表达机制的首要前提

增强群体表达意识的内涵包括明确群体利益需求、自觉主动地表达意愿、积极客观地参与地方决策、理性合法地面对侵害并维护自身利益。从个体层面而言,树立正确的权利观念,具备勇气和信心,以能够准确表达个体利益要求,能够正确区分根本利益、长远利益和群体利益,能够妥善解决和协调个体与群体之间的利益关系及冲突,当受到利益侵害时,懂得运用合法的和合理的手段维护自身的正当利益要求,这一切的实现还依赖于在全社会营造有利于民众主体意识培育的政治文化氛围。

2. 利益表达权利的平等是建立利益表达机制的核心

利益表达权利的平等体现在政策过程中公民平等地享有并能

够实际履行利益表达的权利。由宪法和法律赋予公民的权利称为法定权利;公民将其具体实施的权利称为事实权利,也可理解为公民将法定权利在社会生活中的现实化。由于法定权利转化为事实权利需要具体实践环节的中介作用,因此在社会实践中,两者往往无法完全重合。目前,法定权利和事实权利的割裂已经成为制约我国公民参与和利益表达的根本问题。在我国,宪法中明确利益表达是公民享有的基本权利内容之一。然而,在具体实践中,公民是否能够实际行使这种权利并参与影响政府决策则受到诸多因素的限制。体育公共服务改革倡导的公平正义的价值取向也强调国家有必要运用行政手段和强制性力量保障弱势群体行使权利与享有机会的平等,即实现法定权利与事实权利的统一。

3. 畅通和拓宽利益表达渠道是建立利益表达机制的关键

我国现有的利益表达机制以人民代表大会制度为核心,包括政治协商、人民信访及基层群众自治制度等,虽然涵盖官方与民间、正式与非正式等多种渠道,反映了不同群体的利益表达路径差异,但由于利益主体社会政治经济地位、教育经历和主体意识等方面的差异,仍然存在渠道设置不合理、环节阻碍和信息传递丢失的现象,从而影响利益表达渠道的畅通和表达信息的接收及处理。畅通利益表达渠道也是进一步落实民众的决策参与权、知情权和监督权、话语权的必要条件。随着信息技术的不断创新和广泛应用,具有信息传播速度快、传播方式直观明了、影响广泛等特征的传统大众媒体以及微信、微博、直播等新媒体形式的出现正在民众的利益表达中发挥着越来越重要的作用。媒体传递的利益表达,最大程度上避免了通过其他社会组织或群体的中介效应而可能产生的信息失真,可作为主体利益表达渠道的有益补充。此外,工会、行业协会等社会组织和团体应当充分发挥政府与民众之间实现有效沟通与合作的桥梁作用。不断强化社会组织的自我协调和自我管理能力,并通过理性的方式和渠道合法表达组织及组织成员的利益诉求。

4. 倡导理性表达方式是完善利益表达机制的核心内容

民众利益诉求的理性表达过程,是利益相关者在冷静分析、客观判断的基础上,自由发表意见,充分阐述主张,彼此理解、相互妥协,最终达成共识的过程。倡导民众利益诉求的理性表达,其所隐含的逻辑前提是民众与政府或公共部门等政策主体之间进行了有效沟通,双方通过交换立场和观点,互相磨合,寻求问题的解决之道。如尤尔根·哈贝马斯(Jürgen Habermas)关于沟通理性的观点所言:"参与者在相互作用中首先将自己身处于由主体间承认所产生的有效性申述关系,然后通过直接或间接地对系列命题的真值、规范的正当、主体的真诚、审美的和谐等方面申述的合理性辩论程序,重新找到自己的标准。"[1]其中,对彼此主体间关系的认可、有理由或根据的辩论都是理性沟通的必要环节。理性沟通的主旨在于探讨在沟通中获得相互理解的经验,任何申述均可被争论、批评、捍卫和修改,寻求诉诸理性解决争议申述的方法,尽可能地避免采用权威、传统或暴力方式等强制手段解决有效性申述。有效性申述涉及言语行为的正当性、适当性与合法性,涉及申述者与客观世界所共有的价值与规范关系,而不是道德或真理范畴简单的正确与错误区分。此外,有效性申述还需考虑表达意图的明确性和表达情感的真挚与诚实。可见,理性表达也意味着民众对政策意见、规范和程序的广泛认同,是维护社会和谐稳定的基础,体现了利益诉求表达机制的价值目标和行为选择。

---

[1] 转引自柳建文:《公共领域、合法性与沟通理性——哈贝马斯晚期资本主义批判理论解读》,《科学经济社会》2003年第1期,第67—70页。

5.制度化是保障利益表达机制顺畅运行的根本途径

从表面上看,利益表达机制的缺失是引发诸多社会矛盾冲突事件的导火索,然而,究其实质,利益失衡与社会公正的制度化不健全才是威胁社会和谐稳定发展的根源所在。"所谓制度,是指稳定的、受尊重的和不断重现的行为模式。制度化是组织与程序获得价值和稳定性的过程。"[1]法治应当成为解决社会矛盾与冲突的长效制度化手段。宪法赋予公民的合法权利仍然要依靠法律制度予以保障实现。政府及公共部门需要根据不同层次利益群体的表达能力及行为特征,创新利益表达的组织形式,明确利益表达过程的权利义务,具体利益表达的内容、范围、方式,规范利益表达的准则程序,以法治代替人治,在引导民众依法进行常态化、秩序化的利益表达的同时,强化政府作为规则制定者和冲突调节仲裁者的角色。改变现存的社会利益严重失衡的局面,建立利益均衡机制,提供民众情绪宣泄的制度化渠道。比如,信息获取机制,主动公开相关信息,保障民众的知情权、文件阅览、参与听证等权利;利益凝聚机制,由于分散不一致的利益诉求难以进入决策议程,采用一定的形式载体,以组织化的集体表达实现利益提炼和统一对于弱势群体尤为重要;利益协商机制,可被视为利益主体之间按照法定规则进行对话,自主解决利益冲突的机制,强调关系平等的主体双方自我管理及自我调节能力;调节与仲裁机制,发挥主体利益冲突解决的缓冲器作用,政府应当成为谈判平台的提供者及谈判结果的保障者。防止运动式治理体制化代替规范的制度化建设,决策者应认识到利益矛盾的存在是社会发展的客观存在,随着利益主体的多元化和利益诉求的分散化趋势,利益冲突与博弈、谈判将成为社会公共事务管理的必然组成。

---

[1] 俞可平:《西方政治学名著提要》,江西人民出版社2001版,第381页。

（三）利益表达的民主内涵

1. 利益表达机制的建立与完善将加快我国的民主建设进程

利益表达的充分与及时反馈将促使社会利益格局重新调整，权力和利益的再分配体现了我国民主政治的进步。如英国著名政治学家戴维·赫尔德所言："当公民被允许参与民主并视之为一种权利的时候，才是名副其实的民主。"[1]民众参与是衡量社会民主化的重要标准，行业协会和社团及其他类型社会组织的大量出现为民众以集团形式增强个体利益表达的有效性提供了重要载体。通过积极参与社团组织活动、宣传组织观点、维护组织利益，民众的参与意识、竞争意识和民主意识得以提高。规模化的社会组织将积极参与公共政策的制定，参与政府及公共部门之间的利益博弈，推动政府决策的民主化和科学化，同时发挥对公共权力的监督和制约作用。

2. 利益表达机制的建立与完善促进民主形式的变迁

社会主义民主是指选择、探索、创造能够实现、保障人民当家作主和人民根本利益的民主形式[2]。利益表达推动民主的广度和深度进一步扩大，民众开始利用选举制度等表达利益诉求，参与竞选并改变传统的人事晋升制度，从过去的表面参与逐渐转向完全参与模式，与组织其他成员共享决策信息，参与影响决策方案的选择。各参与主体不论社会地位、经济基础、教育背景，平等地就某一命题进行协商表达，体现了不同阶层、不同角度的民众意愿。当面临不同利益群体冲突时，坚持公共利益优先、整体利益优先的原则，明确衡量的价值标准和公正合理的取舍程序。

---

[1] ［美］戴维·赫尔德：《民主的模式》，燕继荣等译，中央编译出版社1998年版，第398页。

[2] 李铁印：《民主问题研究札记》，社会科学文献出版社2002年版，第286页。

3. 利益表达机制的建立与完善体现了民主自治

民主价值的实现取决于集体自决与个体权利之间持续运转的沟通和交流机制。换言之,个体意愿的表达并不一定意味着必然的民主,除非该意愿与集体意愿之间存在某种联系。因此,民主自治需要决策者从关注具体的决策结果转向关注决策产生、形成、修改及调整的过程。这一过程中的民众参与利益表达就是个体权利转化为集体自决的重要环节。如汉斯·凯尔森(Hans Kelsen)所言:"只有个体意向与社会秩序表达中的集体意愿协调一致,公民个体才会觉得他在政治上是自由的。只有社会秩序是由行为受到约束的个体创造的,才能确保这种和谐。而这种社会秩序,是由参与创造的个体的自决。"①民主制度框架下,集体意愿通常是由集体中的多数个体与少数个体之间在某个命题持续不断的赞成与反对中互相妥协而生的。保证人们平等地参与这一共识达成的过程,往往比最终的共识结果更加重要。

4. 利益表达机制的建立与完善丰富了政治自由的内涵

马克思曾将政治自由视为人们理应享有的神圣权利。列宁认为"政治自由是以法律保证全体公民直接参加国家管理、享有自由集会、自由讨论并通过各种团体、媒介影响国家事务的权力"②。从这个意义上说,畅通的利益表达机制是政治自由的内在之义。政治自由并非完全不受外在力量束缚的绝对自由,而是在法律框架下的自主选择。利益表达的权利同样在法律范围内具有不可侵犯性,其实现需要法律的保障和规范,并以不妨碍他人表达和社会秩序为前提。尽管受到"他律"和"必然"规则的约束,这种利益表达的自主状

---

① 转引自单民、陈磊:《博弈与选择:以实名制遏制网络言论犯罪的可行性分析》,《河北法学》2015年第9期,第29—37页。
② 转引自徐俊忠、黄寿松:《政治自由及其意义的限度——列宁的理解与启示》,《哲学研究》2006年第2期,第12—18页。

态仍渗透着主体的自觉性和能动性,反映着主体的价值诉求。

二、上海市体育公共服务改革实践中的行动者利益表达

上海市体育公共服务改革实践是基于政策社群、核心网络、议题网络三个层面的利益相关行动者,通过彼此清晰职责、优势互补、整合协同实现的。政策社群通过核心网络实现公共服务产品的生产与供给,在满足议题网络服务需求的同时,征询反馈意见并以此作为后续政策改进的依据,其具体过程如下。

(一) 政策社群

上海市政府和上海市体育局是政策的制定者,也是改革推行的积极倡导者。各区县政府、各区县体育局是政策进一步传达落实的传递层。这一层面的行动者对政策的制定与执行具有自主性和权威性;主体间具有彼此稳定的互动模式和高度的成员参与限制,其在利益形式上表现为一致性。社区街道居委会是政策实施具体化操作的直接执行人和监管者,经历了从最初被动地接受并落实政策,到后来积极探索体育服务供给新模式的转变。笔者在调查中了解到,有部分社区街道居委会曾因已有的社区医疗和养老服务任务繁重,已占用了大量场地空间和人力物力,认为"无暇顾及体育服务",因此,街道居委会最初对体育进社区等改革政策的执行持消极态度[①]。但在后来的被动政策执行中他们发现,可以将医疗服务和体育服务有效结合,开展健康生活及健身讲座等活动,健身活动的开展使社区居民锻炼身体、提高自身免疫力,也一定程度地减少了感冒等常见疾病患病人数;健身知识的普及也减少了运动意外伤害,减轻了社区医疗负担,提高了社区居民生活

---

① 齐超:《关于上海市体育公共服务政策网络构建与机制创新研究的报告》,上海市体育社会科学研究报告 2013 年,第 8 页。

质量，营造了更和谐的社区氛围，获得居民的好评。之后，他们转而积极推行和支持政策的执行。

（二）核心网络

核心网络是包括各类体育组织、教育机构、公共场馆场地在内的服务生产者，改革的成效很大程度上依赖于这些服务生产者积极参与、形成良好的竞争环境，提供达到质量标准的产品，并满足民众消费者的需求，实现市场的良性循环。但实践中，这些服务生产者参与体育公共服务改革的意愿并不强烈，机会主义倾向较为明显。比如，2014年，上海市各级各类体育协会共有918家，市级体育协会有86家，但在当年上海市民体育大联赛的项目招标阶段，主动提出参与投标承办的体育协会只有36家。区级体育协会和体育俱乐部参与竞标的数量则更少。2015年的市民体育大联赛参与竞标的单位增加至55家，最终51家中标，中标率达到92.73%。但纵观这些中标单位，仍以市级体育协会为主，商业性体育组织仅有三家①。这说明，一方面，上海市体育公共服务的供给市场尚未形成；另一方面，很多体育组织、体育企业对于政策了解程度不深，对于改革的政策结果还存有疑虑，观望气氛比较浓厚。

目前，上海市推行的公共体育场馆和场地开放政策中，一方面，政府采取行政手段意图加强对供给组织的服务产出控制；另一方面，服务供给组织面临着服务时间延长、服务对象增加导致的场地维护、员工工资等高昂的管理成本，仅仅依赖公共财政拨付和公益性收费难以维系的困境，希望有限地进行公共服务供给、额外增加市场化产品供给途径。当政府无法实现对服务产品质量进行客观有效评测，且激励监管制度不完善时，服务供给组织基于自身的

---

① 《2015上海市民体育大联赛竞标结果出炉 51单位中标》（2015年3月2日），上海热线网，https://sports.online.sh.cn/sports/gb/content/2015-03/02/content_7310141.htm，最后浏览日期：2019年6月23日。

利益追求,就会出现履约不完全或人为制造履约障碍等道德风险。如调查中发现有部分场馆就存在常以各种理由减少开业时间或自行限制公共服务对象的接待数量,以一般社会招聘人员冒充社会体育指导员等现象①。

(三)议题网络

议题网络成员复杂,包括服务消费层和政策支持层。在这个松散的议题网络中,组织和个人都可以自由表达意见,其成员参与不受限制、结构低度整合。服务消费层是指民众,也是体育公共服务的目标受益者。民众对于体育公共服务改革政策的赞成与否、满意与否是衡量政策改革成效的终极标准。虽然大部分民众对于体育公共服务的改革持支持态度,也有部分民众在调查中表示了疑虑和担忧,如"免费开放的场馆离家太远,享受不到""免费预约电话永远打不通""免费的健身指导就是在小区告示栏上贴几张宣传海报,是不是面子工程"。笔者在调查中还发现,目前市民对于上海市体育公共服务不满意的地方主要集中在:35.4%的居民认为目前体育锻炼的场地设施与所期望状况存在差距,其中认为"供给数量不足"的占 12.3%、认为"设施种类不齐全"的占 9.5%;26.4%的居民认为"缺乏必要的健身指导";19.2%的居民认为"体育活动项目单一;27.16%的民众表示不知道 8 月 8 日是全民健身日,也不知道健身日当天上海市有 500 余家各类体育场馆设施、80余家市区级市民体质监测指导中心和社区体质监测站点实行公益性开放;还有 34.08%的民众不知情、不了解、不参与市民体育大联赛等群众性体育赛事活动;也有相当部分的居民(约占 7.23%)表示,改革后的体育公共服务供给虽有所改进,但效果并不明显②。

---

① 齐超:《社会组织参与体育公共服务供给的现实困境及路径选择——来自上海的启示》,《天津体育学院学报》2016 年第 3 期,第 252—258 页。
② 《2014 年上海市群众体育发展报告》,上海市体育局,2015 年。

政策支持层包括的参与者众多，如媒体、企业赞助商、基层体育项目协会、行政机构管理人员、业界专家学者、研究机构等。其中，媒体是国家与社会之间关键的信息连接渠道，这一角色使之能够强烈影响政府的政策问题导向及方案偏好。媒体既可以成为消极报道者和积极分析者的结合体，也可以成为解决问题的鼓吹者，在政策议程设定中具有重要意义。从政府新出台的体育公共服务改革文件发布，到体育行政官员的政策解读；从市民对改革方案的反馈，到政策落实的记者调查，新闻媒体给与的积极宣传和及时报道为体育改革与服务民生之间架设了一座信息沟通的桥梁。社会资本是体育公共服务改革中多元化资金筹集的重要渠道之一。企业赞助商是敏锐的市场主体，其对政府主导体育公共服务改革项目的参与程度和资本活跃度，也检验了政策出台的市场需求瞄准是否精确、政策内容是否合理。基层体育项目协会和行政机构管理人员提供专业技术指导和行政性事务辅助；业界专家学者和研究机构提供必要的咨询建议、社会监督和技术手段支持，且这一专业层次的行动者们行动较为频繁。行动者的专业背景及各自立场决定了他们之间的依赖和连接程度，并通过媒体报道和社会舆论影响政策社群，专业层也为政策社群和议题网络中其他层次行动者之间的沟通起到桥梁作用，在体育公共服务改革的政策网络中发挥重要的辅助功能。

第四节 政策回应与双向反馈

一、政策回应机制及其优化

如果说利益表达机制是连接政策制定与民众诉求的桥梁，是保障民众表达需求和意愿的权利通道，那么对这些利益诉求的及时有效回应就是政策过程的内在逻辑,也是完善利益表达机制的责任延伸。利益表达机制为政策制定者了解和倾听民众需求提供途径,对这些来自不同社会阶层群体和个人的多元化诉求给予及时而有效的回应则是提升公共政策运行效率的重要保障。完善的政策回应机制应当包括开放机制、传导机制和应答机制三个组成部分。政策主体之间天然存在的资源禀赋与话语权差异,导致不同层次主体在政策回应机制中表现出不同的政策传导灵敏度和应答反馈及时性,开放机制的不完善将进一步加剧政策主体间的信息获取不平衡。如前文所述,政策网络作为一种新型的治理模式,为政策过程中不同层次的主体搭建了平等互动的沟通协作平台,从而推动着政策回应机制的完善与优化。

(一)政策回应机制的构成与功能

我国已进入改革发展的转型期。改革必然意味着对社会关系的重新梳理,以及对传统利益格局的破除与重建,各种社会矛盾与社会问题的频繁出现推动着公共政策回应机制不断进行自我检查和修正。所谓公共政策回应,就是公共政策需要对来自社会各阶层个体和群体的多元利益要求给予及时反馈和积极应对。来自不同利益主体的差异化利益要求,构成社会利益分配不均与冲突矛盾的基础。个体利益需求是个体生存发展意志的外在表现,也是社会地位和特定社会历史环境的微观反映。分散化和变动性是个体利益需求的显著特征。当具有相似表征和外部形式的个体利益需求被汇聚放大时,就形成群体利益需求。随着分散化的个体利益需求逐渐向群体利益需求转变与融合,群体利益需求表现出一致性和相对稳定性,通常带有鲜明的社会分层特征。社会利益需求是个体利益需求与群体利益需求在持续的互动博弈与演化过程中逐渐形成的,其既不同于个体和群体利益需求,又与两者具有共性相关关系。当社会利益需求满足绝大多数社会成员的行为意向时，最终将成为社会共同体的普遍利益需求，即公共利益。可见，个体、群体和社会利益需求三者之间，既相互联系共伴共生，又存在差异彼此制约。公共政策回应不仅要关注不同层次利益需求的特点和差异，更要理清和辨别三者之间的关系。因此，美国学者格罗弗·斯塔林提出，回应不仅仅是一个组织对公众提出的政策变化要求做出迅速反应，更要求政府对公众要求做出超一般的反应行为[1]。所谓超一般的反应行为，不仅包括对社会利益现实需求的回应，还包括对社会利益潜在需求的回应。相对于现实需求而言，社会利益的潜在需求是指那些目前尚未显露，或已初见端倪，或仍隐藏的却在最近的将来可能显现的新的社会利益需求。社会利益的潜在需求比现实需求更具有隐蔽性、复杂性和多变性，对政府公共政策的预见性和远期规划能力，以及政策回应机制的灵活性和系统性都提出更高的要求。

公共政策回应机制的有效实现依赖于开放机制、传导机制和应答机制三个组成部分的密切关联与功能互补。开放机制是政策回应机制运行的前提，具有开放内容全方位、面向对象广覆盖的特征，反映了政策机制本身的高度包容性和即时交互性，表明了政策系统与社会环境之间，在不断地进行物质、信息和能量交换过程中，及时、敏锐地发现并捕捉社会利益需求。开放流动的系统边界有助于政策系统快速识别并诊断社会利益需求，通过调整政策输出满足和引导社会利益需求。传导机制是政策回应机制运行的通道，是政策系统与社会对象之间交互作用的桥梁。社会利益需求依赖于传导机制实现信息向政策系统中枢的准确递送；反之，政策系统中枢也依赖于传导机制实现决策向社会民众的及时表达。在

---

[1] ［美］格罗弗·斯塔林：《公共部门管理》，陈宪等译，上海译文出版社 2003 年版，第 123 页。

新兴技术的推动下,现代社会的传导机制已逐渐形成多平台、多层次、放射状的网络化格局。应答机制是政策回应机制运行的保障,是政策系统对搜集、发现和获知的社会利益需求做出反馈。应答机制的目标针对性和结果有效性,需要建立在开放和传导机制的信息准确获取并及时处理形成应对方案的基础上。因此,兼顾效率和质量是应答机制建立的基本要求。

  完善的公共政策回应机制致力于在全面、准确、及时获取社会信息的基础上,将来自不同社会群体的利益需求进行分辨整合,试图探明其背后隐藏的共性社会特征和行为意向,提出相应的解决方案,形成符合绝大多数民众意愿的公共政策。在这一过程中,政策回应机制发挥着形成和维护良好公共秩序的功能。公共秩序体现了社会公共生活有序、稳定的发展状态,是社会系统存在和正常运转的基础。其内涵既包括对社会成员行为的限制约束和社会规范的共同约定,也包括对人类的社会属性关系解读。马克思曾将人的本质归纳为一切社会关系的总和。因此,社会属性是人的本质特征,社会生活是人生存和发展的必要条件,反之,人作为生命体的存在形式也是社会存在和发展的基础。历史经验证明,在人类群体的共同生活中,个体需要的满足以及个人价值的实现都依赖于人与人之间的相互作用关系。当这种作用关系在更大的范围内交织呈现,就构成了人类社会的公共生活空间。为了维系一定公共生活空间的有效运转,人们试图建立一套得到普遍认可和广泛遵从的关系法则。这些关系法则必须既适用于个体与个体之间的关系维护,又能调节群体与群体之间的矛盾冲突,并在一定程度上反映社会成员整体的发展意愿,就形成了公共秩序。因此,公共秩序本质上是一定社会关系的反映,公共秩序的有序性程度越高,说明社会关系的协调程度越好。安定有序是社会健康发展的标志,也是社会价值实现的重要前提。随着现代社会人际关系复杂性的增加和公共生活领域的深入扩大，传统的公共秩序也面临着进一步的补充和完善。

公共秩序是一系列关系法则与规范体系的综合表征，而公共政策就是其中社会规范体系的核心。公共政策通过政策主体的行为选择表明方向；通过行为规范等内容载体的形式为民众所熟知；通过公共资源配置的调节形式，实现对社会利益关系的变更与反映，因此公共政策对现代社会公共秩序的形成与建立发挥着无可替代的关键作用。在不同时期、不同社会历史条件下，不同主体作出的公共政策所承载的社会利益也不尽相同。如何协调这些社会利益关系的均衡，有赖于公共政策所具有的关系调节器功能。政策回应机制就是这个调节器中的导流阀，发挥着联结政策系统意志和社会利益关系的双向反馈与控制作用。

（二）政策回应机制的结构性缺陷

社会公共生活的正常有序运转依赖于规则约束下的良好公共秩序的建立。实践中，政策回应机制对社会利益诉求的差异化回应、惰性回应、回应不足等结构性缺陷的存在，往往阻碍了其信息传导与反馈功能的发挥，容易导致公共秩序的失衡，主要表现为群体性事件频发。根据刺激-反应原理，政策回应机制的触发运转，需要特定的因素激活。这些激活因素，因其不同来源，可分为内在刺激因素和外在刺激因素。内在刺激因素是指刺激触发点来自政府内部机构、部门或团体、个人，通过一定途径形成信息和诉求传导，对政策过程施加影响或压力，督促政策主体作出回应。较为典型的模式包括回应领导批示或政府部门提议。外在刺激因素是指刺激触发点来自政府部门及相关组织以外的其他社会团体或个人，一般通过群体或个体间信息扩散的方式，引起政策主体关注，并影响政策过程给予回应。代表性模式包括群众信访、媒体关注、舆论聚焦、突发事件、专家建议等。

政策回应机制的结构性缺陷主要表现为以下方面。

首先,政策回应机制的结构性缺陷表现在政策主体对不同来源的刺激因素采取差异化的选择回应策略。如对来自上级部门的建议或领导质询常常回应速度快、针对性强且效果显著;对于来自社会的外部刺激,如民众意愿、来信来访等普遍回应速度慢、流于形式或敷衍了事。政策回应机制的体制性缺陷,导致正常、合理的社会利益需求被忽视,甚至被歪曲,当民众的利益表达渠道不畅,长期无法得到政策主体有效回应时,日渐累积的社会矛盾终将引发规模性群体事件。通常,群体性事件的发生不仅表明区域内的社会利益矛盾已经激化到现有体系难以调和的程度,也表明区域政策过程以及政策回应机制存在制度性缺陷,从更深层次上还意味着该区域的社会公共秩序已经失衡,亟需政策主体的积极有效干预和治理。

其次,在自上而下的行政推动与权力关系制约影响下,现有的政策回应机制表现为一方面对内部刺激的积极有效回应,另一方面对外部社会尤其是弱势群体刺激回应乏力的双重标准。这种行政依赖关系虽然有助于上层政策主体提高内部治理效率,但同时也暴露了回应机制本身的开放链条不健全,相关机构未能及时体察或了解社会利益需求。通畅运行的政策回应机制应当建立在自下而上的民众需求广泛传递与反馈基础上,而不是依靠上层政策主体部门或领导者个人有限的民意关注,更不能着重应对强势群体刺激,选择性忽视弱势群体刺激。

最后,政策回应机制的结构性缺陷还表现为传导链条的阻断,比如,政策主体在中间环节不作为或选择性作为,人为地干扰民众诉求和政策意见的上传下达。政策回应渠道的有效贯通依赖于相关中间部门或机构的协作配合,全面正确地理解并传递政策旨意及反馈信息,对公职人员的能力素养和组织机构的程序合理都提出相当高的要求。囿于现有利益相关群体的利益分割格局,充当承上启下中间环节的公职人员和组织机构表现出明显的趋利避害行为倾向,不作为或选择性作为是目前阻断传导链条正常运作的主要因素。当社会利益需求在向决策层传导过程中遭遇阻碍,同时来自上层政策主体的意见也无法准确及时向社会传递时,政策回应机制必然会出现应答迟滞。即信息搜集滞后、主体决策形成缓慢、政策执行延迟,导致利益需求表达受限、社会问题无法及时疏解。

政策回应机制存在的结构性缺陷,究其本质可归因于政策合理性认同偏差导致的制度设计不足。政策合理性是建立在政策合法、正当,并为公众所忠实与信服的基础上,其内涵是证明权威与服从的政治属性。在公共政策领域,存在着一个由特定议题集合、过滤、汇聚而成的公共意见平台,政策回应机制可被视为该平台的重要组成部分。当民众能够以自由、平等的身份对社会公共事务进行多元自主讨论、反思与批判时,所形成的社会利益诉求和理性共识才是政策合理性的根本来源。然而,目前我国的民意表达与上传的基本途径是公众参与基础上的民主代议制,即由民众普选形成人民代表,这些代表作为民意发声的代言人,基于人民代表大会制度,对相关提案进行民主投票决议。不可否认,现有的代表构成中,普通公民尤其是工人、农民、弱势群体的占比仍然偏低,导致对社会利益诉求的全面反映不足。尽管我国已建立听证、专家咨询、公示等推动民众积极参与的监督制约制度,但其实效的发挥仍有赖于后续制度保障的完善。

从政策过程的角度看,政策回应机制的结构性缺陷表现更加明显。根据公众参与和民主复议原则,不论是政策议题的提出,政策方案的形成,还是政策执行、评价与终止,政策回应机制都应当贯穿始终。然而,现有的政策运行流程设计却未能体现这一基本主张。目前政策议题的提出多来自政治需求和内部创议。所谓内部创议,本是威权体制下的政策供给方式,其决策关键在于政治领袖和决策者的意识形态控制及话语权威,带有浓厚的人治色彩。民主时代的公民参与,则更具有广泛性和开放性,传统决策模式下的公民政治空间、身份背景、地域限制等难题都可以通过现代信息和网络技术化解,从而实现民意表达的畅通。但当政策回应机制设计存在严重不足、政策主体无法及时探察社会需求或遭遇中间环节阻滞、社会动员和外部动议未能充分发挥功能时,内部创议不得不成为议题的主要来源,导致出现政策议程与社会需求脱节的现象。政策方案的制定离不开科学、系统的规划与遴选机制。如果说传统的决策模式下,政策方案的出台及认定依靠民众对于国家宏观改革战略的信心默认,那么民主时代的政策制定则需要体现人本精神,注重民众参与,充分考虑民意现实需求基础上的社会利益指向性支持。政策执行、评价与终止需要切实可行的问责与监督制约机制,内部评价不能成为政策意见反馈的唯一手段。来自政府管制与市场调节、行政部门与行业集体之间的多重对话协商与利益平衡,从传统决策主体拍板定论的符合真理,到对全民差异性诉求的包容性理性共识,政策回应机制的贯通与完善代表着未来政策过程改革的方向。

资源整合是政策回应机制面临的又一制度性障碍。已知公众的理性共识与评价选择是政策合法性与合理性的本源,然而社会结构的分层与社会利益关系的交错复杂使得政策回应机制并不是等价协商的平板一块,而是存在中心与边缘地带力量不平衡的碟型互动体系。如哈贝马斯所言,社会公众、利益团体和社会组织等看似分散弱小的势力,往往善于把在私人领域取得共鸣和共识的问题通过媒体网络等放大器手段引入公共领域,最终形成公共舆论,并影响决策层意志。前者就是互动体系中的边缘地带,后者则是建制中心。虽然建制中心依赖于边缘地带的对话支持和意见输入，但也只能在有限范围内引导和协调，却不能压制和关闭；边缘地带本身则依靠作用于政策过程的协商民主参与活动，来体现群体意志。因此，政府内部的部门之间常常因职能交叉或局部利益纷争难以协调，政府与社会资源之间则因价值取向差异或对话不充分难以整合。

（三）政策回应机制的优化

政策回应机制的优化与完善，需要伴随着政府治理理念和管理体制变革的升级递进。决策层在不断地即时回应社会舆情的过程中，自察自省并逐渐转变治理理念，提高治理能力。从政策供给的角度来看，政策回应机制也是民主意见形成、深化和聚焦，最终形成公共意见的过程。虽然，政策回应机制开启了现代多元主体决策代替传统官僚制决策的时代，信息技术的应用也进一步推动了政策过程体系内外的开放性沟通；然而，新的公共秩序的构建仍然面临着诸多难题。

首先，常态治理与制度规范性并未深入公共事务领域的各个方面。全社会范围内与民众之间的协商对话与决策参与权保障，至今依然仅存个案，如2009年出台的新医改方案。其次，在政策过程中，媒体应当发挥促进公众舆论形成及多方对话、社会监督的作用，但在现实复杂的利益博弈格局中，媒体如何摆脱行政权力干预和限制，如何坚持职业伦理以扮演超然与正义的角色，如何平衡官方媒体和民间媒体的价值取向冲突，都是未解的难题。最后，不可否认，虽然公众舆论能够在一定程度上代表社会民众的理性共识，但非理性的情绪宣泄和感性认知偏差也客观存在。即使是在欧美等发达国家，政策回应过程中的偏激言论、无端谩骂、无根据无理由的谣言散布也时有出现。这些非理性因素常常会成为引发大众心理怨怒和公众语言暴力的导火索，尤其当面对低龄化、价值观不成熟、受教育程度偏低的网络对象时,决策层与社会民众之间信息占有的不对称更加为诸多的网络推手公司误导社会舆论提供了机会。由于媒介资源的稀缺和个体沟通成本的高昂,必须正视公众舆论民主代表的局限性。网络时代有限网民参与下的有限网络民意,还需要决策层进行审慎识别、区别采纳和价值修正。

政策网络作为一种新型的公共治理方式,为政策回应机制的结构性缺陷也提供了有效解决路径。根据米切尔·黑尧的观点,政策网络致力于构建政府与其他利益相关者之间制度化的互动模式,使得双方能够围绕共同关心的议题进行对话和磋商,重视彼此的政策诉求与偏好,以此实现彼此的政策利益[①]。罗茨进一步将政策网络细分为政府内部的部门之间、政府与其他社会组织之间的互动关系网[②]。政策网络理论强调,政府主体与其他社会主体之间,为实现各自利益而相互作用、相互影响,进而共同产生政策结果。政府不再是回应社会需求、政策制定与执行的唯一主体,公共事务治理的场域范围扩大到涵盖公民个体、社会组织、私营部门等众多社会利益相关者。多元治理主体的主张,摆脱了政策回应机制的选择性问题。其他社会利益相关者由政策客体向政策主体身份的转变,在政策网络体系中,充分享有追求自身利益诉求并与其他政策主体互动协商的权利,打破了政府单一主体制的行政依赖关系。科层制主导下的政策传导机制表现为线性特征,容易受到相关公职人员或机构的不作为或选择性作为影响而终止输送。政策网络状态下的政策传导机制则表现为网状传导机制,信息的反馈与沟通传递渠道是跨越层级和部门的发散、多向传递,既有利

---

① [英]米切尔·黑尧:《现代国家的政策过程》,赵成根译,中国青年出版社2004年版,第56页。

② [加]迈克尔·豪利特等:《公共政策研究》,庞诗等译,生活·读书·新知三联书店2006年版,第220页。

于提高传导效率,又能有效避免因中间环节偏误造成的通路阻断。政策网络具有开放而透明的结构特征,为公民广泛参与并结成规模化利益联盟提供了条件。从个体诉求到群体共识的转变,是保障公民有效参与政策过程的基本前提。另外,在政策网络中,各主体通过彼此的资源依赖及资源交换关系实现对话与磋商,这就要求主体内部的各部门之间以及公私部门之间,必须打破传统模式下的资源壁垒和层级界限,通过资源的整合与共享来影响政策结果以实现自身的利益需求。

二、上海市体育公共服务改革中的政策回应

行动者与网络的互动形成政策结果,而政策结果反馈影响网络结构与其中的行动者,最终将进一步影响政策制定。政策网络中各个行动者在特定结构与政策结果中获得策略信息,并采取相应行动;在政策过程的不同阶段,根据各层级关注的焦点及网络间互动不断进行自我调整和学习,适时改变政策策略及个体行动。这种学习能力有助于网络中的行动者提高其网络资源占有量。政策结果使政策制定者也更加注重政策网络学习,通过发现不同主体背后的利益要求,寻找缩小诉求差距的途径。政策结果至少在三个方面可能影响网络:特定政策结果可能会导致网络成员构成的变化或网络内部资源的平衡;政策结果可能影响社会结构网络,削弱既有网络的特殊利益;政策结果会影响个体行动。生产者网络和执行监管层中的利益主体通过政策学习,随政策不同和其他利益主体立场的变化而改变其应对措施,以适应政策环境的转变;政策社群也会根据生产者网络等利益主体的行为策略变动改变或调整政策及政策执行的侧重点(如图5-4所示)。

在图5-4中,政策社群一方面对核心网络的生产者具有权威的支配地位,代表民众消费者规范并监督其服务产品标准和质量;

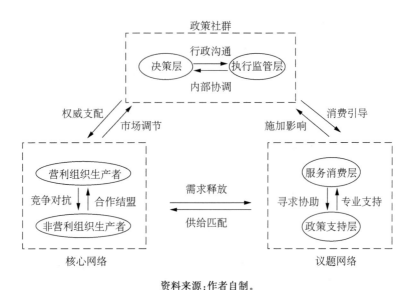

资料来源：作者自制。

图 5-4　网络互动中的政策结果反馈影响政策制定

另一方面利用市场机制提高对核心网络的资源分配效率、促进服务生产者市场的形成与完善。对于议题网络，政策社群的政策倾向性对其消费需求及理念转变具有积极的引导作用；反之，议题网络也会通过媒体、联席会议、公众舆论等渠道对政策社群的政策制定施加影响。核心网络与议题网络之间的供需关系则更为明显，议题网络的服务需求通过消费核心网络的服务产出得以释放满足，核心网络通过为议题网络提供匹配的服务产品获得自身的发展空间。来自议题网络的积极反馈将促使政策社群创造更加有利于生产者的政策环境，对那些提供高质量的服务产品并能有效满足议题网络需求的核心网络生产者给予继续扶持或长期合作；反之，消极的反馈也将敦促政策社群更加审慎地制定政策、更加严格遴选或淘汰核心网络生产者。

在这三大网络主层次中，各网络成员的内部互动也将影响政策网络的结果反馈及政策制定。在政策社群内部，决策层与执行监管层之间主要依赖行政沟通的方式进行政策文件的上传下达，且异议和纠纷的解决也限于内部协调。执行监管层的意见和行动态度是影响政策制定的首要环节。在核心网络内部，存在两类不同经济属性的生产者组织：营利性生产者和非营利性生产者。通常，在完全市场机制的作用下，两者将呈现竞争对抗的关系；但当服务供给市场不甚完善时，政策社群与核心网络之间的契约谈判就容易演变为核心网络内部的合作结盟，即两者共同为议题网络提供服务产品，并基于市场化的角度对政策制定提出质询和建议。在议题网络内部，政策支持层可能发挥自身的专业优势，向消费层提供信息披露和舆论支持；消费层也往往乐于向其寻求协助。同时，政策支持层还承担着向政策社群提供多元渠道的咨询、建议、结果反馈和社会监督责任，也会在一定程度上影响政策制定。

就上海市体育公共服务改革的政策过程而言，可根据其政策结果反馈及对下一阶段的政策制定影响划分为四个阶段：20世纪80年代以前以场地设施建设为主，20世纪90年代转向群众体育活动的开展，2000年以后实行体育的社区化，以及2010年以后立足于政府服务职能的转变。

20世纪80年代初，竞技体育仍然是我国国家战略的重要部署。群众体育受到"文革"的冲击，基础相对薄弱。体育活动开展的重要物质载体——体育场馆设施的建设是这一时期上海的体育政策制定关键词。此后的十年间，各区（县）积极推进场馆设施的配套完善工作，伴随着一系列现代化大型赛事的承办推动，当时上海市竞技比赛场馆设施的新建和改造达到了亚洲一流水准。先进的场馆设施极大地激发了民众参与体育活动的热情。

20世纪90年代初，国家体委提出的"群众体育生活化、普遍化、社会化"的发展目标进一步为上海市的体育政策制定指明了方向。1994年，上海市政府在《上海市体育场所管理办法》中明确提出，"公共体育场所必须向社会开放"，这是民众体育锻炼诉求最直接的政策制定反馈。1995年《上海市全民健身实施计划》的出台，反映了这一时期上海体育政策已逐步转向群众体育。"全民健身节""社区健身大会"和"社区健身苑"活动的开展，不仅响应了民众积极参与群众体育活动的愿望，而且为社区文化建设创造了良好条件。

随着全民健身活动的广泛开展，人们开始不仅仅满足于特定时间、特定地点、特定范围的体育活动参与，追求健康的生活方式和生活理念开始深入人心。2003年，上海"人人运动"计划的推出，既是对人们寻求健康生活理念的政策回应，也是对新时期上海群众体育工作的崭新定位——"让市民享有基本体育服务"首次成为政府的关注焦点。这一时期，政府开始思考自身在群众体育工作中应当扮演什么角色，应当为市民提供什么样的服务。2003年，非典疫情的肆虐、疾病威胁下人民对健康前所未有的强烈渴望加深了政策制定者的这一认知，接下来的"健康城市全覆盖"与"体育进社区"活动都体现了政策制定者的亲民、便民、利民，以民为先的政策制定导向。

2011年2月，作为全国第一部地方性全民健身实施计划，《上海全民健身实施计划（2011—2015）》的出台，将全民健身上升到体育民生的高度，并提出提高政府体育公共服务能力的目标。随着体育锻炼人口规模的稳步增长，上海市体育产业的发展也进入快速上升通道，拥有敏锐市场嗅觉的社会资本开始谋求进驻传统的政府单一服务供给市场，对政策制定者的市场回应也提出更高的要求，社会资本开始加入并成为新的政策网络成员。随着体育公共服务被纳入上海市公共服务体系政策部署的重要环节，政府也开始从体育公共服务的直接生产者和提供者，更多地转向行业标准制定者、市场监管者等角色,政策网络结构得以进一步分层和优化。

可见,政策环境、网络结构、行动者和政策结果之间存在相互制约、相互影响的辩证关系。首先,政策环境影响政策网络形成。上海市体育公共服务政策网络的议题形成背景伴随着区域经济发展及国家体育发展战略的转型。地方经济的繁荣为体育公共服务改革提供了物质基础,国家层面的体育发展战略为改革指明了政策方向。其次,政策结果在行动者与网络结构互动中产生。在政策社群对议题网络的诉求回应时,其他网络层次行动者虽然面临市政府、区县政府和基层街道办三阶政府层级,但在现行治理体制下,中央政府的决策具有权威性,政策社群内部的政策倾向基本保持一致。核心网络的服务生产者与议题网络中的消费层与政策支持层,通过游说、媒体报道、联席会议、市调访谈等网络层际间沟通渠道,反映服务需求意愿并影响政策结果。最后,政策结果的反馈作用。在网络结构和行动者互动形成政策结果的同时,政策结果也会反馈影响网络结构和其中的行动者,并改变政策环境中的行政权威优势、行政惰性和网络行动者的互动模式。核心网络和议题网络中的政策支持层提供市场化专业化的服务供给建议,议题网络中的消费层通过"以脚投票"的方式强化着政策社群对民众诉求表达的关注。随着改革的深入,政策社群的角色转变、市场化机制的逐步推进,新的政策网络成员也得以出现,原有的网络结构进一步细分并将引致其中的行动者呈现出新的互动行为特征。

第六章
体育公共服务改革的关系治理

第一节 关系互动与冲突

一、公共政策与冲突

通常,公共政策被理解为政府基于公共权力对社会资源的权威性分配。在这一政治权力运作过程中,除了合作、磋商与妥协,还不可避免地充斥着权力的角逐和各方利益的纷争。国外学者普遍认为,政策冲突和社会冲突一样客观存在,具有历史性和现实根源。美国学者德博拉·斯通指出,"政策是从政治清理中形成的,而特定的政治情景本身就充满着冲突与矛盾,因此,由其产生的政策也天然地包含着矛盾"①。约翰·C.坎贝尔(John C.Campbell)认为,政策冲突的产生既可能来自与组织结构问题相关的利益关系隔绝或组织间疏远,也可能来自没能妥善处理好的冲突问题。关于冲突问题的解决,绝大多数西方学者都认为不可能彻底消除,只能缓和程度或减少数量。因此,人们往往不会采用"消解"冲突的提法,而是代之以"治理"冲突。

(一)公共政策冲突的内涵与本质

社会冲突理论的代表人物刘易斯·A.科赛(Lewis A. Coser)

---

① 转引自许妍洁:《当代中国公共政策冲突治理研究》,南京师范大学公共管理专业硕士学位论文,2011年。

将冲突界定为"关于价值以及稀有地位、权力、资源等要求的斗争，斗争双方是对抗、压制、破坏，乃至消灭的关系"①。在公共政策领域，冲突可理解为政策主体之间以及各政策要素之间发生的对立与矛盾。这些矛盾依程度不同可分化为不协调、矛盾、抵触、对立、对抗等不同形式。政策网络中的冲突现象则可同时发生在垂直与水平的双重维度空间，这些冲突现象背后，常常隐藏着不同政治力量之间的各种利益关系、权力结构及行为动机。公民不能以个体的形式介入，只能通过参与团体的形式卷入政策冲突。在特定的政治规则与治理结构下，冲突并不是孤立地存在着的，往往与合作、妥协与结盟交织在一起②。

马克思认为，利益是人类社会活动的根本动因。对于不同利益的追求，也反映了个体价值观念的差异。因此，冲突也相应地表现为物质利益冲突和价值观念冲突。政治统治集中体现特定阶级的利益，社会管理则体现社会公共利益。虽然政府作为国家正式组织需要兼顾履行这两项基本职能，但对于社会利益的分配，依然服从于政策主体的目标追求。然而，行政人员和行政组织本质上都是追求自身利益最大化的有限理性经济人，因此，"理念之争"一直贯穿在政治共同体的政策过程中，它将具有相同价值观的众多个体融合成为集体行动，其影响力甚至大于物质利益诱惑和暴力威胁，斯通将其解读为"理念处于政治冲突的核心"③。官僚制体系下，行政部门不仅仅是特定的部门利益代表，也是特定利益集团的代表，对于行政人员而言，又多了一层个人利益代表的身份。然而，官僚阶层却总是善于在观念形态上将自己作为"普遍利益"的

---

① 转引自崔亚飞、刘小川：《中国省级税收竞争与环境污染——基于1998—2006年面板数据的分析》，《财经研究》2010年第4期，第46—55页。
② Deborah A. Stone, *Policy Paradox: The Art of Political Decision Making*, W. W. Norton, 2002, p.19.
③ Ibid., p.11.

化身,因而,当内在追求和外化形式不对等、不统一时,多重利益关系交织缠绕下的公共政策制定与执行过程,必然充斥着矛盾与对抗。

政策冲突虽然主要发生在公共领域,并通过公共权威的力量加以干预,但它也符合社会冲突理论的一般规律。当公共政策未能实现预期目标或偏离初始价值时,会产生冲突,也会引发政策失败,但政策冲突并不必然等于政策失败,它只是可能导致政策失败的多个因素之一。

(二)公共政策冲突的表现形式与基本效应

公共政策冲突涉及各个要素之间并广泛存在于政策过程的不同阶段。其表现形式有隐蔽的,也有公开的;有缓和的,也有激烈的。

1. 政策主客体间冲突

凡是直接或间接参与政策过程的个人、团体或组织都可被视为政策主体,包括但不限于政府、行政机关、利益集团以及民众。政策客体是公共政策作用的对象,既包括政策要处理的社会问题,又包括社会成员或目标群体,前者是直接客体,后者是间接客体。政策过程中,由于主客体之间地位的非均衡性和利益诉求的非一致性,两者之间的冲突成为公共政策冲突的重要内容和表现形式。通常,政策主体居于控制和主导的一方,对利益追求具有强烈的趋向性,而政策客体居于被动和服从的一方,在行为上受到政策主体的制约与限制。在转型期的中国,利益主体日益多元化,利益诉求和利益关系愈加复杂化,导致冲突日渐明显。公民意识开始觉醒,作为目标群体的个人和组织,其民主参与、权利保障、法制观念都不断增强,对于涉及自身利益的公共政策也表现出前所未有的关注和参与热情。政策主体的行为逐步走向公开化,开始受到更多的来自目标群体的监督和约束。跨区域、跨群体、跨国境的社会问题逐渐增多,政策方案本身存在滞后性和延迟性,政策主体的经验约束和价值偏差,都进一步恶化了政策主体与客体之间的矛盾冲突。

2. 政策目标冲突

政策目标反映了政策主体的利益需求与价值取向,是政策执行的目的与方向。迅速识别和界定社会公共问题,将其纳入政策议事日程,是确立政策目标的前提。政策主体的政治立场、利益差异和政策偏好,都会导致政策目标设定的矛盾与冲突。已有研究表明,当政策主体为了获取最广泛的支持与一致性意见而作出妥协时,政策目标的内容往往被模糊化和笼统化[1]。语意不明或指向不清的目标表述,为后续行政人员的选择性、曲解性执行埋下隐患[2]。政策目标依其覆盖范围、时间跨度、重要程度、实现数量等,呈现明显的层次性特征。一般而言,目标种类冲突多见于政策主体对于体系内部某一目标的偏执倾向,忽视其他目标的配套与协调。目标内容和性质冲突多见于政策网络中不同的目标体系之间。

3. 政策工具冲突

作为连结政策目标和政策结果的桥梁或纽带,政策工具的合理选择是保证政策目标有效实现的基础。工具的具体选择,与政策主体、政策问题、目标群体、政策环境等密切相关。同一政策问题,在不同的条件背景下,可能适用不同的政策工具。政策工具因其实施手段差异,有强制性工具和非强制性工具之分。强制性工具主要依靠法律和行政权威等国家强制力实现;非强制性工具则

---

[1] James E. Anderson, *Public Policy-Making*, 3rd edn., Holt, Rinehart and Winston, Inc., 1984, p.3.

[2] Kevin J. O'Brien and Lianjiang Li, "Selective Policy Implementation in Rural China", *Comparative Politics*, 1999, 31(2), pp.167-186.

表现为说服、教育、引导等温和型劝勉措施。通常面对政策问题时,不同的对象指向及政策目标可以采用不同类型的工具组合。政策过程中,工具的选择往往也是引发网络系统内成员争议、协商的关注点之一。每一种政策工具都有其适用的特定条件,功能优势和内在缺陷并存。有时,过于追求某一种政策工具的时效性、成本控制与程序简化优势,反而需要付出灵活性受限、政治约束,以及机构职能交叉导致的执行阻滞等代价①。政策执行者对于工具属性及作用理解的差异,也会导致同一政策工具在不同的政策语境下传递不同的信息及话语导向。如斯通所言,"教育启蒙"和"洗脑蒙骗"都可以隐藏在"宣传"和"说服"背后②。

4. 政策体系内部冲突

按照国家政策体系的权力层级划分,纵向维度冲突可能来自中央与地方政策之间,中央政府职能部门与地方政府之间,即全局性与局部性政策之间的冲突。横向维度冲突可能来自地方政府之间或政府各职能部门之间,即局部性政策与局部性政策之间的冲突。按照政策体系的内容划分,冲突可表现为政治、经济、文化、生态等不同领域政策之间的矛盾。按照政策体系发生发展的逻辑序列划分,冲突则表现为元政策、基本政策和方面政策之间的矛盾。

全局性与局部性政策之间的冲突,通常是中央政府分权制的结果。在发达国家,分权制导致了国家财务管理困境、政府角色模糊、联邦与地方政府关系紧张、变革受阻等弊端③,原因在于中央政府放松规制以后产生了利益多元化。我国的情况也类似。改革

---

① Michael Howlett and M. Ramesh, *Studying Public Policy: Policy Cycles and Policy Subsystems*, 2nd edn., Oxford University Press, 2003, pp.87-93.

② Deborah A.Stone, *Policy Paradox: The Art of Political Decision Making*, W. W. Norton, 2002, p.308.

③ 程杞国:《公共政策制定中中央政府与地方政府的关系》,《中共福建省委党校学报》2000年第3期,第19—22页。

开放以前，高度中央集权制使得大部分的社会事务管理权限都收归中央，地方政府自主权极为有限，基本没有追逐自身利益的动机。改革开放以后，中央开始实行简政放权，地方政府被赋予了更多经济发展和行政管理的自主决策权，典型的如领导体制从集体负责制到行政首长负责制的变更。虽然权力的下放有助于发挥地区优势、调动地方积极性，但同时，地方管理权限的制度性保障也催生了地方政府作为理性经济人的独立利益追求。地方政府既是中央决策的执行者，又是地方利益的维护者。当更加关注国家整体利益和社会普遍利益的中央政策与着眼本区域的地方政策出现矛盾与对立时，地方政府往往会采取消极对待甚至积极抵抗的态度。实践中就出现地方政府对中央政策的象征性执行、选择性执行，甚至替换性执行，"上有政策、下有对策"的说法形象地描绘了这种全局性与局部性政策之间的冲突。特别是"当有关问题的政策方案与官员自身利益相对立时"，这种现象愈加明显[1]。

局部性政策冲突来自上下级政府之间或同一层级地方政府之间。随着地方政府决策主体地位的不断提升，分权化格局下的公共物品分级供给、行政官员政绩考核与升迁机制，以及国家财税分配体制安排，进一步加剧了地方政府之间的竞争与逐利行为。以追求经济利益为核心、谋求政绩的地方行政生态由此形成，并引发地方政策的不透明化及恶性竞争，如在各地招商引资的优惠措施恶性比拼下，税收、土地、信贷政策都出现违规减免、过度让利的现象，甚至低于正常市场的标准成本水平。与此同时，利用行政手段限制外地产品在本地的生产与销售，实施变相的地方保护主义，也是局部性政策冲突的表现形式之一。

---

[1] Harry Harding, *Organizing China*, Stanford University Press, 1981, pp.350-351.

政府职能部门之间也存在局部性政策冲突。职能部门是我国行政机构的重要组成部分，负责管辖特定领域的公共事务，并在法定权限内制定规章制度。职能部门的政策通常是为贯彻和执行部门目标而制定实施，以部门利益为主要考量依据，具有独立的利益诉求。当多个政府部门对同一公共事务存在交叉管辖权时，责任推诿和经济利益纷争的现象就不可避免。此外，当政府部门偏离社会公共利益导向，倾向于追求部门局部利益的最大化，或小群体利益时，就出现了"公共权力部门化"和"部门权力利益化"，从而引发政策之间的矛盾与冲突。国内有学者将该现象比作"文件打架"[①]。

不同领域的政策冲突反映了国家政策体系的内容冲突，当国家面临改革转型期时表现得更加明显。在不同的历史条件下，国家选择不同的战略导向与发展重点，但在制度依赖和惯性执行的影响下，新的发展策略往往受到原有政策制度的干扰与约束，新的主导性政策与原有政策的延迟性并存，导致冲突与矛盾。改革开放以后，我国党和政府的工作重心从阶级斗争转移到以经济建设为中心，极大地促进了社会生产力的发展和人们生活水平的提高。一时之间，大力发展经济成为各地方政府的工作重点，一切向经济利益让步，甚至干部考核晋升制度也都与地区经济指标挂钩，其他领域的政策如生态环保、文化建设等都被忽视。然而，随着经济实力和综合国力的不断增强，社会问题频现和贫富差距的加大使得新时期我国的战略重点又转向"以人为本""可持续发展"和"和谐社会"建设。此时，以经济利益为导向的地方政策余威仍在，与社会、人文、生态政策之间的矛盾显得愈加突出。各级政府及职能部门在追逐部门私益的驱动下，不乏利用职权将社会政策转变为各

---

① 胡象明：《"文件打架"的原因及对策》，《中国行政管理》1995年第9期，第17—18页。

类可以获益的经济政策现象,即"社会政策经济化"。

逻辑序列的政策冲突主要表现在上位政策与下位政策之间。元政策是宏观抽象的原则性指导理念,是金字塔尖的顶层设计,也被称为政策的政策。基本政策是元政策在某一具体领域的延伸和细化,也是主导下一层次方面政策的方向性政策。方面政策,也称具体政策或部门政策,是针对特定具体问题出台的行动方案和行为准则,也是金字塔体系中数量最多、最为具有实操性的政策规定。实践中,当上位层次的元政策和基本政策,逐级细化到下位的方面政策过程中,将抽象的概念性理念转化为可供地方实施的具体措施,必须依赖于地方政府和行政人员的自由裁量权和本土经验。期间,部门利益或私人利益驱动、决策者素质、主体认知差异,以及政策环境等不确定性因素都可能导致方面政策偏离元政策或基本政策的精神初衷。

5. 政策冲突的基本效应

如前所述,冲突是社会生活中普遍存在的、不可避免的客观事实。虽然有些观点认为冲突是具有破坏性的、是社会机能失调的表现、容易造成组织资源的浪费,但更多的学者认为冲突兼具负面和正面影响。冲突的存在有助于释放社会不满、缓和社会矛盾、增强社会组织适应性、促进社会变革等。美国社会学家科赛指出,不存在冲突的社会是不具有生命力的。政策冲突作为社会冲突的一种表现形式,同样具有积极和消极效应。

政策冲突的积极效应表现为:暴露了政策管理体制存在的问题,激发了公共政策系统改革的动力,促使其进一步完善。公共政策是政策体制调节的产物,政策冲突的出现反映了政策系统内部要素或结构功能潜在的问题与矛盾。从这个意义上说,政策冲突可被视为政策系统的报警器,提醒政府机构和职能部门政策系统可能出现的组织僵化与决策死板,激发政策主体改革的动力。政策冲突的存在,还推动着政策体系的废旧立新。当传统政策已经不符合社会背景和社会需要,继续施行势必引发大量的社会问题与矛盾时,政策冲突为新政策目标的设立与新政策的制定颁布提供了契机。

政策冲突的消极效应表现为:容易导致政策失效,浪费政策资源,甚至削弱政府权威,降低公信力。政策冲突的存在,会导致政策实施过程中受到阻碍不能有效执行,从而无法达到政策预期。当政策冲突发生时,政策本身的矛盾容易引发政策主体内部的权力博弈和利益纷争,目标群体失去确定性的政策指引而陷入迷茫和慌乱,短暂的监管真空最终引发全社会行为失范。政策失效同时也意味着在政策制定与前期执行阶段所投入的社会资源成为巨额的沉没成本。若国家和人民的公共利益经常遭受无可挽回的损失,民众对于政府管理的可靠性和权威性就会产生疑义。尽管理论上政府权威来自法定和人民授权,但实践中,政府决策的权威性即政府管理是否被民众所信任和认可是实现社会公共事务有效管理的关键。政府政策的制定,来源于政府权威的合法性支持;反之,科学合理有效的政策实施将进一步增强政府的公共权威。如果政策冲突所导致的政策失效,未能及时解决社会公共问题,甚至损害了民众利益,那么民众对政策本身合理性的质疑以及对政策主体能力及合法性的不认同,将进一步削弱政府公信力,降低民众对政府信誉和行为的积极价值判断。

(三)公共政策冲突的成因与机理

1. 价值冲突

对政策有效性的辨别既包括针对客观存在及事实的描述性因果分析,又包括以价值判断为前提的规范性评价。能够在政策过程中影响决策者选择行为的态度、偏好、目标取向和行动准则都属于政策价值观范畴,由政策理念、意识形态、评价标准等具体的政策价值导向建构成为抽象的价值观体系。如以赛亚·伯林(Isaiah Berlin)所言,该价值观体系由一切"认为好的和坏的、重要的和琐碎的、正确的与错误的、高贵的和卑鄙的"看法构成①。实践中,这些政策价值导向与行动准则通过政策执行过程中的各主体及主体间关系得以表现。决策者、执行者和政策目标群体三者之间的价值理念与行动不一致是导致政策冲突乃至政策失效的重要原因之一。

政策执行者可被人格化视为每个个体的行政人员,他们一方面是对政策目标和社会事务负有具体落实责任的职业群体;另一方面也是国家行政权力的实际载体,即体现国家意愿的政策落实及管理活动的权力直接掌握者和行使者。因此,政策执行者的人格化主体同时也是行政权力的人格化行使者,虽然形式权力的主体是组织机构,实际权力主体是每个行政人员个体,但后者远比前者要更复杂且更多变。自利性、垄断性和自我膨胀性是行政权力的天然属性。"权力的自利性催生和要求权力的垄断性,并进一步引发权力的自我膨胀性,而权力垄断和权力膨胀又是维护和伸张权力自利性的重要手段。"②在现行的行政管理制度框架下,授权和自由裁量是不可避免的。行政人员个体可以依据权力目的自行判断行为条件、选择行为方式、做出行为决定。不论外部的权力约束如何限制和有效,都无法完全规避行政人员个体对待作为和不作为时的自由选择空间。此时,行政人员作为普通个体的"经济人"属性就会暴露无遗,自身的价值取向偏好和利弊关系成为其行为准则。然而,行政人员的公职身份却要求他们代表公共利益和

---

① Isaiah Berlin, *The Proper Study of Mankind: An Anthology of Essays*, Pimlico, 1998, p.127.
② 谢炜:《中国公共政策执行过程中的利益博弈》,华东师范大学政治学理论专业博士学位论文,2007年,第67—85页。

公共意志行使稀缺的公共权力资源,行为必须符合特定行政管理规范,且具有为自己行使职权行为承担后果的责任能力。随之产生"维护公共利益"与"追求个人私利"双重社会属性之间的矛盾。这种社会属性的矛盾表现在意识形态和行为价值判断领域,可被归纳为内在确定性价值和外在规定性价值之间的冲突。前者是执行主体自行主动确定的、源于自身利益需求的价值选择和价值定位;后者是独立于内在确定性价值以外的、源于职业或社会身份特殊要求而产生的价值取向。对于行政人员而言,外在规定性价值就是公共政策价值的反映。这种内在和外在的价值冲突客观存在,使得行政人员个体很难恪守"价值中立"。

除了个体的行政人员,政策体系内部的机构层级之间也同样存在价值冲突。在我国目前的行政管理体系中,上层行政机构主要负有政策制定和对下级机构监督的责任,提出原则性的政策意图和指导精神,越是基层的行政机构往往越是公共政策的直接执行者,将概念化的政策具体为地方性可操作的政策措施。这种层级管理的组织结构表现为显著的"有限分权"和"关系主导"特征。上下级之间的权责划分不明确造成政策执行过程中权力分配障碍,条块分割式的职能部门设置进一步加大了资源配置交叉重叠的风险。虽然关系一词多见于描述人与人之间的关联程度,但在我国,关系的本土化特征也体现在组织机构之间,尤其是在行政管理领域,个体间关系往往是维系组织架构中资源分配与权力运作的重要机制[①]。政策执行在从中央到地方的多个组织层级之间协商互动中逐步实现价值认同和行动统一。为了达到各自的政策目标,中央在政策制定时必须考虑地方政府利益,而地方也需要积极

---

① 黄光国等:《面子——中国人的权力游戏》,中国人民大学出版社2004年版,第93页。

寻求中央支持,但当局部争议和冲突不可避免时,受到自利性驱动,地方政府往往更加具有变通、拖延或替代执行等偏离主导价值取向、导致政策执行不良的动机。

作为政策目标指向的对象群体,受到政策执行活动影响的社会成员对于政策执行的价值认同,决定了政策目标最终能否有效实现。在政府试图对社会资源和社会价值做出权威性分配的过程中,个体、群体和组织三类政策目标群体的价值理念是决定其行动选择服从与否的关键。公民个体在角色社会化过程中,可以通过持续性学习和信仰熏陶,形成与主流价值观趋于一致的个体价值倾向。同时受到个体利益趋利避害的影响,帮助选择对于政策的认知、评价与服从的行为规范。众多个体基于共同目标或利益而集合形成的群体,则更加清晰地以维护共同的群体利益为价值取向,但联系较为松散,多数情况下群体话语权需要通过特定的组织或个人等强势渠道传递。在上述三类目标群体中,组织是较具优势的政策执行影响者。组织价值观是组织文化的体现,易受到组织领袖的个人价值观以及外部环境条件的影响。组织的行动价值取向明确而具体,即追求自身利益的最大化。当组织是政策受惠者时,组织将与政策执行保持高度的价值一致性,并积极推动实施;但当组织可能面临利益受损时,组织会尽可能采取措施减小或消除不利因素,表现为消极抵抗或阻滞政策执行。政策执行主体与目标群体之间的利益多元与价值标准多元,构成了政策执行中不同主体错综复杂的价值选择,从而导致政策价值冲突。

此外,在不同的社会背景下,面对不同的对象群体,政策价值观反映了人们不同的生活理解和行为方式,具有多元化和阶段性,不存在普遍适用的价值标准。有时,关注实际利益的政策价值观会与重视人文精神的社会伦理道德发生冲突,传统的旧制规范维护者会与新派的自由市场倡导者产生分歧。因此,公共政策的功能往往并不在于强调经济生活的干预,而是对社会关系的调节①。持有不同立场和价值观对于社会事务的不同理解,往往派生出不同的政策理念。比如,推崇高社会福利的人更加关注底层人民的生活困苦,而主张削减社会福利的人则认为高税收制约了国家的生产力提高②。关于"效率"与"公平"的价值争论也一直存在。主张"公平优先"的人重视社会权益分享,致力于解决因贫富差距造成的社会阶层鸿沟,常常被批评社会效率低下,资源浪费严重;而主张"效率优先"的人,强调资源配置的有效性,承认社会发展不平衡的客观性,也被批评为"是一种基于新泰勒主义的管理哲学"③。在价值观念差异、意识形态分歧以及社会文化异质性的共同作用下,公共政策冲突的出现与存在就成为必然结果。

2. 逐利属性

公共政策的性质结构、功能状态都受到行政体制的制度框架制约,行政人员和行政组织作为行政体制赖以运行和维持的重要主体,其自利性、有限理性及偏见都会导致公共政策冲突。

自利性是人们追求自身利益最大化的一种原始欲望和动机,是人类天然具备的本能,也是人类适应社会、求得生存并繁衍至今的客观要求。行政人员同样具有自利性,他们所背负的职业规范与制度准则无法完全超越或抵消这种利益本能的约束和限制,但在公共行政领域的自利性,并非狭义化地以牺牲他人的正当权益为代价来换取自身的利益。行政人员具有部分利己倾向,并不意

---

① Raymond Tatalovich and Byron Daynes, "Introduction: Social Regulations and the Policy Process", in *Moral Controversies in American Politics: Cases in Social Regulatory Policy*, 3rd edn., M.E. Sharpe Publishers, 2005, p.xxv.

② [美]史蒂文·凯尔曼:《制定公共政策》,商正译,商务印书馆2004年版,第23页。

③ Christopher Pollitt, *Managerialism and the Public Services: Cuts or Cultural Change in the 1990s*, 2nd edn., Basil Blackwell, 1993, p.56.

味着他们从不考虑他人的利益，这种利己有时会以更加广泛的形式表现出来，比如，行政人员可能会引导一个人服务于他人利益，以此符合自己的利益。因此，对于自利性，不能简单地以正确或错误来衡量，但是自利性的存在，会对公共政策冲突的产生造成影响是毋庸置疑的。通过决策权和自由裁量权，行政人员将自利性行为倾向投射在政策制定与执行过程中。当权力监督与制约机制不健全时，行政人员的利益冲突与矛盾就表现为政策冲突。

著名的决策理论之父罗伯特·西蒙认为，人之所以不能达到最优目标，并不完全是受到外在环境的束缚，主要是缘于自身能力和条件的局限。他认为，人类行为是不可能"完全理性"的，在人类所拥有的有限的知识能力和决策能力条件下，最终只能达到"有限理性"。在行政人员有限理性的影响下，公共政策的制定与执行也会受到情感、情绪、态度等非理性因素，以及有限的知识、经验、能力的约束而产生政策失误或偏差。其中，对事物认识的偏见表现得最为明显。通常，行政人员倾向于接受对其有利的信息，而掩盖对其不利的信息；当面临可选择方案时，或者执行上级指令时，总是会支持那些有利于增强自身利益的项目或符合个人认知经验的政策；在接受责任担当和风险时，决定因素也同样是自身的利益目标。机械化的官僚制组织结构容易造成行政人员的因循守旧、自以为是和固步自封，行政权力的掌握及较高的社会地位进一步将这种心理状态移植到其认知体系和行为模式上。对决策权的高度依赖和对权威的盲目迷信，容易导致行政人员对公共政策的本质属性及公共精神内涵认识和理解的偏差，忽视公共利益的优先性，背离公共政策的核心价值初衷，引起政策冲突的发生。

科层制的官僚组织强调法律和规章制度的约束，以及行政等级序列的权威，将这种非人格化的程序管理视为组织管理的基本理念；然而在实践中，行政人员不可避免地受到思想、情感、兴趣、偏好等个体特征的影响。理论上,这种非人格化的规则制约,能够在一定程度上防止社会等级、财富禀赋或社会关系等个体要素对行政决策的干扰。但现实中,行政人员要么过于依赖规则约束(比如,不仅将制定规则视为解决社会公共事务的习惯性手段,还固执僵化地遵循旧有的、不合时宜的规章制度),要么表现出强烈的人格化特征。在金字塔式的行政组织结构中,相较于中层和基层的行政人员,高层的行政管理者更加需要下属的忠诚与协助,更加需要与同级乃至上下级之间良好的人际沟通关系,因此他们的人格化特征表现愈加强烈,情感、偏好、人际关系等非理性因素对政策过程的影响就更加直接而深刻。"当官员越是依赖于其个人关系网来做出决策,他就越有可能违反官僚制组织制定的正式规则。"①当个人意识、长官意志等人格化因素代替了组织规则与程序管理,政策冲突的出现显然不可避免。

对于行政组织而言,作为由众多行政人员个体集合而成的组织性主体,同样遵循理性经济人假说,是相对独立的利益主体,致力于追求自身利益的最大化。行政组织的自利性、组织结构特征显现出的理性化程度都影响着政策冲突的发生。行政组织的利益可划分为公共利益、角色利益和非公共利益。其中,公共利益是行政组织建立和运作的前提与宗旨,即通过解决社会公共问题,以维护和保障社会公共利益。角色利益是行政组织为了保障自身组织的生存与发展而必须追求的利益,是组织自身正常运行的基本利益需要。角色利益的存在,是行政组织自我成长的必要条件,也是组织实现公共利益的基础。非公共利益则是行政组织谋求除了上述角色利益以外的其他非正当性利益。行政组织的自利性行为,

---

① [美]安东尼·唐斯:《官僚制内幕》,郭小聪等译,中国人民大学出版社2006年,第72—93页。

包括角色利益和非公共利益。追求角色利益应当控制在组织的规范限度内,是可被接受的客观存在;而非公共利益往往超出了组织生存和发展的需要,尤其当行政体制不完善、监督机制缺乏时,追求非公共利益就成为行政组织自利性行为的集中体现。行政组织人格化后的理性经济人利己属性与维护公共利益本身存在矛盾,这种属性与组织运作机理以及构成组织的行政人员个体密切相关。作为个体的行政人员,维护公共利益和提高组织效率不会替代个体利益成为其追求的利益目标。行政人员的个体利益创造,无法通过市场机制实现,也无法自行创设,只能来源于职业的特殊性和职务的便利性,将组织赋予的决策权通过政策过程来实现。行政组织的权威与权力是行政人员个体创造自身利益的最佳遮羞布和保护伞。行政机构规模的扩大、政府的年度增量预算以及预算结余管理,都反映了行政人员通过组织性主体谋取组织利益和部门利益以间接扩大个体权益的行为倾向。然而,由于各层级行政组织之间存在利益需求和资源禀赋占有的差异性,通过政策制定与执行来实现部门利益争夺就成为公共政策领域的普遍现象。制度缺陷进一步催动组织自利行为的自我膨胀性得到最大限度的释放,政策冲突因此产生。

相对于传统科层制官僚组织的理性化运作,目前转型期的我国行政组织呈现出科层制不完全的非理性化特征。首先,理性化的行政组织遵循严格的权力等级设置,在自上而下的权力运作体系中,上下级之间权责明确,领导与被领导的监督管理关系清晰,保证了组织运作的效率。但现实实践中,下级的行政自由裁量权经过层层授权后,上级往往难以持续对其实现有效监控,行政权力本身具有的内在扩张性,进一步加剧了权力的滥用,导致组织之间的政策冲突。其次,理性化的行政组织以正式的法律规章为行为准则,组织设置与运作高度规范化和法制化;行政人员依照制度规定行使权力,不受领导官员个人意志的影响。在现实实践中,我国的行政组织因各项法规规章不够完善,行政人员长期依赖于个人意志和领导权威履行职责,权责划分不明确导致制度权威服从于个人权威,组织自利性随之而来。最后,理性化的行政组织内部各部门具有清晰具体的职能设定,明确稳定的社会分工有助于部门之间各司其职、各尽其责,共同维护组织的正常运作。然而,目前我国的行政组织机构设置随意性严重,为了完成某些专项任务,政府部门倾向于临时抽调人员组成临时机构,并赋予其超常规职权,任务结束后,这些临时机构又常常无法及时撤销,造成新旧机构大量并存,机构冗员和政出多门的现象屡禁不止。拥有超常规职权又为这些临时机构肆意追求非公共利益打开了方便之门,决策的随意性和自利性导致政策冲突出现的概率大大增加。

3. 信息阻隔

行政组织同样是由资源依赖关系而相互联结的组织综合体,然而这种依赖关系容易遭遇结构性断裂,从而区别于其他类型的社会组织[1]。这里的结构性断裂意指政策体制的断裂与隔绝所导致的政令不一等政策分裂和政策冲突现象,反映了中央与地方、地方各政府部门之间的层级关系失衡[2]。发达国家曾经在20世纪80年代兴起向地方政府分权的新自由主义风潮,主张减少中央政府对经济的干预以降低财政成本,美国、法国、日本等多个国家纷纷付诸实践[3]。中央政府权力下放的同时,各地方政府不服从中

---

[1] James K. Benson, "Interorganizational Networks and Policy Sectors", in David L. Rogers and Anthony D. Whetton, eds., *Interorganizational Coordination*, Iowa State University Press, 1983, p.3.

[2] David Marsh and Roderick Rhodes, eds., *Policy Networks in British Government*, Clarendon Press, 1992, pp.101-111.

[3] [日]西尾胜:《行政学》,毛桂荣等译,中国人民大学出版社2006年版,第80—83页。

央决策的可能性大大增加。在现代行政网络体系中,"各地方政府之间的策略性联盟使得这种不服从行为变得更加普遍和容易"①,为了避免国家权威被削弱,必须加强对地方政府和社会的宏观调控。在板块式权力下移的过程中,中央政府需要具备比以往更加强而有力的组织控制能力和有效的制度约束体系②。地方政府之间、部门之间的关系失衡除可归因于区域发展不平衡、资源有限性以外,组织结构的客观隔绝也造成事实上的分配不均③。如坎贝尔所言,正式组织之间的行政区划虽然保证了组织运行的相对独立性,但由于相互依赖程度较低,共同参与有限资源的高度竞争是政策冲突产生的重要制度性障碍④。

  组织的结构性断裂直接导致部门之间的信息阻隔。不同层级的政府拥有不同的资源禀赋,如中央政府掌握政策和财政资源,地方政府掌握组织和信息资源。不同的信息来源和信息占有使得组织之间在政策过程的信息获取加工、传递利用、信息反馈等环节均存在不均衡性。传统行政管理体制下的部门条块分割造成组织内部缺乏沟通与协调的信息孤岛普遍存在⑤。信息不对称进一步限制了公众参与的可能性与政策咨询阶段的信息搜集,引发政策制定

---

① Patrick Dunleavy and Brian O'Leary, *Theories of the State: The Politics of Liberal Democracy*, Palgrave Macmillan, 1987, pp.68-69.
② Taijun Jin and Zaijian Qian, "The Institutionalized Construction of the Relationship Between Chinese Central and Local Government in the New Century", *Chinese Public Administration Review*, 2002, 1(1), pp.37-42.
③ Nicholas Henry, *Public Administration and Public Affairs*, 9th edn., Pearson Prentice-Hall, 2004, pp.392-393.
④ John C. Campbell, "Policy Conflict and Its Resolution within the Government System", in Ellis S. Krauss, Thomas P. Rohlen, and Patricia G. Steinhoff, eds., *Conflict in Japan*, University of Hawaii Press, 1984, pp.294-334.
⑤ Victoria Hughes and Peta Jackson, "The Influence of Technical, Social and Structural Factors on the Effective Use of Information in a Policing Environment", *The Electronic Journal of Knowledge Management*, 2004, 2(1), pp.65-76.

与政策需求的冲突,并影响后续的政策工具选择及政策执行①。

不论是价值冲突、逐利属性,还是信息阻隔,政策冲突本质上都可归咎于利益冲突,而政策过程也是多元主体间的利益博弈过程。虽然追求公共利益实现是公共政策的终极目标,然而在经济人动机的驱动下,社会资源的"帕累托最优"配置只能存在于理论世界。现实中的政府会出现类似市场机制的"失灵"状态,行政官员倾向于选择符合个体或小群体利益的项目方案。虽然传统的官僚制组织仅仅将行政机构视为政策执行载体,认为其是政策偏好一致的行动者②;现实中,行政组织的各部门之间因各自的政策责任与权力基础不同,在政策过程中会展现出差异化的政策偏好与行动策略。如果把政策过程分解为一系列相互串联的权力互动环节,其中表现出来的竞争、冲突与敌对性,恰恰是所有的政策网络行动者基于各自的政策需求与资源占有,就政策内容进行的客观交涉③。尽管行动者内部的部分个体或团体可能因权威信息、资金信息、专业技术等资源依赖而结成行动联盟,但并未从根本上改变相互之间的竞争与冲突关系④。

(四)转型期我国公共政策冲突的治理路径选择

1. 政策价值引导

传统模式下,政府关于政策价值冲突的应对策略选择集中在"平衡"和"折中",偏重于利益调和与事后协商解决机制。现代观

---

① Richard Curtain, "Good Public Policy Making: How Australia Fares?", *Agenda: A Journal of Policy Analysis and Reform*, 2000, 8(1), pp.33-46.

② Martin J. Smith, *Pressure, Power and Policy: State Autonomy and Policy Networks in Britain and the United States*, Harvester Wheasheaf, 1993, pp.45-46.

③ Frans Van Waarden, "Dimensions and Types of Policy Networks", *European Journal of Political Research*, 1992, 21(1/2), pp.29-52.

④ James E. Skok, "Policy Issue Networks and the Public Policy Cycle: A Structural-Functional Framework for Public Administration", *Public Administration Review*, 1995, 55(4), pp.325-332.

点则认为,政府有责任主动引导政策价值观,并积极回应主体间差异化的价值理念以减少政策冲突发生的可能性[①],更加关注事前防范机制。从被动的事后解决到主动的事前防范,说明政府对于公共政策冲突的内涵理解与治理范式正在发生根本性变革。这种事前防范机制可归纳为三个阶段,分别是公共价值观的培养、冲突协商与咨询、冲突中的政策工具选择。

公共价值观的培养应当是政策过程各环节的前置基础,并贯穿于公民角色社会化的全过程,也是从根源上减少和避免政策冲突的长效机制。公共政策目标的设定必然伴随着特定时期社会伦理的价值考量,不同的社会主体会对政策目标表现出不同的立场和偏好,这些社会伦理本身也存在着矛盾,比如,民主与自由、公平与效率等。政策的公共性体现在致力于追求和实现公共价值,公共价值观是公民对政府期望与感知的集合,更是政策过程维持公平、公正的观念基础。在公民角色的社会化过程中,公共价值观的培养,不仅仅是针对普遍民众,更重要的且首要的是,政策制定者的价值取向。应重点培养政策制定者在政策过程中,坚定公共意志,以公共利益为优先,弱化和淡化私人利益和小团体利益,关注民众需求,注意维护弱势群体利益。政策制定者与执行者公共价值观的培养,有助于引导社会普通民众的行为选择,进而带动和塑造全社会的公共价值理念。

协商与咨询是政策过程中解决政策价值冲突的必要手段,也是政策制定实现科学化与民主化的内在要求。从政治家、思想库精英、民意领袖到公职人员、技术专家、普通公民都是政策制定民

---

① David Thacher and Martin Rein, "Managing Value Conflict in Public Policy", *Governance: An International Journal of Policy, Administration, and Institutions*, 2004, 17(4), pp.457-486.

主参与的重要群体①。不同群体通过协商与咨询,就政策内容及时交流意见,了解和明确各自利益关系是调和价值观对立、避免政策冲突的有效途径。

在政策执行阶段,作为政策执行的直接载体,政策工具的选择也受到政策价值观的影响和制约,其不仅仅只是技术层面的操作,更是意识形态或信仰的反映②。因此,统一执行机构与执行人员的价值理念,消除认知偏差和思想分歧是保障政策执行系统顺畅运转的前提和基础。

2. 组织结构治理

美国著名政策学家坎贝尔认为,虽然很多原因可以产生政策冲突,如利益关系纠纷或组织间隔绝,或冲突解决障碍的继发性问题等,但其中,与组织结构相关的因素是最主要的原因。他将结构性影响因素分为四种类型:组织部门内部的制度性分隔、利益表达不畅、其他非正式组织的作用、行政体系的等级分隔。同时指出组织部门内部的制度性分隔是引起政策冲突发生的根源,并在他的论著《政府体制中的政策冲突和消除》一书中,提出针对公共政策冲突的组织结构治理模式。坎贝尔认为,政策冲突无法从根本上解决,只能缓和与减少,因此提出渐进式组织结构治理理论。

首先,社会文化是影响政策冲突态度评判及治理方式选择的重要外因。保守、内敛型的社会文化倾向于回避和防止政策冲突,开放、宽容型的社会文化更容易直面和解决冲突。其次,坎贝尔强调,主体间尽可能在温和友善的氛围下进行及时明确的沟通,彼此

---

① Yehezkel Dror, "Required Breakthroughs in Think Thanks", *Policy Sciences*, 1984, 16, pp.199-225.

② Gordon Peters, "The Politics of Tool Choice", in Lester M.Salamon, ed., *The Tools of Governance: A Guide to the New Goverance*, Oxford University Press, 2002, pp.552-654.

主动交换意见和主张的行动有助于将冲突消除在萌芽中。如果发现缺乏共同的利益立场且价值观对立,那么人为地制造共同利益关系有助于推动彼此的协商与让步,或成立由各方代表组成的委员会共同商议,或互派代表促进组织间深入了解,都是减少政策冲突的有效措施。有时,行政权威和组织强制力可以成为消减政策冲突的必要手段,有意识地搁置冲突或延迟冲突解决的周期也是备选之举。当然,最重要的改革还应该发生在组织内部的各部门之间。

行政组织部门之间的权责关系失衡是导致政出多门、政令不一的根本原因。当政策议题涉及组织中横向部门之间的交叉管理,无法归咎于个别部门机构的政策责任,内容或目标超出传统的单一政策领域边界时,部门协作与政策整合就成为必然。整合的基础既包括水平的不同分工的部门整合,又包括垂直的不同层级的部门整合。明确各自的政策制定权责,依据统一的制度规范进行跨部门协同合作,提高政策制定的协商民主和程序规范,是保证政策整体性、一致性的关键。

3. 协作治理

解决政策冲突的核心在于协调政策主体之间的利益关系。美国政策学家保罗·夸克(Paul Quirk)利用博弈理论分析政策冲突中各方行动者的行为选择,将解决冲突的关键聚焦在追求共同利益,并提出协作解决治理模式。他认为,冲突协作解决的可能性,与政策问题带来的潜在收益和确定性程度成正相关,与交易成本成负相关,即当政策问题所能带来的潜在收益和确定性越大,采用协作方式解决冲突的可能性就越大,而在解决冲突过程中所需要付出的让步和妥协成本越高,则协作解决的可能性就越小。冲突本身的结构性特征也会影响协作解决的可能性,比如,冲突双方力量的悬殊程度、冲突当事人是否存在集团参与的行动模式、冲突的理念是否一致。通常，冲突双方的力量越悬殊，协作的可能性就越小；如果冲突当事人出现群体参与行为，协作的可能性会走向两个极端而缺少中间的回旋状态，要么协作非常顺畅，要么无法协作；如果冲突双方的理念不一致，协作的可能性也会大大降低。此外，政策目标的坚守与协作手段的灵活性、行政组织政治力量的集中程度、决策的复杂程度和政策公开性等都会影响协作解决模式的可能性。

公共政策可视为政府行政体系输出的产品，调控、分配、管制等政策功能发挥的最终目的是追求社会公共利益的政策结果。对弱势群体的救助和补偿、对欠发达地区的政策倾斜和财政转移支付，都是政府利用政策工具对各方利益进行协调和再分配，以实现社会总体利益的最优化。这一过程离不开法律制度、社会舆论、社会组织监督等相关利益群体对政策行动者的协同制约，以及面临政策冲突时，仲裁对话、信访调解等矛盾疏导机制的健全与完善。此外，政策信息的畅通程度也是影响协作治理模式有效性的重要因素。从政策议题的提出与咨询，到政策规划与方案设计，再到政策执行与评估反馈，政策信息的阻隔与封闭是导致政策冲突的根源，政策信息公开与主体间信息资源整合与共享是保障政策过程有序运行的必要条件，也是组织部门提高效率、明确责任、促进社会监督与公共利益实现的基础。

二、上海市体育公共服务改革的政策网络间关系互动与冲突

政策社群与核心网络、议题网络之间均存在相当程度的互动。政策社群需要从核心网络的服务生产层和议题网络的专家学者、科研机构等专业层获得改革的政策建议、规划信息及影响分析；作为决策层的上海市政府和市体育局需要从执行监管层的各区县政府及体育局获得更加详尽的地方性信息，两者通过结盟来推动改

革政策的通过;议题网络中的舆论压力和赞助方影响力也促使政策社群作出互动和回应。虽然随着上海体育公共服务体系的逐步完善,体育发展成果不断显现,民众基本体育权益得以持续推进,但群众不断增长的体育需求使政府的体育公共服务能力和管理水平都面临着更大的挑战。政策社群内部、政策社群与核心网络之间、政策社群与议题网络之间、核心网络与议题网络之间、议题网络内部之间都表现出不同程度的行动者互动和立场冲突,合力作用下促成了体育公共服务改革的政策执行。

(一)政策社群内部的互动与冲突

市政府在整个体育公共服务改革决策中起主导作用,是政策过程的关键行动者,其在网络中发挥的作用主要体现如下。

其一,政策制定及制度化安排。为构建并完善上海市的体育公共服务体系,近年来上海市政府和市体育局先后颁布并实施了《上海市全民健身发展纲要(2004—2010年)》《上海市民"人人运动"计划》《关于加强上海市社区公共运动场建设的意见》《上海市全民健身实施计划(2011—2015)》等规范性文件,提出了全民健身发展战略,建设健康城市的规划和目标,将"完善体育公共服务体系"相关内容列入《上海市国民经济和社会发展第十二个五年规划纲要》。积极贯彻执行国家的法律法规和《上海市市民体育健身条例》,制定了社区公共运动场、全民健身苑(点)的建设、运作和管理规定。这些正式制度的设定为网络中其他层次执行主体的行动开展提供了有效秩序支持。通过制度规定,明确不同政策执行主体的职责,强化分工与合作,清晰奖惩机制,为其他层次行动者提供行为准则和利益导向。

其二,组织结构设计与部门间协调。以全民健身计划的出台与实施为例,目前上海市体育政策执行的组织架构可归纳为"234"模式,其中"2"指上海市、区县政府为主导的"两极政府",起草、制定本行政区域内的全民健身实施计划,并承担本区域内体育公共服务政策执行的中坚力量,明确市、区健身工作的目标、任务、措施、保障等;"3"指上海市、区县和街道或者乡镇所组成的"三级管理",负责制定全面健身的详细方案和执行计划,并负责将市民健身服务纳入基本公共服务体系中;"4"指由市、区(县)、街道(乡镇)、社区(村)所搭建的"四级网络服务"模式,各层级搭建的服务网络逐层地将全民健身的计划进行细化并更好地"落地"。

负责政策执行监管层次的行动者包括三类主体。

一是市体育局群体处,由市行政主管领导和各有关单位部门的领导组成,其主要职责是:制订本市群众体育工作的发展规划和有关制度,负责实施国家体育锻炼标准,组织、指导国民体质测定工作;指导、协调本市各部门、行业、社会团体实施《全民健身计划纲要》;指导和推动体育及学校体育、职工体育、农村体育等社会体育的发展;负责全市群众体育先进的评比表彰工作和社会体育指导员等级审批工作;会同有关部门指导、协调全市性及参加全国性的大、中学生、职工、农民、少数民族、残疾人等体育竞赛[①]。其组织和召开的最高级别会议是上海市全民健身联席会议,该会议主要对全市的市民体育健身工作进行组织和协调。上海市体育局群体处与其他执行层行动者之间的互动形式通常为组织有关单位不定期地召开会议,讨论各区县、街道和社区大众体育活动的组织和执行过程中存在的问题,并提出解决的建议。

二是各区县体育局群体科或区社会体育指导中心,由各区县的体育局组建,从属于各区县体育局。其职责是执行本区域全民健身的总体规划,对相关的大众体育政策在落地执行过程中出现

---

① 《中共中央办公厅、国务院办公厅关于印发〈上海市人民政府机构改革方案〉的通知》(厅字〔2008〕17号)。

的问题和存在的矛盾进行有效协调和解决;及时地将相关信息反馈给本区县的社会体育指导中心,起到管理和指挥的作用。

三是街道、社区居委会成立的全民健身计划基础机构。它是组织和开展大众体育活动的主要载体,在接受有关部门的指导前提下,负责将大众体育政策由文本形态转变成现实形态;接受有关部门的业务监督和政策支持,组织管理社区内外的体育健身活动,对居民的健身活动进行协调和相关指导;为社区居民提供尽可能多的体育健身服务,沟通社区内外的横向联系,是政策网络的具体操作者。

在政策社群内部,政府组织仍然处于公共事务管理的中心,各级政府及其所属工作部门承担着政策执行的大部分职责,其内部互动通常表现为行政性沟通,基本信息通路是:上海市政府—上海市体育局—市体育局群体处—区县体育局—区体育局社会体育指导中心—街道办事处—社区体育指导中心—居委会体育小组。在这种科层制的组织模式中,中间管理层和执行层规模的日趋庞大,不同部门的信息存储、过滤、加工、再处理以及部门间交接都将大大降低信息传递速度和准确性。虽然该网络中的各层行动者们职责明确有利于保障政策实施的有效性,但制定权与执行权的分离,也为政策执行带来一系列问题。比如,不利于调动街道、居委会和社区工作人员对政策执行的积极性,对其他上层行动者的行动策略参与性缺乏,往往导致忽略政策效果,而只对执行任务负责。如仅仅依靠汇报、文件上报,上层行动者无法及时、准确地了解执行信息,决策层的网络回应力降低,针对性政策纠偏工作严重滞后。

(二)政策社群与核心网络的互动与冲突

从2014年开始的市民体育大联赛市场化招投标改革实践中可以看出,目前承担体育公共服务生产的绝大多数仍然是非营利性组织,以各级单项体育协会为主。但大部分市级体育单项协会最初由政府部门发起成立,单项协会副秘书长以上人员一般都由政府部门领导和政府官员担任，从组织结构到人员配备都带有浓厚的官办色彩，没有完全摆脱与政府的依附关系[①]。本应履行服务产品市场化供给主体责任的体育非政府组织，在实际运行中往往变成政府公共服务职能部门的延伸。如果说政府权力来源于宪法和严格的组织权力分配；而非政府公共组织既不属于国家机关，也不受国家机关组织法律规范调整，那么在政策执行中，这些非政府公共组织的权力从何而来，是来自某个公共权威的授权，还是来自创建人的意志，仍然是学术界争论的焦点[②]。

商业性体育组织（如体育俱乐部、体育服务咨询类企业）虽然是较完善的市场化主体，但其在体育公共服务供给中的参与度仍较低，体育公共服务社会化供给的政府行为内部化仍较严重。在西方发达国家，政府购买体育公共服务的过程通常是：先由政府向社会公布购买体育服务的预算与开支，同时，向社会公布政府购买体育公共服务的价格、数量和与服务有关的各项质量指标；然后，通过招投标的方式进行竞争，在中标之后政府进行购买服务的拨款；最后，按照政府的要求完成服务。在这一过程中，通过市场机制的调节，商业化体育组织可以充分参与体育公共服务的社会化竞标。目前，在上海试点的体育公共服务政府购买中，选择程序上通常采用非竞争性的沟通方式，即社会组织跟政府特定的购买部门相互之间通过事先的沟通，确定区域内已具有一定声誉、运转多年的公益服务社进行改组重建作为服务承接者，而未采用面向社会公开竞争的方式。这种双向选择方式可以在一定程度上降低政府的购买风险，有利于政府购买服务的质量保证，但对于区域政府

---

① 黄盛泉：《上海市大众体育政策执行的制度分析》，东华大学行政管理专业硕士学位论文，2014年，第31页。
② 杨虎涛：《政府竞争对制度变迁的影响机理研究》，中国财政经济出版社2006年版，第456页。

购买的市场化机制形成以及其他中小型民间组织的培育所可能造成的不良影响还值得商榷。另外,购买行为的内部化容易导致购买程序的不严谨和法律等规范性文件依据的不严密。此外,广大的教育机构,如各类中小学校和大中专类院校拥有的体育场馆,以及公共体育场馆(场地)等社会体育资源的开发利用,仍然依赖于各个机构的分散管理和自主经营,也尚未得到有效整合。

(三) 政策社群与议题网络的互动与冲突

公众作为服务消费层,也是体育公共服务产品的最终受益者。然而受到公共财政经费的制约,决策层的政策社群难以保障区域内体育服务设施的有效供给和充分投入。尽管上海市每年用于体育事业的财政经费呈快速增长的趋势,但与发达国家相比,仍存在较大差距。2017年,上海市群众体育支出预算为8 003万元,占当年体育事业财政支出预算的15.34%[①]。韩国国民体育振兴公团2009年投资3 668亿韩元用于韩国体育振兴基金,其中1 400亿韩元用以支持大众体育,大众体育占韩国体育振兴基金的38.17%[②]。2013—2014年,英国每年的体育拨款额为5 000多万英镑,大众体育财政拨款占英国体育财政拨款的60%[③]。澳大利亚政府在2006—2007财政年度为体育事业拨款2.649亿澳元,其中大众体育占年度总拨款的比例为47.6%[④]。有限的体育公共财政预算,制约了体育公共设施建设的有效覆盖范围。据调查显示,约33.73%的居民认为其居住地与健身场馆距离超过1 000米,18.81%的居民需要到距离2 000米以上的体育设施场所参加锻

[①] 《上海市体育局2017年度单位预算》,2017年。
[②] 李丽、杨小龙、兰自力、曹秀玲:《我国群众体育公共财政投入研究》,《首都体育学院学报》2015年第3期,第196—201页。
[③] 同上。
[④] 杨小龙:《澳大利亚、芬兰的体育事业财政制度及其经验借鉴》,《广州社会主义学院学报》2012年第3期,第98—100页。

炼。锻炼场地太远也是限制他们参加群众体育活动的重要因素之一。关于希望政府建设公共体育锻炼场地设施的类型,64.03%的居民希望政府建设社区乡镇健身活动中心;27.24%的居民希望建设综合性健身休闲场所;8.73%的居民希望建设体育健身广场。并且,75.47%的居民希望上述场地设施建在社区附近;19.48%的居民希望建在公园绿地附近;5.05%的居民希望建在大型公共建筑附近。上海市政府近年来也积极探索体育公共服务的市场化改革,如试点采用政府购买服务的方式,以减轻政府财政负担。调查中显示,虽然有70%的居民表示赞成由政府购买服务提供给市民免费参加体育活动,但也有15.29%的居民持反对意见,对政府这一做法表示担忧,认为为了去定点的免费场馆,真正的参与者要付出更多的时间和精力[①]。因此,虽然从政府管理角度来看,体育公共服务的市场化改革有助于实现体育公共服务供给的多元化,通过公共部门与私人部门之间、公共部门之间的竞争,保证社区体育运作的资金来源,同时提高体育公共服务供给的质量和效率。但是从公共服务的消费者——居民的角度来看,改革的成效尚需良好的制度设计加以保障。

政策社群与政策支持层之间的互动主要表现在:在政策拟订初期,决策层往往邀请专家学者以及第三方机构共同参与政策的制定、提供咨询建议、获得初步的意见反馈,在此基础上对政策进行调整和细化;当政策法规等规范性文件颁布之时,需要媒体协助及时报道与宣传,将政策社群的信息准确传达给核心网络和议题网络的行动者;政策执行过程中,政策社群还依赖于政策支持层获得经验总结、问题反馈及解决方案的提供。

政策社群中各网络成员的资源禀赋存在较大差异也是为媒

---

① 《2014年上海市群众体育发展报告》,上海市体育局,2015年。

体、专家等议题网络行动者所诟病的一大难题。由于上海各区县社会经济发展水平不一,各区县政府针对区域内体育公共服务的供给能力也存在较大差异。尽管近年来上海市体育公共设施建设发展迅速,设施数量不断增加,但分布严重不均衡。2015年,上海人均体育场地面积为1.72平方米,但市中心城区的人均体育场地面积不足1平方米。在一些人口密集的中心老城区,城市建设用地十分紧张,用于建设体育设施的经济成本高昂,造成服务于社区居民的体育配套设施供给严重不足。即使在同一社区范围内,各个街道或乡镇的社区体育公共服务供给水平也不均衡,有的社区已建成综合功能齐全、设施先进、规模较大的社区体育中心,而有些社区的健身苑规模较小、服务能力和辐射范围有限。各城区之间每万人拥有的社会体育指导员数量也有较大差异。

(四)核心网络与议题网络的互动与冲突

各类体育组织是体育公共服务改革中重要的服务生产者,在政策网络中居于核心网络层次。总体来看,上海市体育社会组织总体发展水平仍处于初级阶段,民间体育组织、体育社团的成长及发挥的作用仍然有限。根据《2017年上海市全民健身发展报告》,截至2017年年底,上海市现有登记注册的体育社会组织1 144个,其中,体育类社团410个,体育基金会3个,体育类民办非营利组织731个。全市共有在册体育健身团队49 708个,平均每10万人拥有健身团队205个,与德国每890人就拥有一个非营利体育社会组织相比,尚有较大差距。并且,这些看似数量比较庞大的体育社会组织分布呈现"倒金字塔"格局,基层社区和群众身边的体育社会组织较少,难以满足市民就近健身的需求,质量参差不齐,普遍存在治理机制不健全、活力不强、能力不足等问题。调查结果也表明,社区居民属于个人自发锻炼(包括与朋友、同事一起练习)的比例高达74.8%,而通过社区组织活动与民间团体活动进行运动的社区居民比例仅为11.5%。究其原因,一是居民普遍看重个体锻炼在时间和地点选择上的自由度,二是民间体育组织和团体的组织性和号召力不足。缺乏专业人员的技术支持则是上海体育社会组织供给服务的又一障碍。参加体育锻炼的人群中,有60.6%的人没有接受过体育锻炼方面的指导,有65.6%的人是通过"自学"掌握体育锻炼技能①。尽管上海已经建立了社会体育指导员制度,每万人拥有社会体育指导员数量在全国名列前茅,但社会体育指导员制度的实际运行能效并不高。原因在于目前社会体育指导员的来源仍以居委会干部为主,他们拥有丰富的基层管理经验和较强的组织活动能力,但缺乏专业性指导社区居民进行体育健身的能力。虽然曾经尝试社会招聘专业人员(如大学毕业生),但囿于人事管理、薪酬待遇及职业发展空间等因素制约,人才流失现象严重。

可见,作为核心网络的体育公共服务生产者组织与议题网络中的服务消费者的联系较为松散。体育社会组织缺乏正常的市场主体对于消费者需求变化的高敏感度和关注度,在资金支持和行政依附等关系的制约下,将更多的关注焦点集中在了政策社群,而不是议题网络中的服务消费层。服务供给市场的不健全、协商式供给的普遍存在、竞争机制的匮乏,又进一步降低了现有商业性服务生产组织的参与积极性。这些核心网络与政策支持层之间的联系主要通过政策社群,直接的互动联结也较少。核心网络的供给乏力是造成体育公共服务政策网络执行断层的重要原因之一。

(五)议题网络内部的互动与冲突

议题网络是体育公共服务改革政策网络中参与者最广泛、水平依赖有限的行动者层次,虽然他们无法直接左右改革的政策决策,但他们对于改革的态度、对政策的拥护程度、接受服务的频度

---

① 《2014年上海市群众体育发展报告》,上海市体育局,2015年。

以及对服务的满意度都将通过政策结果反馈影响下一阶段的政策制定。作为服务消费层,目前上海的体育公共服务消费群体呈现出显著的老龄化、个体化、分散化的特征。2014年群众体育发展状况调查结果显示,上海市中青年人经常参加锻炼的比例(25.8%)远低于老年人锻炼的比例(42.2%)①。老年人成为体育公共服务的主要受益群体,青壮年受到生活压力、工作节奏、竞争激烈等环境因素的影响,缩短了体育运动时间,对体育公共服务的消费水平较低。同时,对体育公共服务品质的较高要求,也降低了中青年人群对于体育公共设施的依赖程度。运动健身的理念还停留在个体层面,分散化的运动消费形式代替了家庭捆绑式。新闻媒体对于体育公共服务的关注程度仍有待提高,市场化的营销策略比较缺乏,吸引更多的赞助商将有助于缓解非营利组织体育公共服务供给的资金短缺问题。基层的体育项目协会是专业技术支持的重要来源。专家学者和研究机构往往能够为体育公共服务提供较为客观的咨询和建议。对于公共服务改革(包括但不局限于体育公共服务改革),政策出台伊始,就有学者支持,也有学者表达质疑和担心,他们的观点部分发表于业界的学术型刊物,供专业层内部进行学术讨论和观点激荡,此类通常不易为大众所获知;部分见诸各类媒体报端。专业层与媒体之间的合作联系进一步加深了两者在信息共享和知识支持方面的互动结盟,对同属议题网络的服务消费层将产生更加具有说服力和信任感的信息传递及舆论导向。

综上,虽然政策网络中各网络内行动者拥有的资源和权力存在不平等,但并不妨碍彼此行为的互动性和相互制约性。各层次网络之间沟通路径的存在,使行动者们能够利用已有资源和行动策略影响政策社群。从资源占有来看,政策社群与核心网络是政

---

① 《2014年上海市群众体育发展报告》,上海市体育局,2015年。

策制定和执行的关键角色。市政府和市体育局在政策网络中居于核心统治地位，是政策制定的权威；各区县政府、各区县体育局是政策协商的参与者和决策的参与者。服务生产层的核心网络拥有服务产品生产必需的经济和社会资源，在政策决策上具有一定的发言权，可对政策制定和执行施加一定的影响力。议题网络中的服务消费层即民众相对其他层次行动者而言则是构成较为松散、资源较为匮乏、信息储备不足、意见表达不畅的主体，他们主要通过各种来自政府、媒体、科研机构的民意调查反馈信息，965365体育公共服务热线的开通，无疑为该层次网络主体信息汇聚、向其他网络进行意见表达提供了有效的便利平台。

因此，体育公共服务政策网络的有效运作还依赖于制度环境的改善和社会参与式服务网络的构建等保障体系的建立和完善。从制度层面来看，西方发达国家普遍采用建立合法的、经双方协商认定的合作框架的方式。这种合作框架从法律的高度对政府以及服务供给方明确责任，并规定行政问责与对服务供给方问责的措施。政策网络的构建强调不同利益群体的诉求表达以及广泛参与。在这个由多方构建的利益传输和服务供给体系中，不仅强调服务的作用和效果、个体需求的满足，更重要的是实现民众对于自身需求和呼声得到关注的满足感，以及社会组织对自身发展的成就感，增加民众与社会组织对政府的价值认同。

第二节 政策执行与要素协同

一、政策网络中的政策执行与要素协同

政策网络为政策过程分析提供了新的研究范式。在由众多主体组成的网络结构中，因各自资源占有的不同，相互影响、相互作用,在政府与其他行动者之间利益关系的平衡互动下,最终输出的产品就是公共政策。保证这一机制通畅运行的关键在于,主体间存在可用于交换载体的互动关系,这种互动关系通过政策网络各构成要素之间的权力平衡、利益协调、资源共享呈现出来。如米切尔·黑尧所言,"政策网络和政策共同体在从议程确立、决策直到政策执行的整个过程中,都是以一种相对整合的方式运行的"①。因此,政策网络结构的资源分配属性决定了政策过程的运作方式以满足各方相关者的利益需求为目标,在政策执行阶段就形成了两种具有代表性的分析模型:利益模型和治理模型。利益模型关注国家与各利益群体之间的关系,将政府进行利益整合与协调的能力作为政策网络运行的核心;治理模型关注政府在网络结构中调动资源的能力,将政策执行视为一种特殊形态的政府治理。两者的共同点在于都强调政策网络中各要素之间的协同互动。

(一)结构要素协同

政策网络的结构关系包括执政机构及其下设权力结构、各级行政部门之间的政府结构、市场主体组成的私人结构,以及社团和民间组织构成的社会结构。这些结构关系反映了公共部门与私人部门之间、私人部门和社会利益群体、公民个体之间形成的政策治理与制约特征,政策执行在各种构成要素的关系协同中得以推进。结构关系之间关联程度和协同方式的不同影响着政策执行不同的表现形式。当结构关系关联较弱时,要素协同度较低,政策网络行动者处于各自独立的相对无序状态;随着调节控制变量使结构关联度增强,行动者之间的无序独立活动减少,协同作用逐渐增强并达到控制状态阈值,表现为政策执行的程序通路。不论是从有序

---

① [英]米切尔·黑尧:《现代国家的政策过程》,赵成根译,中国青年出版社2004版,第69页。

自发走向无序,还是从无序突变到有序,政策网络结构的发展趋势都表明网络结构的有序程度与政策执行的有效性成显著正相关,即有序程度越高,政策执行越顺畅完善;反之,无序状态下,政策执行受到抑制。

受到政策网络类型、政策议题性质、政策过程、政策合法性等因素的影响,各结构要素以及要素之间的权力、利益、资源交换都可能成为主导网络演化的支配变量。有时,政策网络从无序状态到有序状态的更替过程中,网络结构中的几种关系都试图谋求对网络的主导作用力量均衡的多个变量之间能够自发妥协形成彼此协同机制,达到对政策网络的控制作用。自发妥协的诱因可能来自网络中结构之间的行为认同、价值认同和规范认同等互动关系。这一自发妥协和协同机制,加强了结构内部各要素之间的信息反馈,进一步推动网络结构的功能优化与自我提升。

(二)学习机制协同

前文已经明确,政策网络中各要素之间通过结构关系协同实现政策执行与政策结果。这种协同合作的互动关系,需要依赖学习机制完成。结构要素之间的学习促进了政策网络协同程度的提高。这里所指的学习,并非传统狭义的知识积累,而是更加广义宽泛的信息交流与收集反馈。不同于传统的单向学习,政策网络中的学习机制是涵盖所有行动者,全方位、多回路、多向度的网状学习。因此,在政策网络中,政策结果的反馈和信息传递回路与控制机制同等重要。政府不再仅仅扮演领导和协调的角色,还要建立与网络结构中其他行动者之间的合作与交流机制。政策网络中不同的学习形态代表着网络结构协同作用的不同层次:通过网络结构的行为学习达到行动者之间的行为认同,通过彼此的价值交流与学习达到一致的价值认同,通过对网络结构的规则学习达到统一的规范认同。随着行动者间学习程度的不断深入,政策网络的结构性协同不断提升。

网络结构中的行为学习,是行动者发现并认可其他行动者行为背后的差异性利益要求,随之调整修正自己的利益要求,使之缩小差距最终达到行动者之间利益共识的过程。价值学习通常发生在行为学习之后,达成共识的利益取向决定了政策目标的选择,而在政策目标的形成过程中,需要各网络结构要素对凝聚的价值进一步提炼和升华,并将其扩散到政策网络的其他部分,使政策目标在网络结构关系之间达到整合一致的状态。政策目标的明确有助于清晰下一步政策工具的选择,政策工具的有效实现依赖于政策网络中各结构要素的行为准则规范。规范学习也是使政策网络结构关系具体化到政策执行,并最终实现政策结果的实践环节。

由于不同类型的政策网络之间,网络结构要素依赖性、要素互动持续性和社会要素自主性差异显著,不同的结构关系与不同的政策内容会表现出不同的学习形态变化及不同的政策执行效果。比如,权力主导型政策网络,权力结构的学习能力尤其是政府结构对于政策目标和政策规范的学习能力,是影响并形成与其他结构关系之间协同运动的关键变量。市场主导型政策网络也称为私人支配型,权力和政府结构与市场和社会结构主体之间的利益诉求表达与回应能力是各结构互动协同的基础。不同类型的政策网络,所需学习内容的重点不同,导致网络协同程度也有所差异。

如果说行为学习、价值学习和规范学习代表了政策网络学习的不同层面,学习的深度则经历顺应、认同和内化三个演化阶段。顺应是浅表层次的被动式学习,此时部分结构要素对于其他结构要素的利益要求或政策目标、政策工具并不认可,迫于结构关系压力被动接受,表现为行动策略的不作为或消极应对。认同阶段建立在网络中各结构要素对自己或对方结构要素的利益要求有所理解,并在认可政策目标和政策工具的基础上,行动策略表现与目标实现基本一致，但对于行为、价值、规范的认同程度不同也会导致行动策略出现偏离。内化阶段是学习效果的最高级表现形式，结构体能够自发将政策目标所承载的价值取向内化为自己的价值指引和行为导向，主动自觉地接受政策规范作为自己的行为准则，代表了政策网络更高层次的协同与有效。

（三）退让机制协同

不论是结构要素协同，还是学习机制协同，基于多元复杂的利益要求差异，政策网络的关系协同都离不开各结构要素之间的退让机制。政策结果往往是政策网络结构性关系特征的外显以及主体之间持续的谈判、妥协与博弈过程的产出。也可将其解读为网络结构要素之间依据达成共识的规则，通过彼此的利益要求妥协与让步，以实现双方利益最大化的调节机制。每一个结构关系的利益实现都不可避免地受到其他结构要素的影响，这就使基于利益要求差异基础上的妥协退让、整合协调成为必然，这也是政策网络协同程度的重要状态标识。

退让机制运作的核心在于利益互换，表现为权力、资源的共享与交换。由于政策网络资源的稀缺性，各结构主体占有的权力和资源禀赋不同，决定了其网络中的话语权和交互博弈的主动权的差异。当结构要素之间发现无法充分实现各自的原始利益要求时，为了避免更大的利益损失，互相退让妥协以达到新的利益共赢格局就成为不约而同的行动策略选择。政策网络中的退让机制也是正和博弈的一种，博弈双方的利益所得之和大于双方所失，网络结构的整体利益得以增进。

退让机制内涵着对彼此利益差异存在以及这种差异不可消弭性的承认与接纳，致力于建构一个平等对话的框架以实现差异之间的妥协。从这个意义上说，退让机制出现的目的在于保护这种差异状态，避免要求价值观的强行一致而引发结构要素之间的对立与冲突。政策网络的发展过程也是在不断的妥协与退让中演化。包容与妥协退让是价值认同的逻辑前提也是必然结果,各结构要素之间的彼此退让与相互塑造,最终形成高度协同的政策网络,并依赖观念和制度规范将这种协同状态固化升华。

二、体育公共政策执行及其阻滞

(一)体育公共政策执行的特征

体育公共政策是为解决一定历史时期发生的与体育相关的公共问题,由相关政策主体制定并执行,以满足社会公众身心健康、娱乐休闲等体育需求为导向,维护民众体育权益为宗旨的一系列有计划的活动安排①。这一概念的界定包括以下内涵。(1)目标明确。体育公共政策的出台通常伴随着特定历史时期某些与体育相关社会问题的出现,其政策的指向性明确。(2)主体清晰。体育公共政策的制定主体,除体育行政部门外,还可能涉及教育部、财政部、人力资源和社会保障部等其他相关机构,集中反映和体现执政党的意志和愿望,是政府用以协调国家体育发展中各层利益关系的工具。(3)导向一致。满足民众的体育需求、维护民众的体育权益是体育公共政策制定与执行的终极价值,一切与此相关的体育公共产品和服务都可能成为政策内容。(4)形式多样。体育公共政策的出台,通常具有接续性和系列性,其表现形式包括但不限于法令、措施、条例、计划、方案、规划等。体育公共政策执行就是执行主体整合各种政策资源,运用各种执行手段,对政策对象施加影响,将体育公共政策目标现实化的过程。目前,我国体育公共政策的执行链条由国家体育总局、省(直辖市)体育局、市体育局、区

---

① 季谋芳:《体育公共政策执行研究》,湖南师范大学体育人文社会学专业博士学位论文,2013年,第31—32页。

县体育行政机构组成,具体呈现如下特征。

1. 政策对象的层次性

我国体育公共政策作用和影响对象是面向全国地域范围的全体国民。民众需求表现出多层次、多样化的特征,区域间的经济发展水平和社会文化差异性都将影响政策目标达成进度和政策执行的效果,政策服从的不一致性显著。不同社会主体对于体育需求的诉求也存在很大差异。目标的多元化引起体育资源配置以及体育政策诉求的分层化和分散化。不同阶层群体的体育消费、健身意识、参与程度均呈现明显的差异性。比如,收入中高端群体更加偏爱设施齐全、科技含量高、配备专门教练的体育健身俱乐部或项目;收入偏低人群更倾向于选择住所附近空地、公园、公共广场绿地等地点进行简单易学、成本低廉的健身活动。在体育政策的制定过程中,来自不同阶层群体的这些差异性诉求,决定了政策内容的指向性和对象范围的覆盖性。

2. 政策执行方式的非强制性

一般而言,公共政策的制定与执行受到国家强制力的保障具有权威性。政策执行过程中,政策执行者可以依靠国家或政党的力量,采取必要的强制方法和手段来实现政策目标。虽然体育公共政策的执行对政策执行主体也同样具有强制性,但是政策执行的方式却是非强制的。群众体育活动的开展通常以自愿为原则,讲求"参与自愿、活动内容自主、活动形式自由",人们可以根据自身的兴趣爱好和活动条件选择适当的活动时间、地点、内容和形式。国家鼓励公民参加体育健身活动,但不具强制性,并未要求公民必须参加。民众的体育权益,可被理解为公民享有的基本参与权利,而非义务。因此,在体育公共政策执行过程中,政策执行者主要采取宣传、组织活动和竞赛的形式,引导和吸引更多的目标群体参与;通过提供场地器材等物质条件和服务,给予执行和实施的保障。

3.政策效果显现的滞后性

我国体育公共政策目标的核心是加强全民族的体质建设,普遍提高全体人民的身体素质和健康水平,建立具有中国特色的全民健身体系。这些目标的提出符合我国经济社会发展的实际需要,其实现有赖于全社会的共同努力。对于政府,需要持续性的公共财政投入,提供优质高效的体育公共服务产品,不断完善制度设计,拓展服务供给的范围。对于民众,需要提高全民健身的意识,树立健康的生活理念,培养积极的生活娱乐休闲方式。对于社会,需要构建全民健身的氛围,形成体育公共产品供需良性循环的有序市场,升级产业结构,刺激体育消费。可见,体育活动对于国民体质的改善是一个漫长而持续的过程,需要几代人的共同努力。相对于政策执行的过程而言,政策执行效果的显现具有潜在性和滞后性。

(二)我国体育公共政策执行面临的现实挑战

我国传统的体育公共政策执行体制是政治、经济和行政长期一体化的结果,突出表现为政府位于公共权力的中心,同时拥有制定和执行体育公共政策的权力,其他公民或非政府体育组织对体育公共政策执行体制的有效参与不足。政府扮演唯一的体育公共政策执行主体,这种政策执行体制在实践中带来诸多弊端。尽管近年来对于体育政策执行主体多元化改革的呼声渐高,但受制于现行管理模式,社会主体参与政策执行仍存在较大障碍。政策执行中的政治权威色彩依然浓厚,地方政府的短期绩效观和自利现象普遍存在。"条块分割"和"有限分权"的政策执行结构限制了体育资源的共享和分配。利益平衡、民主参与、信息沟通、监督评估和执行保障机制仍然匮乏。

学者们从各自不同的角度解读了目前我国体育公共政策执行受阻、行为出现偏差的原因及对策。刘玉等认为,利益冲突、认知缺陷、制度建设、执行能力是造成我国社会体育政策执行主体行为偏差的主要因素,要提升我国社会体育政策的执行效果,必须提升执行主体对社会体育政策的认知能力、加强社会体育政策执行制度建设、规范政策执行主体的利益平衡关系、不断提高执行主体政策执行能力[1]。刘峥和唐炎认为,由于公共体育服务政策制定主体的权威性不够、利益主体之间的冲突、政策执行监管不力等原因,导致政策执行过程中出现了选择性执行、替代性执行、象征性执行等阻滞现象。要从根本上治理这些阻滞现象,应该完善公共体育服务政策结构,提升政策权威度;认清局部和全局的关系,健全公共体育服务利益平衡机制;加强公共体育服务政策执行的监督,健全责任追究机制[2]。谢正阳等认为,公共政策的实践效果如何本身反映着政府的治理能力;而公共政策的良好实践效果往往又取决于决策的科学化、民主化和政策的有效执行。他们进一步认为,基层体育部门财力、物力、人力,政府(公共行政人员)和社会(公民)体育意识以及监控力不足是造成公共体育政策实施过程中失真性执行的主要原因[3]。

实践中,尽管各地方政府比以往更加关注政策权威性与内容的规范性,更加重视执行机构的执行力,但政策执行的效果依然会受到政策本身的实践性强弱和细化程度、执行主体的职能转变、与其他政策的配套关联紧密性、政策时效性等因素的影响[4]。其中,过于理论宏观、规定较笼统、缺乏实际操作效用及对应措施,或涉及行业较多、专门性和针对性不足,或与现有其他政策尤其是财政

---

[1] 刘玉、隋红、田雨普:《转型期我国社会体育政策执行偏差的主体因素研究》,《山东体育学院学报》2010年第2期,第24—28页。
[2] 刘峥、唐炎:《公共体育服务政策执行阻滞的表现、成因及治理》,《体育科学》2014年第10期,第78—82页。
[3] 谢正阳、唐鹏、刘红建等:《公共体育政策失真性执行与对策探析》,《体育与科学》2015年第6期,第68—73页。
[4] 魏亚楠:《江苏省体育产业政策执行效果研究》,江苏师范大学体育人文社会学专业硕士学位论文,2018年,第27—40页。

政策相冲突，或政策本身脱离政策目标、定位不准确、扶持不完善，导致执行效果较差。另外，政策执行效果还受到执行机构的选择性执行和执行对象的自身认知限制。比如，部分涉及地方政府利益的财税补贴政策（如水电优惠政策）会被弱化宣传，导致政策推广的普及程度很低，很多体育场馆的经营业主并不知道有这类政策，也未曾获得过此类优惠扶持。执行对象的自身认知局限性表现在，不同产业不同规模的经营者对政策的关注和了解程度有较大差异。具备一定规模的体育场馆的经营业主几乎都对当地的体育产业政策比较熟悉，相比之下，中小规模的民营企业经营业主因传播途径和自身的发展需求所限对政策的了解程度较低。专门从事单一项目产业经营的业主往往仅关注该单项的政策文件，对综合性的产业政策或其他项目政策不够熟悉。

综上，决定体育公共政策被有效执行而不是遭遇执行阻滞的关键因素在于执行主体的行为模式。

首先，政策执行的自主性。在政策执行过程中，执行主体是积极行动还是消极行动，是主动自觉地执行，还是观望式、照搬式、阳奉阴违式、选择替代式执行直接影响政策的上传下达。这里的自主性还蕴含着自发创新性含义。由于各地的政策环境、政策资源投入以及执行机构行为规则差异性显著，多数政策文件依赖于各级政府根据区域需求自主制定发展策略，创设符合本地区发展情况的工具与方法。

其次，政策执行内容的合理性。这一点需要通过执行方案的设计来体现。政策内容需要具备明确具体、实用公平的特征，尽量避免指向不明、说辞笼统含糊的宽泛性政策文本的出现，务必使执行主体目的明确，制定的任务清晰具体。

最后，政策执行的持续发展性。这是指政策执行过程中执行主体有步骤、分阶段的行动，需要突出重点、统筹兼顾，并随着执行目标和任务的递进,根据实践情况不断改善执行方式,将持续提高执行效率和追求执行效果贯穿政策全过程。

第三节 关系博弈下的利益格局固化

一、公共服务委托代理关系中的博弈与风险

博弈论致力于研究利益关系相对立的各方在冲突环境中,如何根据他方策略来决定自己的最佳行动方案。现代博弈论的建立经历了从诺依曼、摩根斯坦的"二人零和博弈",到纳什提出的完全信息静态博弈,再到不完全信息条件下的动态贝叶斯博弈发展阶段。不论博弈的类型如何划分,局中人、策略集合、利益支付和信息都是不可或缺的要素。博弈论最初在经济学领域得到重视并广泛应用于资源环境及财富分配研究。1962年,美国学者威廉·赖克在其著作《政治联盟理论》中将博弈分析引入政策研究。传统的决策理论认为,决策主体唯一,其决策结果存在一个最优选择,且不依赖于其他主体存在。博弈论的出现颠覆了这一观点,认为两个或以上决策主体的冲突不存在独立的最优决策结果,因为一方的选择取决于他方的选择,决策结果与决策环境互为决定性。

受到博弈论的启发,1977年,学者尤金·巴达奇(Eugere Bardach)在其《执行博弈》一书中将政策执行过程解读为"为追求自身利益的众多行动者之间或目标一致或目标冲突的策略性相互作用",行动者之间关系松散,却又因彼此的行动策略选择而相互联结。根据公共政策领域的问题性质,并充分考虑政治性质、利益冲突及不确定性等因素,巴达奇进一步将政策过程的博弈类型具体为四种:资源转移博弈、目标扭曲博弈、行政控制两难博弈和分散资源博弈(如表6-1所示)。当传统的静态层级监督管理研究转

向博弈论视角下动态府际关系协调分析时就会发现,不同博弈类型下,行动者们可能采取不同的阻碍策略,由此解释了政策过程中因行动者主体之间利益冲突与博弈关系造成的政策过程受阻、停滞以及政策结果的低效、无效;同时说明,政策本身无法自动自发地推进并自主实现预期目标,必须依赖于制度规范和监督管理机制。

表 6-1 政策执行博弈的模型

执行博弈类型	策略1	策略2	策略3	策略4	策略5
资源转移	资金施惠性分配	预算过多支出	补助金极大化	贪图安逸	项目分肥
目标扭曲	维持和平	掌握执行权力	扩大项目	—	—
行政控制两难	象征主义	大规模抵制	社会之熵	管理博弈	—
分散资源	固执	管辖领域	推卸责任	沉没投资	声誉

资料来源:作者根据如下文献整理所制:[韩]吴锡泓、金荣枰编著:《政策学的主要理论》,金东日译,复旦大学出版社2005年版,第369—376页。

同样,在目前我国体育公共服务改革中,政策主体间的关系博弈与风险预期也是决定改革能否顺利实施并达到政策结果的关键。为此,在探讨保证改革与政策效果实行规范化治理并提出针对性的改进意见之前,有必要更加深入地阐明公共服务改革中面临的主体间博弈关系及可能存在的风险。如前文所述,在公共产品和服务供给领域引入市场机制,实行服务供给者与直接生产者的分离,已成为我国政府推进公共事务治理改革与社会管理创新的重要内容。受到普遍推崇的政府购买及公共服务外包已被纳入多数地方政府的年度常规预算。不可否认,近年来的实践表明,政府购买及公共服务外包确实在一定程度上有助于提升公共服务质量并满足公众多样化的服务需求,然而,腐败贿赂、偷工减料、财权交易等现象也频繁出现。

需要再次明确,公共服务外包中存在的委托代理关系,尤其是政府参与下的双重委托代理关系结构中固有的缺陷在于:委托人和代理人的利益要求不对称且难以调和,在关系博弈中往往以牺牲部分公共利益为代价寻求共识;委托人和代理人之间信息占有不对称现象客观存在,且常常是造成委托人利益损害的直接原因;委托代理双方事先无法穷尽履行期限内可能发生的所有情况,契约不完全难以避免;公共产权的不可分割性使得公众委托人身份不明确,也无法以个体形式实现委托权[1]。这些缺陷的存在,导致公共服务外包过程中的政府、民众、第三方部门等各方参与主体都不可避免地面临一系列委托代理风险。

对于政府部门而言,作为公共服务的供给者和分配者,公权力寻租是导致腐败的关键因素之一。在公共服务外包中,有限理性的政府机构及其公职人员可能利用公权力追求个人或部门利益,这些行为进一步刺激企业或第三方部门等服务生产机构通过贿赂、合谋等非法手段获取政府的购买或承包合同、特许经营权、补贴等垄断性巨额收益,获得额外灰色收益的行政人员也将据此有意设置寻租门槛或创造寻租条件,从而形成权钱交易的潜在循环。政府作为委托人在对服务生产方进行代理人选择时,面临逆向选择风险。由于信息不对称的客观存在和高昂的获取成本,政府通常无法掌握潜在代理人的全部信息。企业或第三方部门基于自身利益需求的考虑,往往会包装或隐藏其真实的经营信息,囿于政府的专业技术限制和监管不利等原因,一旦以低价获得政府购买或外包合同,就容易出现服务产品生产效率或质量低下等问题。合乎规

---

[1] 明燕飞、谭水平:《公共服务外包中委托代理关系链面临的风险及其防范》,《财经理论与实践》2012年第2期,第104—107页。

则、管理规范的代理人反而被挤出市场,导致"劣币驱逐良币"现象的发生。在公共服务购买或外包的多重委托代理关系中,政府评判和选择代理人具有一定的排他性独立决策权,这种排他性权力为行政人员与代理人之间的利益合谋创造了机会。在缺乏有效监管的政府公共服务招投标项目中,类似的暗箱操作现象屡见不鲜。上述政府面临的各类风险中,都不同程度地涉及政府的有效监管。以企业为首的代理人群体因其追逐利润最大化的资本禀性,不具有全面考虑社会公平和公共责任的内在动力。若政府机构未能实施及时有效的监管干预,民众对于企业代理人的行为不满,将上升为对于政府的信任危机风险。如前文所述,公共服务外包并不意味着政府责任的减负或转移,反而对政府在产品质量、服务价格、契约履行与监管、行政人员行为约束等方面的治理能力提出更高的要求。

对于企业或第三方部门等接受政府委托的服务直接生产者而言,这些代理人在减少要素成本投入、尽可能扩大自身利润空间方面具有天然的内在驱动力,损害委托人利益的道德风险和机会主义行为在不完全合同要件和有限理性的前提下难以避免[1]。当多个代理人同时提供服务生产活动时,委托人对于代理人群体的服务供给检验存在盲区,群体卸责和搭便车行为就会出现。在服务外包的招标环节,信息不对称客观限制了参与方的数量规模,竞争不充分进一步增加了政府委托人评价、选择优质代理人的难度。政府的公共服务购买或外包合同大多根据当前一段时间内的公共需求状况签订,服务要求具体,且合同履行的短期化、数量化和标准化特征显著。这种订单式的购买服务模式,很难促成企业或第三方部门建立公共服务供给的长效机制。一方面,某些规模化经

---

[1] [美] E. S. 萨瓦斯:《民营化与公私部门的伙伴关系》,周志忍等译,中国人民大学出版社2002年版,第174页。

营的优质潜在代理人可能基于高昂的管理成本和机会成本而放弃服务承接机会；另一方面，已经承接的代理人则会不遗余力地从政府寻求更多的合同机会以支持自身机构的稳定运营，在政府寻租创租和代理人短期趋利的共同作用下，服务供给结果往往会偏离公共需求。当以企业为代表的代理人群体无视法律制度约束，利用自身的信息优势，通过游说、行贿、利诱等手段与本应负责监管他们的政府行政人员串通合谋，做出影响其决策或以公谋私行为时，公权力就沦为少数利益团体的牟利工具。缪尔达尔将这种现象称为"政府俘获"下的"软政权"，表现为代理人针对政府行政人员进行的利益绑架和决策操纵。

  对于民众而言，作为公共服务外包的多重委托代理关系链条中的初始委托人，其监督权力难以实现。即使民众具有监督意愿，如果缺乏配套有效的法律和制度支持，民众也无法采用公共治理中常见的"以脚投票"方式解除与代理人（即政府）之间的委托代理关系，更无法对代理人的机会主义和不作为作出有效回应。民众构成的成员复杂和数量庞大，不仅不会成为其在委托代理关系中的监督话语权优势，反而存在因为集体行动逻辑使每个成员个体都寄希望于他人有效行动而自己搭便车的风险[①]。因为企业道德风险和机会主义行为的存在，而导致的公共服务产品供给效率或服务质量低下的风险，最终将由民众承担。此外，萨瓦斯还指出，在委托代理机制下，企业的趋利性本质会引导资本流向最佳营利机会，对于获利状况不良但又不得不提供的公共服务，企业会选择消极供给或不愿供给，即"撇脂现象"。最终造成社会民众被企业代理人的市场导向行为划分成"享有优质服务"与"极度缺乏服务"

[①] ［德］魏伯乐、［瑞士］马塞厄斯·芬格等：《私有化的局限》，王小卫、周缨译，上海人民出版社2006年版，第432页。

两个群体。其中,"极度缺乏服务"的群体往往是那些本来自然地理环境偏僻,或生存条件恶劣的贫困人群,造成其在公共服务需求满足和资源分配上的进一步边缘化。

二、政府参与的公共服务委托代理博弈与风险模型

前文已经描述了目前我国体育公共服务外包中,政府、民众、企业(或第三方部门)等各方参与主体之间的双重委托代理关系博弈及各自面临的委托代理风险。根据信息经济学的观点,这些风险可概括为主体间严重的信息不对称所导致的道德风险(moral hazard),即经济活动行为人在谋求自身效用最大化的同时做出不利于他人的行动。实践中表现为服务外包管理低效、成本未减反增、项目进度滞后、服务质量效果低于预期等问题。

根据体育公共服务外包的特点,政府是处于信息劣势的委托人,企业是具有信息优势的代理人。鉴于公共服务产品的无形性和易逝性,以及体育公共服务产品较强的专业性和技术性,现实中政府以合同或合作协议的方式将服务项目外包给代理人后,通常只能以最终交付物作为监督和绩效衡量标的,服务执行过程往往由代理人自行控制项目进度、质量、过程和资源,服务外包过程普遍处于相对封闭的"零度监控"状态[1]。虽然政府委托人试图让企业代理人按照前者的利益选择行动,但政府委托人常常面临无法直接观测到企业代理人行动的完全信息和存在监督盲区的困境。可见,政府委托人的关键问题是如何减轻双方的信息不对称程度,积极参与代理人的活动过程,进而影响双方收益共享机制以及代理人的工作努力程度。囿于民众行为的复杂性和易变性,主要以

---

[1] 李晓青:《基于发包方参与的软件服务外包委托——代理关系分析》,《软科学》2013年第6期,第135—139页。

政府和企业之间的委托代理关系链为研究对象建立模型。由此建立的信息不对称条件下政府参与的委托代理博弈模型,考虑契约履行不同阶段双方互动策略选择决策,探究政府最优参与水平与合理报酬激励机制之间的关系逻辑,寻找代理人努力水平的最优解,为政府在公共服务外包中的参与决策和最大限度地避免道德风险问题提供理论依据。

(一)分阶段博弈关系描述与假设提出

由德国经济学家斯塔克伯格(Heinrich Von Stackelberg)(Stackelberg)建立的竞争博弈模型,也叫作"主导企业模型",是经济学中双寡头模型之一,其中的两个参与者分别是领导者与追随者。该模型的基本内涵是:假定市场对象的地位不对称,引起决策次序不对称,领导者先行确定产量,追随者根据观察到的领导者选择后再做出自己的决策。领导者知道追随者一定会对它的产量作出反应,因而领导者将追随者的反应视为给定约束,并以此确定自己的产量。其求解思路为从追随者的利润最大化问题入手,通过其一阶条件导出其产量对领导者产量的反应函数,并作为下一步领导者自己利润最大化问题的一阶条件,顺序求解出领导者的产量。该模型的逻辑建构与理论假设符合政府参与公共服务外包的委托代理关系特征:政府是委托人,也是领导者,具有先行决策权;企业代理人是追随者,其决策跟随政府决策变化而变化;反之,企业代理人行为选择预期又构成政府决策的依据。

在一个由政府委托人和企业代理人组成的斯塔克伯格博弈模型中,公共服务外包过程可划分为四个阶段:(1)政府给出服务外包契约,确立收益共享机制和参与投入承诺;(2)代理人根据契约计算期望收益,若收益大于预期,则接受委托,进入下一阶段,否则拒绝委托;(3)政府兑现参与投入承诺,确定参与程度,代理人开始执行项目并选择工作努力水平;(4)服务完成后,政府按照契约验收成果并对代理人进行支付。在项目执行中,政府委托人的参与投入行为表现在:其一,指派专人与代理人就项目进度、成本与质量控制、关键活动决策等方面进行及时跟踪与沟通;其二,根据项目性质,向代理人提供功能实现、服务需求变动等信息支持;其三,组建专业技术团队,对代理人的任务完成、努力程度、服务质量验收、绩效管理、奖惩细则等进行规范监控。

双方的决策博弈关系如图 6-1 所示。图中粗箭头部分显示,政府委托人根据企业代理人的风险规避天性和努力水平预期,决定自己的参与程度,并确定对代理人的报酬激励机制,以使代理人做出符合自身意愿的行为决策。细箭头部分显示,政府委托人的参与程度和报酬激励又在很大程度上影响代理人的努力水平。两者基于彼此行为预期,做出各自的策略选择。以下分析主要基于经典薪酬激励契约一般模型框架[1],并借鉴国内学者的服务外包

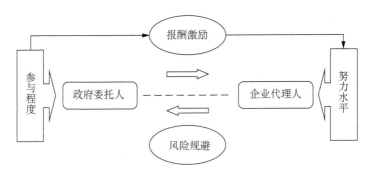

资料来源:作者自制。
图 6-1 政府参与的公共服务委托代理博弈关系

---

[1] James A. Mirrlees, "The Desirability of Natural Resource Depletion", in D. W. Pearce and J. Rose, eds., *The Economics of Natural Resource Depletion*, Palgrave, 1975, pp.140-176; Bengt Holmstrom, "Moral Hazard and Observability", *The Bell Journal of Economics*, 1979, 10(1), pp.74-91; Sanford J. Grossman and Oliver D. Hart, "An Analysis of the Principal-Agent Problem", *Econometrica*, 1983, 51(1), pp.7-45.

博弈模型[①],加入公共服务特性参数予以改进。

激励契约制定的主要目标之一是规避委托人和代理人双方可能出现的道德风险,而复杂的道德风险需要更多的激励条件约束。这些激励约束往往不是基于工作表现的离散数值,而是基于代理人努力程度的连续收益水平值[②]。假定努力水平影响下的绩效服从正态分布和指数效用,服务产出的绩效函数为 $\pi = \lambda e + \gamma \varepsilon$,其中,$e$ 表示代理人的努力程度,λ 表示代理人的能力系数,ε 表示外界不确定性随机变量且 ε 服从均值为 0,方差为 σ^2 的正态分布,γ 表示外生随机变量的影响系数。e 越大说明代理人的努力程度越高,λ 越大说明代理人的业务能力越强。

政府委托人参与投入为 I,参与成本函数为 $V(I) = kI^2$,K 为参与成本系数且 $k > 0$,随着委托人参与程度的增加,其参与成本呈增加状态且将加速递增。对于企业代理人而言,其努力成本不仅取决于自身工作的努力程度,还受到委托人的参与程度影响,代理人的努力成本函数 $C(e, I) = \dfrac{1}{2I}be^2$,其中,$b$ 为代理人的努力成本系数且 $b > 0$。随着代理人的努力程度增加,其需要付出的成本增加;随着委托人的参与程度增加,代理人付出的成本减少且其努力的边际成本变化率也递减,即不论代理人的努力程度如何,委托人高度参与都将比低度参与更有利于代理人的投入成本降低。

假定委托人和代理人之间采用线性报酬激励契约形式,委托人的总支付 $S(\pi) = \alpha + \beta\pi$,$\alpha$ 是固定支付薪酬,β 是可变薪酬的绩效相关系数。假设委托人是风险中性,代理人具有常数绝对风险

[①] 李晓青:《基于发包方参与的软件服务外包委托-代理关系分析》,《软科学》2013 年第 6 期,第 135—139 页。

[②] 刘征驰:《服务外包组织治理模式与运行机制研究》,湖南大学应用经济学专业博士学位论文,2009 年,第 76—78 页。

厌恶特征（constant absolute risk averse，CARA），采用 Arrow-Pratt 绝对风险规避度量 ρ 定义代理人风险规避程度，则代理人的效用函数为 $U_A(w) = -e^{-\rho w}$，其中，w 为代理人实际货币收入。

（二）基于双方期望收益建立的委托代理模型

如上假设，分别考虑绩效产出和双方的成本投入，委托人的期望效用函数为 $U_p[\pi - S(\pi) - V(I)]$，代理人的期望效用函数为 $U_A(w)$，且 $w = S(\pi) - C(e, I) = \alpha + \beta(\lambda e + \gamma\varepsilon) - \dfrac{be^2}{2l}$。由于委托人是风险中性，所以，其期望收益与期望效用等价，有：

$$R_p = EU_p[\pi - S(\pi) - V(l)] = -\alpha + (1-\beta)\lambda e - kl^2 \quad (1)$$

代理人是风险规避的，其确定性等价收益应该等价于实际货币收入期望，有：

$$U_A(R_A) = EU(w) \text{ 即 } -e^{-\rho R_A} = E(-e^{-\rho w})$$

得到，

$$\int_{-\infty}^{+\infty} -e^{-\rho\left[\alpha+\beta(\lambda e+\gamma\varepsilon)-\frac{A}{2l}e^2\right]} \cdot \dfrac{1}{\sqrt{2\pi}\sigma} \cdot e^{-\frac{\varepsilon^2}{2\sigma^2}} d\varepsilon$$
$$= -e^{-\rho\left[\alpha+\beta\lambda e-\frac{A}{2l}e^2\right]+\frac{1}{2}\rho^2\gamma^2\sigma^2\beta^2}$$

有：

$$R_A = \alpha + \beta\lambda e - \dfrac{b}{2l}e^2 - \dfrac{1}{2}\rho\gamma^2\sigma^2\beta^2 \quad (2)$$

按照 Arrow-Pratt 结论，当 $\beta=0$，风险成本为零；当 $\beta \neq 0$，若代理人是风险规避的，确定性等价收益 R_A 等于期望货币收入均值减去风险成本，式中 $\alpha + \beta\lambda e - \dfrac{b}{2l}e^2$ 为代理人期望货币收入，$\dfrac{1}{2}\rho\gamma^2\sigma^2\beta^2$ 为代理人风险成本。

虽然在斯塔克尔伯格博弈模型中,委托人具有先行决策权,但其最大化期望收益依然受到代理人的个人理性约束(individual rationality,IR)和激励相容约束(incentive compatibility,IC)的双重制约。由此,委托人和代理人之间的委托代理关系可表述为基于委托人期望收益 R_P 最大化的激励约束求解问题:

$$\max_{\alpha,\beta,I,e} -\alpha + (1-\beta)\lambda e - kI^2 \quad (3)$$

s.t. 个人理性约束(IR)$\alpha + \beta\lambda e - \dfrac{b}{2l}e^2 - \dfrac{1}{2}\rho\gamma^2\sigma^2\beta^2 \geqslant \overline{w}$ (4)

激励相容约束(IC)$e \in \arg\max \alpha + \beta\lambda e - \dfrac{b}{2l}e^2 - \dfrac{1}{2}\rho\gamma^2\sigma^2\beta^2$

(5)

其中个人理性约束 IR 即参与约束,$\overline{w}$ 表示代理人薪酬契约中最低可接受的确定性货币等价,也是代理人接受此任务的机会成本。

(三)求解关键变量

因为信息不对称问题的客观存在,委托人无法完全监测代理人的努力程度,而代理人有可能利用自己的信息优势选择收益最大化的较低努力水平,委托人希望通过参与行为和薪酬激励契约两种手段以减少代理人的道德风险。

最优化情况下,式(4)取等号计算,报酬激励契约中的固定支付薪酬 $\alpha = \overline{w} - \beta\lambda e + \dfrac{b}{2l}e^2 + \dfrac{1}{2}\rho\gamma^2\sigma^2\beta^2$,激励相容约束的代理人优化为 $e^* = \dfrac{\beta\lambda I}{b}$,当委托人获知 α 和 e^* 后,原委托人期望收益 R_p 最大化目标函数式(3)演变为:

$$\max_{\beta,I} R_p = \max_{\beta,I} \dfrac{(2\beta-\beta^2)\lambda I}{2b} - \dfrac{1}{2}\rho\gamma^2\sigma^2\beta^2 - \overline{w} - kI^2$$

得到:$I = \dfrac{(2\beta-\beta^2)\lambda^2}{4kb}$,$\beta = \dfrac{\lambda^2 I}{\lambda^2 I + b\rho\gamma^2\sigma^2}$。有 $\dfrac{\partial\beta}{\partial I} > 0$,$\dfrac{\partial^2\beta}{\partial I^2} < 0$。

委托人参与程度越高,可变报酬激励系数增加,代理人的风险增加,以此激励代理人提高努力水平。

将 β 代回进一步求解最优委托人参与程度 $I^* = \dfrac{\lambda^4 - 8k\rho b^2\gamma^2\sigma^2 + \lambda^2\sqrt{\lambda^4 + 16k\rho b^2\gamma^2\sigma^2}}{8kb\lambda^2}$,$\dfrac{\partial I}{\partial k} < 0$,委托人的参与成本系数越大,其参与程度越低;$\dfrac{\partial I}{\partial \lambda} > 0$,代理人的能力系数越高,委托人的参与程度越高;$\dfrac{\partial I}{\partial \rho} < 0$,代理人的风险规避系数越高,委托人的参与程度越低;$\dfrac{\partial I}{\partial b} < 0$,代理人的努力成本系数越大,委托人的参与程度越低;若 $\gamma > 0$,外生随机变量的积极影响越大,委托人应减低参与程度,反之 $\gamma < 0$ 消极影响越大,委托人需要提高参与程度。

将 I^* 代回求解最优报酬激励系数 $\beta^* = \dfrac{3\lambda^2 - \sqrt{\lambda^4 + 16k\rho b^2\gamma^2\sigma^2}}{2\lambda^2}$,$\dfrac{\partial \beta}{\partial k} < 0$,委托人的参与成本系数越高,契约报酬激励系数越小;$\dfrac{\partial \beta}{\partial \lambda} > 0$,代理人的能力系数越大,契约报酬激励系数越高;$\dfrac{\partial \beta}{\partial \rho} < 0$,代理人的风险规避程度越大,契约报酬激励系数越小;$\dfrac{\partial \beta}{\partial b} < 0$,代理人的努力成本系数越高,契约报酬激励系数越小;若 $\gamma > 0$,委托人将绩效产出归因于外部变量,会减小契约报酬激励系数,若 $\gamma < 0$,委托人会补偿代理人的努力产出,从而增加契约报酬激励系数。

将 I^* 和 β^* 代回求解 e^* 并利用 $\beta = \dfrac{\lambda^2 I}{\lambda^2 I + b\rho\gamma^2\sigma^2}$ 加以简化,

得到 $e^* = \frac{(2-\beta)\beta^2\lambda^3}{4kb^2}$，对于代理人的努力水平而言，$\frac{\partial e^*}{\partial \beta} > 0$，报酬激励系数越高，代理人越努力工作。若利用 I 加以简化，得到 $e^* = \frac{\lambda^3 I^2}{b(\lambda^2 I + b\rho\gamma^2\sigma^2)}$，委托人的参与程度越高，代理人的边际努力成本越小。换言之，代理人能够以较小的投入获取较高的产出，会激发其更加努力工作。代理人的努力水平 e^* 与委托人参与程度 I 和报酬激励系数 β 均呈正相关关系。

综上，能力系数越高的代理人，越倾向于努力工作；但如果委托人的参与成本系数过高降低了委托人的参与意愿，或代理人的风险规避系数过高，或代理人的努力成本系数过大，或外生变量的积极影响越大，都会降低代理人的努力水平。

由上述分析可知，委托人的参与有助于减少信息不对称现象、降低代理人的投入成本，而有效的薪酬激励机制、对服务项目进行合理的收益风险分担将促进代理人更加努力地工作。具体而言，委托人增加参与投入的同时，也应当提高可变报酬激励系数，让代理人分担风险，提高其努力水平，自身也要更加深入参与，以减轻信息不对称。除了参与成本以外，代理人的工作能力、努力成本以及风险偏好和外部不确定因素，都应当纳入委托人进行事前评估和风险成本控制范围。在信息不对称条件下，通过委托人适度提高报酬激励系数并匹配参与投入以降低参与成本，或降低代理人的努力成本并减小其风险规避程度，或降低外部环境不确定性等手段的综合运用，可以有效提高代理人的努力工作水平。

三、体育公共服务改革关系博弈下的路径依赖与利益格局固化

在公共服务改革中，各方参与者都扮演着有限理性的经济人

角色,依据某种关系传递机制而非理性选择地做出行为决策。参与者的每一个行为决策都有其相应的收益预期以及效用预期,这些预期决定着其他参与者的行动决策,对其他参与者的行动预判又反过来制约自身的策略选择。在斯塔克尔伯格博弈模型下,各参与主体的行为可被模型化为一系列自我学习、自我适应的渐进演化过程,每一次的关系博弈都会伴随着新的行动预期和价值判断,在此基础上形成新一轮的主体关系格局,最终达到相对稳定的均衡状态。这种均衡状态一旦形成,可在一定时期内自我保持和延续,引起制度惯性,并表现为主体关系结构的路径依赖特征以及各方参与者之间利益格局的固化。

(一)上海市体育公共服务改革的路径依赖特征

从前文上海市体育公共服务改革政策的演变过程可以看出,群众体育的地位日益提升,政府服务职能进一步明确,新旧制度更替中的制度化水平以及细则可操作程度逐步规范深入。然而,"路径依赖本身拥有的报酬递增机制和自我强化机制,会促使制度在变迁的过程中一旦走上了某条路径,就会对其产生依赖,导致制度沿着既定的方向不断地变迁并在发展中自我强化"[①]。从2001年上海市制定《上海市市民健身条例》,到2011年《上海全民健身实施计划(2011—2015年)》的出台,再到2016年《上海市全民健身实施计划(2016—2020年)》的最新发布,十余年间关于全民健身运动制度的修订和完善,从一个侧面真实地反映了上海市体育公共服务改革政策变迁与政策执行中的路径依赖特征。

1. 坚持政府主导

一直以来,市和区县体育行政管理部门都是本区域市民体育

---

① 黄盛泉:《上海市大众体育政策执行的制度分析》,东华大学行政管理专业硕士学位论文,2014年,第25—35页。

健身的主管部门,负责起草本行政区域内的全民健身实施计划,确定市民体育健身工作的目标和任务要求,明确开展市民体育健身活动采取的措施和执行保障。通过制定市民体育健身工作发展规划、提供资金支持、公共体育设施和场地供给配套、提供必要的人员和政策支持、积极舆论与宣传支持等,综合调配社会资源为上海市体育公共政策执行提供制度供给。与此同时,上海市各级政府及其体育行政管理部门负责对公共体育健身设施进行监督管理,对体育公共政策的执行情况进行统筹、协调、调查和监管。目前,上海市已形成由市、区县、街道(乡镇)、居住社区(村)搭建的"四级网络服务"模式,其中政府仍占据着绝对的主导地位。

2. 巩固重要制度格局

目前上海市形成了以"全民健身周""社区健身大会""全民健身节"为三大支柱的市民体育健身格局。坚持社会体育指导员制度,即指导员的等级评定根据国家有关规定的标准执行,社会体育指导员的审批程序按照有关的法律、法规、规章等要求执行;坚持市民体质监测制度,并定期向社会公布市民体质测试的结果和报告;坚持贯彻执行市民体育健身日制度,即每年的8月8日为上海市的"全民健身日",倡导广大市民积极参与体育运动;实施全民健身激励制度,即各级政府及其体育行政管理部门对开展市民体育健身活动成绩显著的单位和个人,给予表彰和奖励,向市民体育健身事业捐赠财产的企事业单位、社会团体、其他组织和个人依法享受税收优惠;坚持全民健身工作评估制度,即利用第三方评估机构(如上海体育学院)对上海市发展全民健身工作的具体情况进行年度考核,提高对政策执行过程的管理和控制,同时为政策执行提供建议咨询。

3. 制度不断自我强化

新版《计划》将市民体育健身工作所需的经费列入本级财政预算,实现上海市全民健身工作"四纳入"——纳入规划、纳入财政预算、纳入政府工作报告、纳入基本公共服务体系，基本形成上海市体育公共服务改革的制度框架。2011版《计划》中明确指出由体育行政部门独自制定体育事业与体育产业发展规划；在2001版《条例》提出公共体育场馆应当全年向市民开放的基础上，2011版《计划》明确指出其每周开放时间不得少于56小时；在2001版《条例》中鼓励学校在发展学校体育的同时，教育行政管理部门还将学生体质健康状况作为考核学校工作的重要指标；2011版《计划》在2001版《条例》所规定的"体育彩票公益金应当安排一定比例保证公共体育设施的建设、更新所需经费"这一内容的基础上，对体育彩票公益金的用途和管理进一步规范化，指出：体育彩票公益金应当根据国家有关规定，用于组织开展市民体育健身活动、培训社会体育指导人员、进行市民体质监测以及市民体育健身设施的建设和管理，并逐步提高对社区市民体育健身的投入，每年向社会公告公益金的使用情况等。

2016版《实施计划》，在全面审视2011版《计划》实施情况的基础上，按照新时期党中央关于群众体育工作开展的战略部署，结合上海市群众体育的发展方向，紧紧围绕健康中国和上海建设全球著名体育城市的总目标，将落实"全民健身135"作为近五年上海推进全民健身工作的重点；将打造充满时尚活力的运动之城作为发展目标，并细化了实施支撑的子目标；将强化基层体育发展、转变服务供给方式、促进市民经常参与作为三项核心任务。配套落实五大重点工程：一是健身场地达标工程，人均体育场地面积达到2.4平方米；二是健身组织培育工程，每万人拥有体育健身组织数量达到20个；三是健身消费促进工程，年人均体育消费支出位居全国前列；四是健身素养提升工程，市民体质监测达标率达到96%；五是健身服务智慧工程，全民健身信息化服务水平处于国内领先。这些制度新规说明，上海市体育公共政策在原有制度基础上不断修改和完善,是制度自我强化和巩固的过程。

(二)上海市体育公共服务改革的利益格局固化

尽管上海市的群众体育工作和体育公共服务体系建设,相对于国内其他经济欠发达城市而言,已走在前列,体育生活化初见成效,全民健身的理念日渐深入人心,但在实践中,上海市体育公共政策执行同样存在着政策执行主体单一、政策执行资源供给不足、政策制定权与执行权分离等问题。

1. 主体单一,职责独揽

在上海市体育公共服务改革进程中,政府仍然位于体育公共事务管理的中心,呈现出"大政府、小社会"的基本格局。从上海市体育公共政策执行的"234"组织结构——"两级政府""三级管理""四级网络服务"模式可以看出,上海市各级人民政府及其所属工作部门作为最重要的体育政策执行主体,独立承担政策执行的大部分职责,掌握着绝对的公共政策执行权。相比之下,体育协会、体育社团和各种体育组织享有的相关体育公共政策制定权则相对淡化。政府以外的其他体育组织居于从属地位,执行体育政策的独立性程度较低。

市体育局群体处负责制定市全民健身的总体规划、阶段性目标、各单位协作方式、政策性保障及经费的筹措与使用等,在体育政策执行中发挥主导作用;各区县体育局群体科或区社会体育指导中心的主要职责是执行本区域全民健身的总体规划,主要发挥管理和指挥的作用;街道、社区居委会成立的全民健身计划基础机构,是组织和开展群众体育活动的主要载体,是体育政策实施操作化的窗口。虽然近年来,上海市体育局致力于采取市场化手段吸引非政府体育组织参与举办或承办一些大型的群众体育赛事和活动,如上海市民体育大联赛等,吸引社会资本参与场馆的开发与运营,但总体上看,非政府体育组织发挥的作用仍显单薄。目前,政府购买体育公共服务的模式已在静安区、杨浦区等城区试点运作,但效果有利有弊,经验尚不成熟,不宜在全市范围推广。因此,以政府部门为主体的公共权力部门仍承担着体育政策执行的主要职责。

2. 资源供给持续不足

随着上海城市经济的快速发展和群众体育地位的不断提升,上海市各级政府已经投入大批资源旨在解决群众体育的发展难题。据统计,近年来上海市经常性参加体育锻炼的人数、公共体育场地和设施数量都呈不断增加的趋势,各种全民健身活动蓬勃开展。但是,由于历史条件、城区改造和场地现状等客观因素的存在,公共体育场地设施资源依旧短缺,通过政府在短期内兴建体育运动场地和购买体育设施的"反哺"措施,无法从根本上解决民众体育健身需求与市场供给失衡的矛盾。

上海市的全民健身经费主要来自体育彩票公益金,但全民健身经费在上海市体育彩票公益金中的占比一直偏低,直到最近两年稍有提高。2012年,全市筹集的体育彩票公益金共6.51亿元,年度市本级支出1.92亿元,其中,全民健身经费为0.57亿元,占比8.76%;2013年,全市筹集的体育彩票公益金共10.4亿元,年度市本级支出2.4亿元,其中,全民健身经费为0.65亿元,新增项目体育场馆公益开放补贴0.06亿元,两项合计占比6.83%。可见,全民健身经费并没有随体育彩票公益金的实际增长水平等比例增加。从2014年起,在每年一度的市民体育大联赛推动下,上海市的全民健身经费支出比例显著提高。到2015年,全市募集的体育彩票公益金为9.03亿元,年度市本级支出4.6亿元,其中全民健身经费2.1亿元,体育场馆公益开放补贴0.1亿元,两项合计占比24.36%[1]。但这部分新增的庞大资金支出,惠及民众的范围到底有多大,资金利

---

[1] 数据来源:上海市体育局历年体育彩票公益金分配使用情况公告。

用效率如何,是否实现有效产出,还有待于验证。

上海市大力主张并积极推进全民健身服务体系的构建,在居民住宅区兴建了大量全民健身工程,旨在更好地为社区居民开展体育锻炼提供物质基础。但是,由于许多居住区的体育设施并未按照规定进行建设,甚至有些居住区根本没有相关的体育配套设施。所以,绝大部分的全民健身工程只能作为社区配套体育设施不足的补救方案。另外,伴随上海市的城市建设大规模地展开,居住区配套体育设施的管理工作变得格外艰巨。按照《上海市城市居住地区和居住区公共服务设置标准》的规定,根据地域面积、人口分布、居民健身需求和社区特色体育项目情况,做好运动场的统筹规划、合理布局和差别配置的要求难以实现。《上海市市民体育健身条例》第十九条关于"居民住宅区配套建设的体育健身设施,应当与居民住宅区的主体工程同时设计、同时施工、同时投入使用"的规定,因涉及多部门参与和监管,实践中也困难重重。

如表 6-2 所示,从上海市近十年体育场地的具体数量变化可

表 6-2 上海市近十年体育场地数量变化

年份	2004年	2005年	2006年	2007年	2008年	2009年	2010年	2011年	2012年	2013年
社区体育健身设施数量(个)	4 394	4 604	4 926	4 845	4 845	4 845	4 845	6 309	6 429	6 562
健身苑点(个)	4 142	4 345	4 537	4 586	4 586	4 586	4 586	4 586	4 586	4 586
社区健身场地面积(万 m^2)	283	295	300	301	301	301	301	417	427	435
社区公共运动场(处)	35	76	130	176	220	261	316	324	324	324
社区公共运动场面积(万 m^2)	8.9	16.4	199.1	229	234	239	246.7	45.5	46.7	46.7

资料来源:本表由作者根据历年《上海统计年鉴》数据整理所制。

以看出,社区体育健身设施数量稳步增加,社区健身场地面积逐年扩大,社区公共运动场的数量增长迅速,但是其总面积却大幅减少,社区公共运动场的平均面积急剧下降。这与新城建规划下,部分社区公共运动场旧址搬迁、功能转换、新址面积缩小、社区人口规模扩张等因素密切相关。此外,社会相关部门和单位对体育场地设施向社会开放的认识不足,体育场馆对市民开放主要集中在体育系统和其他系统,教育系统体育场地资源虽然很多,但开放程度较低,而且只有部分高校参与开放工作。

3. 职能分离,权力集中

受传统管理体制和制度的影响,上海市体育公共政策的制定权与执行权高度集中在市、区两级政府手中。在各级政府的组织内部,体育政策的制定职能与执行职能是割裂的,分别由市和区县政府负责制定体育发展相关政策,由街道、居委会(村委会)和社区负责具体实施和操作。体育政策制定机构与执行机构之间是行政的领导与被领导关系,执行机构直接隶属于制定机构。

当体育政策制定机构拥有绝对权威,居主导地位,执行机构居从属地位,只有执行义务而无法参与政策制定的时候,政策执行就不可避免地出现行为偏差。首先,不利于调动街道、居委会和社区等基层执行人员的积极性。制定权和执行权相分离是基于有效监督管理的科学主张,但是并不意味着两者之间缺乏良好的沟通机制。政治参与的途径缺乏,导致执行人员只是被动地执行公共政策,只对任务负责,却不关注政策执行效果。其次,不利于体育政策执行过程中的及时纠偏。制定者远离政策执行一线,主要通过执行者的口头汇报、上报文件了解政策执行进度和信息,导致政策制定机构对政策执行环境的回应力降低,对执行过程中发生的变动敏感性降低,无法及时发现政策执行中的行为偏差,从而纠正无力。最后,降低了体育政策的执行效果。基层的政策执行主体是对政策执行的现状最为了解、最全面掌握一线的现实问题和存在阻碍的群体,也是最了解广大群众的现实体育需求和行动意愿;但缺乏畅通的政治参与途径,基层执行人员无法将这些现实信息及时向上反馈,大大降低了体育政策对象的指向性。

第四节 规范性价值视野下的关系重构

一、规范性价值视野

本书第二章开篇讨论了效率与公平的悖论,作为体育公共服务改革的制度生态分析基础,这里将进一步探讨改革的价值哲学导向,以更加深刻地理解后文改革成果的实现与可行路径的提出。按照社会分析模式的观点,任何针对现代社会结构与制度体系的改革,在探究其有效性与合理性之前,正义都是需要遵循的首要美德。从这个意义上说,正义已经超脱了个体行为以及个体品格,成为社会基本领域各项机制运行的价值体现。规范性重构的目的在于,改革造就了新的生产条件和社会契约关系,只有通过对各项机制体系中的事先承诺要件进行重新梳理和建构,才能找到隐藏的真实的规范性原则,从而推动改革成果的最终实现。重构的前提是社会成员对社会生活有着共同的理解和信念,社会秩序较为稳定,规范性准则的道德基线和价值基点与社会再生产的价值相符合。自由则是这一价值体现的现实落脚点。

这里所论述的自由,是个体自主意义上的自由,而不是无干涉的消极自由。具体而言,个体自主包含着个体自由选择和自由决策权,一方面是利己自由,另一方面是影响他人并利于社会秩序。改革的正义与否恰恰取决于其在何种程度上实现了个体自主。参照霍耐特的划分,个体自主的第一种模式就是不受外界干扰,纯粹的自发意识;然而这种自由势必受到个体自身道德边界的限制,无法延伸成为社会法律规范的创制者和管理者。第二种模式是基于个体目标选择的自由,往往出现在个体自主行为与受外界支配行为同时存在并相互对立时,这一层面的自由已经初步具备个体间互动、参与社会学习的特征。第三种模式则将个体自主扩大到社会体系范畴,将群体共同意志和集体决定看作个体自主实现的内在要求。这第三种模式不仅承认社会合作机制作为个体自主权利行使的外在保障,而且强调个体自主还内在地需要来自他人的承认关系。这种个体间相互承认关系的规范性保障就是以合理的社会机制存在为前提,即社会自由[①]。

相较于前两种模式对标于道德自由和法定自由,社会自由的实践更加复杂,在私人关系、市场经济和公共行政的不同领域,遵循不同的关系承认和角色互补模式[②]。不论是基于私人情感和纯粹关心立场而结成的友谊关系,还是基于彼此互惠、共同参与未来不确定性而建立的亲密爱情关系,抑或是基于成员间合作伙伴关系而组成生活互助团体的家庭关系,都离不开与他人之间的关系互动,通过相互信息交流和情感联结而实现各自的社会自由。市场经济体系的运作也需要遵循隐藏的相互承认关系,如契约精神和互助合作。消费者通过选择商品表达个体的意志自由,与生产者之间通过互相承认而形成市场的中介载体。可见,市场也是社会成员自愿合作并致力于帮助对方满足意愿的社会机制。进一步考察公共行政领域,民主的公共性试图在国家权力以外构建一个社会成员交流意见的公共空间,形成公共决策并以此实现个体的

[①] [德]阿克塞尔·霍耐特:《自由的权利》,王旭译,社会科学文献出版社2013年版,第54—82页。
[②] 惠春寿:《从正义理论的批判到批判的正义理论》,《贵州大学学报(社会科学版)》2015年第5期,第22—30页。

自由意志。关键在于,什么样的机制设计才能保证这些共同决策能够得到有效贯彻执行。

霍耐特就此发展出一种可修正共识的公众性与国家关系模式,即以公民自愿的自我立法为前提,以公民之间互助团结、彼此认可的共同体精神为基础,民主程序的建构和完善都是从属于这一前提和基础的,此所谓正义的核心场域。这一理论范式超脱了聚焦社会资源分配的分配正义,关注程序合理的程序主义,以及强调公权力控制的国家集中制。人们一方面追求精神文化生活的绝对自由,却又受限于经济发展水平,另一方面寻求市场经济生活的最佳效率,却又受困于现实社会机制的自由限度,调和各领域诸价值原则的社会规范由此形成,正义也就成为社会制度设计的规范性价值准则。绝对应然的理想性正义是人类的最高价值,也称为元价值,需要以社会领域的基本结构和制度作为现实性载体。鉴于现实社会完全平等的不可能实现,追求天然不平等分配条件下的政策性正义为人们提供了新的制度设计思路,即相对应然的正义应当使社会制度设计符合最不利者的最大利益①。

二、行为理性与主体行为整合

为了更加深刻地理解政策改革中的主体间关系及其行为互动模式,探讨政策主体在一定社会历史条件下的行为理性与发展中的行为整合方式,就成为揭示改革过程中新社会秩序形成的规范基础。依据哈贝马斯的交往行为理论,工具理性与交往理性及其衍生而来的工具理性行为与交往行为,以及这些行为交织融合构成的生活世界与系统世界,是维系现代社会运转的三个

---

① 万希平、康安平:《规范性价值哲学视野中的社会公正建设——一种基于社会主义和谐社会的考察》,《理论月刊》2009年第1期,第24—26页。

基本向量①。

工具理性与交往理性是理性辩证的双重维度,是相互对立的概念范畴。官僚制正是基于现代工具理性(或技术理性)而创设的旨在控制人的行为的组织体系,然而对人的束缚导致个体自由空间缺失和主体认同匮乏却是引发诸多社会危机的根源。当人们依赖于个体经验主义的知识运用,并将其视为自我理解和自我决断的凭据时,工具理性就实现了对人类主体行为的控制和压抑。相反,哈贝马斯认为,与工具理性相对应的另一个概念——交往理性则强调在保障主体话语权不受限的前提下,参与者抛弃之前的纯粹主观判断,为了共同的合理信念而达成共识,从而确立行为一致性和统一语境。工具理性的目的主要在于对外界物质世界的控制,或影响他人以实现自我利益,而交往理性的目的在于主体间的沟通与共识,前者倾向于关注个体欲望满足,后者更关注群体行为协调。可见,交往理性比局限于个体认知因素的工具理性更具有规则性和适应性,它反映了主体间的交互关系,并由此建立共同理解、共同遵循的行为逻辑,体现了多方话语汇聚产生的非强制性群体共识,暗含着主体间沟通、信任与相互妥协的客观价值取向,这也是政策改革的基本论调。

按照工具理性和交往理性的辩证区分,随之衍生而来的工具理性行为和交往行为从目的取向和沟通取向两种角度划分了行为的不同模式。其中,工具理性行为又可细分为工具行为和策略行为,两者的共通之处是均以效率为评价标准,区别在于实现目的的手段是通过干预物质世界,还是影响他人的行为。虽然工具理性行为也可能与社会主体互动相联系,但仍然以一定的目的为关注

---

① 刘光斌:《理性、行为与社会——论哈贝马斯现代性分析的三个向度》,《东北大学学报(社会科学版)》2010年第5期,第383—388页。

焦点。而交往行为则要求多个行动主体之间在相互理解、协商对话的基础上确定共同语境,并以此调整主体行为。从行动主体间关系与地位的角度分析,当工具理性行为采用针对性手段干涉外部环境、事物或他人行为时,行动者与对象之间处于不对等的主体与客体地位;而交往行为则代表了行动主体之间平等对话基础上的理解与共识。这种共识关系依赖于主体间的承认,不易受到外界影响或目的性行为干预。因此,真实、真诚与正当是联结多个行动者,使其行为符合客观世界、主观世界与社会世界有效一致性的内在要求。

在不同行为模式的指引下,哈贝马斯将社会结构及其发展界定为生活世界和系统世界两个概念。生活世界可被理解为由文化传统和背景信念组织起来的社会群体共享资料库,服务于传承和更新文化知识并负责维系社会稳定与团结,并通过代际文化的再生产、社会空间历史维度的语义分析建立新的变化条件与已有社会之间的联系。在个体层面,服务于促进个人的同一性和归属感,通过知识教化的角色社会化过程构建个体自我观。系统世界更多地指向社会制度和社会组织,依赖于生活世界所赋予的符号意义和文化载体而存在,且具有在复杂变动环境中进行自我调节和自我维稳的功能,表现为社会控制能力与社会秩序规范。尽管社会系统中的每个个体无法确切预知自己行为的原因及其可能的后果,但生活世界和系统世界分别从价值层面和功能层面发挥了规范人们行为的作用,两者既密切相关,又相对独立。

哈贝马斯进一步指出,具有行动能力的主体之间通过语言为中介的直接式或间接式互动,建立起相互协调的人际关系[①]。虽然语言是作为沟通人际关系的最初形态而出现,但当人们发现事

---

① [德]哈贝马斯:《交往行为理论》,曹卫东译,上海人民出版社2004年版,第84页。

事依靠个体理性决策过于繁复沉重时,又会转向寻求其他类型的媒介以代替语言作为沟通工具,如金钱或权力,从而减轻对自己行为理性判断的责任感。这种行为整合机制虽然因生活理性化所触发,最后却独立于生活世界,引起生活世界的殖民化,并催生了规范化的系统世界。在系统世界中,实施有效、全方位、深层次的交往行为,并达到认知统一和价值理念的包容,是多主体间行为整合的逻辑基础。公共政策改革的实施,本质上正是追求社会多元主体间行为有效整合的过程。这一过程中,理解是行为整合的逻辑前提和基础,交往结构差异与交往层次深浅制约着行为整合的程度。

按照行为理解、认知理解、价值理解三个层次,主体间分别对应不同的行为选择策略,产生不同的交往整合结果。行为理解是指各行为主体在政策过程中,建立在对彼此行为理解基础上做出的顺应式行为选择,有助于主体间的行为协调,是一种较低层次的行为整合。认知理解则在行为理解的基础上,通过沟通达到认知的共识,以主体间彼此认同为主要特征。价值理解是主体间价值观念的彼此包容与接纳,将他方差异化的价值取向融入己方价值体系,从而实现彼此高度整合的协同行为,是一种内化式、包容性的行为一致。从行为理解,到认知理解,再到价值理解,代表了政策效率不断提升的三个阶段。科学管理的组织架构、人本治理的行政体制、后工业化的社会体系规范构成了保障政策主体间平等交互、有效联结的新型制度平台。

新型制度平台以多元化的权力主体结构为基础,解决传统组织体系中的公共权力垄断、低效问题。将公共权力部门以外的最广泛社会组织吸纳为政策主体,有利于实现社会利益、民众需求的充分回归,避免公共政策的单方、片面性选择,同时解决政策回应机制反应失灵的问题。

新型制度平台通过公共权力的功能整合、协同运作，解决传统制度体系中的公共权力碎片化，以及约束缺乏导致的分权不适当等问题。整合既包括组织结构层面的部门间、业务领域间横向整合，又包括不同层级部门间的纵向整合，兼顾权力的集中与组织要素的统筹协调。权力主体结构内部新型伙伴关系的建立，目的在于通过信息交流、组织决策、合作建制的形式与资源整合，最终达到功能整合。

新型制度平台以网络化的传导机制实现公共权力的自我修复，解决权力异质化问题。传统的公共政策传导路径表现为或自上而下或自下而上的线性传导机制，链条上任何一个环节的断裂或阻滞都将影响公共政策整体功能的实现，偏离公共利益的初衷，使公共政策沦为个别小群体的谋利工具。网络化的传导机制最大限度地避免了线性机制的单一通路和阻断风险，充分体现了政策网络中各行为主体的利益要求，形成公共政策目标导向。同时，网络化的传导机制有利于克服传统线性机制下的资源壁垒，弱化部门边界，架设公共部门与私人部门之间的资源整合桥梁，促进各行为主体之间的信息沟通交换与行为及时纠正。

三、政策合理性重构

社会转型深刻改变了公共政策赖以存续的土壤。社会利益关系的广泛调整使公共政策的规律性被打破，目的性与现实出现偏差。原有制度体系的解构使政策规范性不复存在，导致现存公共政策合理性依据的缺失。公共政策的规律性与目的性可追溯到我国传统文化秉持的经验伦理合理性与西方理性合理性的有机结合，公共政策的规范性则归因于哈贝马斯的交往合理性模型。公共政策合理性的重构需要建立在理性与非理性、工具理性与价值理性、个体理性与公共理性三者统一的基础上。以公共利益实现为核心导向的资源分配合理性,才是公共政策合理性的实践落脚点。

公共政策的合理性依赖于政策执行效果的实践性衡量,既包括满足需要的主体目的性标准,又包括符合规律的客体对象性标准。主体目的性与客体对象性的统一在政策上表现为:一方面通过满足人们需要实现目的性合理,另一方面又受到客观性制约达到规律性合理。统一的过程以建构人的行为方式为前提,试图用现在观念形态模型影响和规范人的未来行为。因此,这一过程体现了客观实际与关系现状的实然认知、未来发展可能性的应然预判间的叠加。

除了满足规律性与目的性以外,公共政策的公共本质还要求个体理性向公共理性的转变以建立公共性标准。哈贝马斯的交往合理性理论则提供了可行之路,即主体之间通过人际交往实现彼此理解并达成共识,赋予了公共理性认知一致与价值一致的双重内涵。可见,实践合理与交往合理为公共政策合理性确定了三个维度的评价标准:公共政策的制定、执行与评价等过程要求符合规律合理性,不能违背客观实际与一般规律;公共政策的成效要求满足目的合理性,政策具有可被选择性、可操作性、实效性;最终,公共政策选择与实施需要得到社会共同体的认同,符合社会规范与国情民意。三个维度的评价标准共同构成公共政策的价值选择依据和主体行为动力。

公共政策合理性重构问题,就是以三个维度评价标准为前提,寻求理性和非理性、工具理性和价值理性、个体理性和公共理性的统一。理性思维认知擅长运用概念、判断、推理等方法进行逻辑结论推演,强调逻辑的前后同一、观念的有据可依、过程的严谨周密,致力于最大程度获取价值并选择特定条件下最优方案以实现目标。非理性思维认知并不严格遵从步骤阶段等程序规则,具有突发偶然性、随机性、不自觉等行为指向特征。社会生活中,人们的行为模式综合表现为理性与非理性的共存。在公共政策领域,政策问题与社会问题的紧密连接、政策程序的规范遵循、政策方法的可检验等理性判断也都离不开经验、灵感、直觉等非理性因素。美国学者 R.M.克朗在《系统分析和政策科学》一书中列举了包括判断、知觉、创造力、信仰、歉意、憎恨、恐惧、忠诚、洞察力、意志、超感交流、预见能力等诸多超理性因素,并指出理性和非理性的交织在公共政策运行中共同发挥重要作用①。

工具理性追求形式合理性,更加关注手段、过程与方法,往往因为过于强调制度、体制的重要性,而忽视了人的本体目的,使人成为技术的工具;价值理性则相反,"价值理性是人类对价值和价值追求的一种自觉意识,是在理性认知的基础上对价值追求的自觉理解和把握。价值理性在人的活动中表现为价值主体合规律性与合目的性相统一的行为取向"②。价值理性追求实质合理性,重视行为的目的与结果意义,认为方法和技术只是实现目的的手段,而非最终诉求。工具理性和价值理性构成人类理性行为的两种基本特征,分别代表了以过程为本和以人为本的行为指向。这两种截然不同的行为指向将导致人与人之间、社会体系的各行为主体之间采用完全相反的运作模式,或选择各持己见、简单组合的数字量化加总,或选择相互理解、加强沟通的资源信息整合。显然,如果工具理性压倒价值理性成为政策过程的首选,必将引发公共政策主体行为的扭曲。托马斯·戴伊认为,任何公共政策制定的基本前提都是解决公共问题,无论政府选择作为或不作为,无论公共问题最终能否解决,或解决到什么程度,公共政策主体都是第一责

---

① [美]R. M. 克朗:《系统分析和政策科学》,陈东威译,商务印书馆 1985 年版,第 38—39 页。
② 张兴国:《价值理性:哲学应用的方法论选择》,《辽宁大学学报(哲学社会科学版)》2002 年第 4 期,第 1—4 页。

任人。戴维·伊斯顿还认为,公共政策作为调整社会利益关系的工具,扮演着权威性的社会价值分配者角色①。公共政策目标是社会利益取向的集中反映,政策主体需要同时兼顾政策目标的价值审视与结果责任。政策决策的科学与民主内涵着工具理性与价值理性的统一,决策过程、技术与方法的科学和民主代表工具理性,其目的和结果的实现代表价值理性。在公共政策选择中,政策目标的价值分析与意义所在是决定政策成效的基本前提,寻找实现目标的恰当的政策工具是逻辑延续。如果只片面强调科学技术的应用及其在政策方案设计中的渗透,势必造成政策主体的责任缺失与客体民主的形式主义。工具理性的过度扩张,最终将导致如韦伯所言的"专家没有灵魂"②。公共政策也偏离了公共利益实现的根本宗旨。

鉴于人的自然属性与社会属性并存,个体理性和公共理性分别对应着人的自利性本质和公共性基础。不可否认,现代市场经济体制充分释放了人的自利性本质,个体理性对于自身利益最大化的追求,不仅表现在经济领域的个体利益交换,而且延伸到政治领域的群体利益争夺。公共理性就成为对抗个体自利行为的一剂良方。如罗尔斯所言:"公共理性是一个民主国家的基本特征。代表了那些共享平等公民身份的人的理性。他们的理性目标是公共善,此乃政治正义观念对社会之基本制度结构的要求所在,也是这些制度所服务的目标和目的所在。"③公共理性的形成与个体的公共性密切相关,罗尔斯进一步将公共理性的理解扩大到民主国家

---

① 王春福:《公共政策论——社会转型与政府公共政策》,北京大学出版社2014年版,第334—344页。
② [德]马克斯·韦伯:《新教伦理与资本主义精神》,于晓等译,生活·读书·新知三联书店1987年版,第143页。
③ [美]约翰·罗尔斯:《政治自由主义》,万俊人译,译林出版社2000年版,第225—226页。

与公民正义,认为只有真正实行民主的国家才能形成公共理性。可见,公共理性形成的现实基础是社会公共领域,依赖于社会高度自治,取决于公共资源的公共占有程度,表现为真正意义上的公民理性与民主协商下的政策选择。哈贝马斯将社会公共领域界定为"公共意见的形成场所,原则上向所有公民开放,作为私人的人们聚集一起在这里产生彼此对话并形成公众"[①]。他的交往行为理论为社会公共领域的构建及公共理性的形成提供了重要依据。各行为主体之间通过交往活动形成达成共识的共同体结构,在此基础上实现个体理性与公共理性的协调统一,以建立在公共理性基础上的民主协商代替个体理性博弈正是现代公共政策过程试图实现的理想形式。

四、上海市体育公共服务改革面临的规范性问题

(一) 权力分配不均

上海市体育公共政策执行是典型的自上而下执行体制,涉及纵向与横向的权力层级。纵向表现为上级组织和下级组织、同级组织内部上下级之间的权力划分,如市政府、区县政府、街道(乡镇)、居(村)委会四个层级之间。横向表现为各级政府组织与体育社会组织之间的权力划分。

各级政府之间权力配置的不均衡导致政策制定与执行的割裂。如体育彩票公益金的归集属于市级政府,且上海市本级的体育彩票公益金缓存数额远远超过各区县获得的公益金总和。但其使用与执行的主要责任主体是区县及以下政府机构,上下级政府之间则存在一定程度的财权与事权不对等。当市级政府负责制定

---

① [德]哈贝马斯:《公共领域》,汪晖等主编:《文化与公共性》,生活·读书·新知三联书店1998年版,第125页。

全市体育政策的实施计划时,下级政府往往机械式地服从与执行上级命令,缺乏政策合理性思考与完善改进的积极性与主动性。当区县政府掌握政策执行较大的自主权时,又容易出现基于地方利益保护的政策曲解与政策附加等执行偏差,背离市级政府的政策本意。如作为政策执行终端的居(村)委会、社区高度依赖上级政府部门的财政拨付,导致政策落地的组织与实施经常出现量力而为、量财而行的现象。

体育社会组织的权力界定模糊导致执行不规范。当体育社会组织从机构建制到人员配置都高度依赖政府部门时,组织功能与服务供给的市场化程度将大大降低,政策过程的行政管制与政府干预就不可避免。作为非政府组织的体育社会团体,在法律层面本应独立于政府行政机构的法定权力分配与组织规范调整,但实践中,其管理权力的来源通常依托于政府部门,成为公权机构的权力链条延伸,权力行使的合法性与合理性主要取决于政府部门的价值评判。

(二)组织管理缺陷

上海市的体育公共政策过程采用传统金字塔式的科层制组织结构,该结构符合典型的自上而下式管理体制,表现为高度集中的权力归属、严格制约的层级划分、分散交叉的中间层配置等。虽然科层制结构有助于保障组织成员行为的准确性、稳定性和可靠性,但现实弊端也很明显。

首先,层级制约导致信息失真与政策执行不足。在科层制管理模式中,规模庞大的中间管理层是维系上下权力链条正常运转的关键环节。目前上海市体育公共政策过程的基本组织链条为:上海市政府—上海市体育局—市体育局相关职能处室—各区县体育局—各区县体育局相关职能处室及社会体育指导中心—街道办事处—社区体育指导中心—居委会社体小组等。在特定的活动或任务周期,还需要成立临时工作组。该模式下,信息传递需要在各个中间层逐级进行,信息传播的速度被减慢,过多的中间层级又极大地增加了信息过滤、信息屏蔽或信息扭曲的风险,政策执行的完整性与具体性难以保证。

其次,政策制定权与执行权的上下分割降低了政策执行准确性与政策回应效率。作为对一线实际与环境条件变化最为熟悉和敏感的基层执行载体,居(村)委会、社区的执行自主权受到较大限制,缺乏按需调整的积极性与主动性,任务式与程序化执行现象较为普遍。如果上级政策制定主体过度依赖下级的口头或文件汇报,忽视现场调研与实地走访,政策回应的滞后与信息不对称鸿沟就成为必然。政府部门之间的职能交叉,不仅容易导致多头管理和重复执行,而且易导致沟通与管理成本的增加,进一步加剧部门间的利益纷争。

最后,社区管理固有的体制缺陷更加削弱了体育政策执行效果。在目前街道办事处、居委会的建制管理模式下,体育公共服务与全民健身工作成为庞杂的社区事务治理中的一部分,政策执行力度与深入范围取决于管理层的重视程度以及当地人口构成、社区性质、区域规划等客观条件制约。此外,街道办与居委会的行政双轨制决定了两者承担的职能履行存在本质不同,前者是政府派出机构更加重视行政命令执行,后者是居民自治组织更加关注社会服务供给,因此在体育政策执行中的权责归属、资源分配等方面均存在较大差异。

(三)利益制衡失调

上海市体育公共服务改革的过程,也是社会各行动主体之间利益博弈的过程。不论是体育系统内部的资源协调,还是部门之间的利益分配,都有赖于明确的政策导向与有效的制度保障。

从重点关注竞技体育到协调群众体育与竞技体育的平衡,是近年来上海市体育事业发展动态调整的集中体现。1995年,国务院发布《全民健身计划纲要》,上海市委、市政府随即将群众体育的发展提上日程,陆续出台一系列政策法规,以协调群众体育与竞技体育之间的平衡发展。以全民健身工作经费投入与使用情况为例,根据上海市体育局近年发布的《年度全民健身发展报告》显示,2013年,上海市、区两级政府的全民健身发展经费投入总额达到2.51亿元,人均全民健身日常工作经费为9.4元,较2012年增长5.7元。2014年,上海市全民健身发展经费投入总额达到3.23亿元,人均全民健身日常工作经费为14.1元。2015年,上海市全民健身发展经费投入总额达到4.13亿元,人均全民健身日常工作经费达到17.3元,同比增长22.7%。2016年,上海市全民健身发展经费投入总额为7.7亿元,人均全民健身日常工作经费为17.7元。2017年,上海市全民健身发展经费投入总额为12.1亿元,人均全民健身日常工作经费为22.7元。全民健身发展经费投入总量连续六年稳步提升,表明群众体育已经成为上海市政府发展体育事业的重要抓手。

不同部门之间资源配置和利益诉求存在差异导致行动策略冲突频繁出现。有限的公共资源分配与各政府职能部门之间不同的利益取向矛盾难以协调,使得政策的出台往往形式孤立且内容交叉,为政策的落地与执行造成困难。2018年8月上海市政府印发的《关于加快本市体育产业创新发展的若干意见》(简称"体育产业30条")中第29条明确指出:"支持各类市场主体合作利用工业厂房、仓储用房、传统商业街等存量房产、土地兴办体育产业,在符合城市规划的前提下,土地用途和使用权人可暂不变更。"然而在实践操作中,社会主体试图改变废旧厂房、仓库等建筑使用功能,或利用闲置场地、屋顶等建设相关设施,对外开展经营活动时却困难重重。如废旧厂房、仓库的产权用途原为工业用途,现社会力量建设体育服务设施并开展经营活动属于商业用途,受到用地属性限制,市场监管、消防等各类证照难以办理。如果改变规划土地用途,时间周期过长、成本极高,社会力量难以单独协调。利用闲置场地、屋顶等建设文体活动设施,也同样难以办理营业执照,且面临被城管部门违章搭建拆除、停业整顿等风险。社会主体缺乏稳定的心理预期,制约了其参与投资的积极性[1]。可见,政策落地与有效执行需要各级政府部门之间的统筹协调与沟通合作。

（四）监督管理不完善

为了达到引入市场竞争与避免市场失灵之间的平衡,实现政府作为公共服务购买者和供给者的职能分离,建立完善的监管体系也是改革的重要组成部分。作为防止信息不对称、克服外部性、解决公平性等问题的行政治理工具,有效的监管体系应当包括清晰的职能与权责划分、畅通的政策执行反馈渠道、明确的奖惩与考核标准等环节。

首先,层级制约下的监管不足与自治不力普遍存在。在当前科层制的管理体制下,上海市各级体育行政部门通常扮演政策制定者与监督者的双重角色,与一线的政策实际执行者之间存在较大的层级差距。缺乏直接领导与隶属关系制约、仅限业务指导的行政分割体制导致上级体育行政部门难以对基层部门的政策执行进行实时动态监控。下级部门基于部门利益考虑而逃避纠正政策执行偏差或工作失误的现象时有发生。街道（乡镇）和居（村）委会及社区文化（健身）中心等基层政策执行者,在缺乏有效的外部激励与约束的情况下,自我监督通常流于形式。

其次,缺乏明确及时的考核评价与反馈跟踪机制。如上海市体育局曾委托上海体育学院作为第三方评估机构,自2012年起每

---

[1] 余诗平、顾薇玲:《中国人民政治协商会议上海市委员会提案（十三届二次0818号）》,上海市体育局,2019年1月。

年向社会公开发布《上海市全民健身发展报告》,从健身环境、运动参与和体质健康三方面对上海市全民健身发展状况进行评估,得到"上海市全民健身发展指数"(又称"300指数")。从总体上看,该《报告》倾向于从宏观层面对上海市全民健身开展情况(如场地设施、经费投入、锻炼人口规模、举办赛事频率等)进行客观数据描述,但对往年评价中不足之处的结果反馈以及当前政策措施对全民健身工作的影响与效果等未能明显体现。此外,开展上海市民体质监测工作的初衷是致力于提高广大市民的体质健康水平,但实践中更加关注各区县级体质监测站点的建设数量与网点覆盖,关注参加体质监测的人数等体质测试工作的过程和统计结果,对于个体体质监测的持续性跟踪、评价与反馈跟进等环节重视不足,导致多数参加测试的市民仅仅作为个体样本为采集提供数据,却未能获知自己的健康状况,也没有得到相关的健康指导建议。

最后,赏罚措施未能与政策执行考核结果紧密挂钩,审计监督作用有限。上海市从1997年开始启动全民健身工程建设,该工程由各区县政府负责建设,建设资金来源是上海市财政局从体育彩票公益金中划拨的专项资金补贴。2013年1月到4月,上海市审计局对2010—2012年上海市全民健身工程建设市级专项资金使用绩效进行为期4个月的专项审计调查,审计调查中发现存在工程建设未按规划实施、部分健身设施利用率不高、部分专项补贴资金未及时下拨和已建成开放场地缺乏有效宣传等诸多问题。如静安等5个区县在审计年度内没有完成建设目标,徐汇等3个区的健身设施存在多报完成项目或者拆分项目上报等情况,造成健身工程完成数量不实[①]。虽然上海市体育局高度重视审计调查发现

---

① 黄盛泉:《上海市大众体育政策执行的制度分析》,东华大学行政管理专业硕士学位论文,2014年,第25—35页。

的问题,召开专题会议,研究制定审计整改工作方案,针对问题,逐项提出并督促落实整改措施。但是,对于这些有问题的单位和部门却并未采取相应的惩罚措施,对问题单位的行政问责制度形同虚设。政策执行的结果反馈未能落实到与之匹配的责任主体,使得制度约束力大打折扣,也为后期上海市体育公共服务改革的顺利进行埋下诸多隐患。

五、体育公共服务改革的关系重构

在私人消费领域,顾客可以根据个体需求自主做出购买决策并决定购买产品的类型及数量。市场经济条件下,产品价值的衡量通常与顾客的购买行为直接相关:顾客购买越频繁,厂商生产积极性越高,市场上产品数量越丰富;反之,顾客购买越少,厂商越谨慎生产,产品将面临下架退市的风险。而在公共消费领域,政府利用公共资源生产的公共服务产品,往往并非来自民众的自主选择,难以确认个体对于公共服务产品的期望是否得到满足,公共财政强制性分配与行政权威的使用一定程度上也会影响个体的消费主权意识。因此,公共服务改革的战略目标试图重塑民众的自主消费选择机制,以实现个体价值判断和政府控制产出之间的平衡。了解、确定并及时回应公众偏好,将民众行为与期望纳入改革政策制定和执行的全过程就成为决定改革成效的管理核心。

战略目标的一致为公共部门提供了审视环境变化、解决紧迫问题、评估组织能力、改进工作绩效的依据[1]。公共政策过程演变成为政府需要充分考虑利益相关群体感受、及时反思总结实施计划的成败经验、阶段性持续确认政策方案有效性的统一载体。这

---

[1] Mark H. Moore, *Creating Public Value: Strategic Management in Government*, Harvard University Press, 1995.

个载体在"公民"语境下最终落脚于公共利益。公共利益应当是符合社会发展规律,与社会规范高度重合,能够体现和满足民众需求,代表公共政策的根本价值取向,也是政策合理性的要义所在。不可否认,不同阶层和群体的民众利益需求存在较大差异,公共利益就置身于无数个"利"的平行四边形组成的"合利"之中,既不能以部分阶层或个别群体利益代替公共利益,使公共政策沦为谋取私利的工具,也不能脱离各阶层与群体利益,向外寻求或虚构利益诉求①。

在价值理性视角下,公众偏好最初形成于个人、家庭之间以及各种讨论集会中,其实现通常取决于他人行为和意愿的变化②。比如,当社区大多数居民都同意引进新的健身俱乐部、开设新的健身项目时,该社区的多数个体偏好就容易被满足。这种相互依赖、彼此联动的公众偏好特征难以在传统的公共决策技术中得到体现,但通过意愿分享、相互表达、提供合法性等集体协商及代议制决策方式,公共服务改革不仅能够关注和定位已知偏好,而且有助于公共部门主动预测、引导和塑造公众偏好。

寻求并确认公众偏好离不开公民的广泛参与和话语权表达。政策制定者不仅要确定偏好的潜在与未来对象群体、公众问题倾向清单、调查组织形式,还要时刻谨记已知偏好的局限性和"既定偏好"(stated preference)的技术潜力,把注意力集中在政策目标本身而不是金钱的衡量,同时对决策结果负责③。"参与式预算

---

① 陈绍芳:《行为理性与公共政策合理性的实现》,《社会科学家》2011年第5期,第129—132页。
② 马亭亭:《公共价值管理研究——兼论公共价值管理的中国语境》,上海交通大学马克思主义中国化专业博士学位论文,2015年,第72—92页。
③ Gavin Kelly, Stephen Muers, and Geoff Mulgan, *Creating Public Value: An Analytical Framework for Public Service Reform*, Cabinet Office, UK Government, 2002, pp.32-33.

(participatory budgeting)"为目前发展中国家所普遍采用,且被认为是有利于公共资源分配的政策制定方式之一。具体操作是根据政策优先权,先在较小范围地区的公众和社团组织讨论决策,将意见逐级向上汇总,直到政策制定层(如市级政府)——由当地各界代表组成的预算委员会。该预算过程被认为具有公开透明、决策慎重、自下而上等特征,虽然从效率角度看需要花费较多时间,但通过持续的合法性支持以及公众偏好和资源约束之间的紧密联结,参与式预算方法依然被认为有助于准确定位、及时递送公众偏好,并充分考虑不同社会群体和公民个人的政策话语权[①]。

在理论上,良好的制度生态、完善的运行机制、清晰的服务职能是决定公共服务改革成效的关键要素;然而在实践中,社会的转型和文化的变迁都会引起人们行为与意识的转变,公共服务改革也需要一个持续性、阶段性按照外部环境变化不断调整的政策过程。比如,随着市场的发展,体育公共服务供需中存在的再规制和官僚主义会增加交易成本和管理负担,导致服务供给方对于需求方的关注降低,需求方的选择权和退出权将受到一定程度的限制,而服务购买者与提供者之间的信任度和相互尊重也将大大减少。此时,道德风险和机会主义行为就会出现。因此,体育公共服务改革的制度设计还需要一定的后续保障条件,对制度环境、政府能力建设和第三方组织的服务承接能力都提出了挑战。

1. 制度环境的改善

体育公共服务改革同样面临着外部供应方的机会主义行为、市场调节的缺陷、相关政策法规的适用以及政府分权化等方面的问题,而已有制度环境是支持或破坏改革成功的一个重要因素。

---

① Wright O. Fung, *Deeping Democracy: Innovations in Empowered Participatory Government*, John F Kennedy School of Government, Harvard, 2000.

如针对体育服务购买的措施具体包括向社会公布购买方案,公布体育公共服务购买政策,提供准入制度和资质标准,公布政府购买体育公共服务项目目录、受理机构以及相关的权利制度、支付制度等。针对扶持社会组织发展的政策包括出台政府委托其服务制度,设计委托、评估、认证、问责等程序的相关规定,确立委托服务项目和标准,确定专业评估机构、公益认证部门、公示和公告媒体以及问责与责任追究的执法机关等。这些制度的出台要求政府承担监管者、代言人和裁判者的多重角色。健康的市场化环境、有序的竞争关系、透明的价格体系和健全的市场退出机制需要政府从制度建设和行为监管层面加以完善。民众多样化和层次性的体育服务需求促使政府在服务供给中充当代言人的角色,协调各个利益群体冲突并达成共识。同时,政府具有保障民众平等享有体育公共服务权利的义务,积极回应民众需求也是服务结果实现的重要举措。

公众广泛参与和公共服务需求表达贯穿在体育公共服务市场供给的各个核心环节。政府应当为各类社会主体构建一个能够平等表达自身偏好的平台,在保障多数群体偏好诉求的同时,形成公平竞争、共同受益的格局;减少对社会组织的人为干扰和行政权力干预,尊重民众的自由选择权和体育服务需求偏好的表达权,在兼顾各方利益关切的基础上,努力实现主体间横向的价值诉求认同与纵向的无缝信任合作。程序公正和分配公正体现在各社会主体参与公共服务供给互动中享有均等的表达、交换、利益获取的机会;必要的约束机制有利于避免垄断寡头的出现,保障弱势群体话语权。

2. 政府管理能力提升与公共精神培养

基于我国国情,现行体育公共服务体系尚不完善,需要政府按照经济社会的发展需求及各地区的统筹安排,对体育公共服务进行指导性调控。现阶段的市场经济环境无法有效承载大规模的体育公共服务市场化调节,社会主体必然成为参与体育公共服务供给的重要组成部分。由于资源占有和能力的差异,不同层次结构中社会主体的偏好表达也存在不均衡。实行体育公共服务改革,旨在为合适的社会主体架设参与服务供给的桥梁,强调各个结构层面中主体间互动式的广泛参与,保障政府对体育公共服务供给有效性确认和不良信息的及时反馈,督促服务供给方不断提高服务质量和效率。

这一桥梁架设者的角色,要求政府以公民的体育需求为导向,强调公平、民主和信任的行为准则,建立有效的评估机制帮助政府准确了解民众需求并及时给予反馈调整,推动社会参与主体的行为改进以及服务质量、工作效率的提高;设立退出机制以合理地淘汰其中不合适的主体,协调体育公共服务供给中主体力量的变更,避免供给结构的僵化和价值偏差;同时,更加重视体育行政管理者的公共责任,培养管理者的公共精神,更加关注公众的参与性和满意度,提倡对公众诉求的快速有效回应,将公众满意作为体育公共服务政策制定、执行、跟踪、反馈等一系列过程的指导原则和行动目标。

这里所言的公共精神,不是基于个体角度在伦理道德范畴内具有公德心或崇尚服务与奉献,而是强调制度层面的价值建构,在公共领域致力于民主决策与协商合作,以提供更有针对性的公共服务产品,产生更有效的政策结果,确立公众信任并达到合法性认同。弗雷德里克森认为,公共精神代表了"建立在价值或信念基础上的现代公共行政"①,包括社会公正精神、民主参与精神和公共责任精神三重内涵。社会公正要求公共利益的合理分配,社会成

---

① [美]乔治·弗雷德里克森:《公共行政的精神》,张成福等译,中国人民大学出版社 2003 年版,第 13 页。

员享有相对均等的发展机会,能够以平等的姿态协调彼此利益关系;民主参与要求行政民主化和广泛化,每位社会成员能以治理主体的身份积极参与公共事务,在协商对话中做出集体决策;公共责任要求公民个体对于公共事务参与、公共秩序维护、公共安全保障都具有使命感。制度层面的公共精神规定了道德范畴的伦理规范应当具备的制度理性,并将其转化至公共政治空间的行为模式。

3. 社会组织的培育与支持

服务供应方的选择是影响公共服务供给质量和效率的重要因素,保障服务供应方独立、健康、充分的竞争关系也是政府履行公共责任的重要体现。据民政部2018年8月公布的《2017年社会服务统计公报》数据显示,截至2017年年底,我国社会组织数量已经超过80万个,其中大部分为养老、扶贫救助、卫生、社区服务、慈善机构类社会组织,体育社会组织仅为4.8万个[①],占比5.99%。虽然体育社会组织数量较2012年的2.3万个在五年间的增幅达到104%,但覆盖范围较小、会员吸纳推广不利、组织类别结构不合理等问题,都限制了体育社会组织的服务供给能力。按照我国4.6亿经常参加体育锻炼人数测算,平均每9660个锻炼者拥有1个体育社会组织,部分体育社会团体会员数量不足百人。体育社团、体育民办非企业单位、体育基金会三类体育社会组织的数量比例为63∶36∶0.17,体育民办非企业单位数量远低于体育社团。

在我国,体育社会组织的发展不平衡、社会知晓度较低、规模有限和资源不足等现象普遍存在。作为我国行政区划的基层单位,区县是贯彻落实国家及省市地方各项公共政策的重要依托。目前,我国县级体育社会组织占总量近70%以上,数量众多且奋战在政策

---

① 转引自裴立新:《新时代中国体育社会组织发展研究》,《体育文化导刊》2019年第3期,第17—22页。

执行一线。但在大部制合并的行政管理体制改革背景下，很多基层政府将体育部门合并到文教或旅游机构，一定程度上弱化了县级体育行政管理职能，使得一些自上而下的事务性管理工作难以落实。县级体育社会组织有牌无人、无场所、无经费的问题普遍存在；人员老龄化情况突出，能够传授运动技术、指导健身活动、掌握运动技巧的具备专业知识与能力的人才严重缺乏，专职工作人员较少；户籍关系、职称晋升、医疗社保等制度性障碍进一步加剧了体育公共服务专业类人才的流失，体育社会组织发挥服务供给作用力不从心。

体育社会组织首先需要保持其相对独立性，应逐步摆脱与政府的行政依附或隶属关系，接轨市场化运作机制。改变依附、依赖行政机关的观念，独立自主地履行法人职责，增强自律意识和自治能力，切实将民主决策和民主监督管理机制贯穿于组织工作的各个方面，避免官僚式行政化治理。其次，公信力和服务能力建设是体育社会组织赖以存在的生命力。社会组织需要明确组织宗旨、任务、使命，强化责任意识，完善责任机制；清晰地认识社会组织的有效服务是其立业的根本，自我约束和内部治理则是组织发展的重要保证；要通过有效的服务、自律诚信的形象，争取政府的政策支持、企业的财力支持和社会的道义支持，向社会提供优质、高效、专业的公共服务，获得政府、企业和社会公众的认同，形成良性的发展趋势，不断增强服务社会的能力。最后，建设高素质的体育社会组织从业人员队伍是体育社会组织长远发展的关键。加强人才队伍建设，致力于专业人才培育，提高专职人员业务素质，分阶段、有计划地开展职业培训和岗位培训，都是促进体育社会组织健康有序发展的有效途径。此外，为了解决我国体育资源配置的区域性失衡问题，可以在欠发达地区选择性地培育扶持部分体育社会组织，使其逐步承担相应的服务供给责任，以此带动区域体育公共服务水平的提高。

结束语

全球化不仅改变了世界经济秩序,而且影响了各国的意识形态和民主权益,重塑了政府角色、公共行政和公民空间。当"政府失灵"成为世界性问题时,西方各国纷纷开始行政体制改革。从"新公共管理改革"到"后新公共管理改革",各国政府一直试图在精简高效的组织结构与团结协作的组织文化之间建立平衡,然而行政控制、责任归属和风险管理依然是"后新公共管理改革"至今未能有效解决的难题。中国政府一直致力于构建与社会主义国家性质要求相适应的行政管理模式,自改革开放以来,共进行了四个阶段的八轮行政体制改革。虽然我国行政体制改革不断深入,政府职能转变加快,政府机构设置逐步完善,社会管理和社会服务得以加强,政府决策和行政管理水平持续提高;然而转型期的中国公共行政面临愈加错综复杂的生态诉求,新的时代背景和国际形势变化也对实现国家现代化治理提出了新的要求。

从公共行政到公共管理,服务型政府建设正式成为我国行政改革的基本目标和行动纲领。虽然各国公共服务体系建设的具体措施有所不同,但都需要立足本国现实,综合考量经济发展水平、社会结构、政治体制和历史传统文化等因素,选择确定适合本国的发展模式。国家体育发展战略思想的演变,深刻地影响着群众的体育活动方式。我国体育政策的主题也经历了从"群众体育"到"全民健身",到"基本体育服务"和"公共体育服务建设",再到"体育公共服务体系"的思路转变。"新常态"下的经济形势和供给侧结构性改革的国家战略部署,对我国体育公共服务改革提出了新的要求。

我国的体育公共服务供给与分配体系,经历了不断调整、自我完善的过程。从追求"效率优先"到关注"公平正义"的价值取向转变,从过去的"城乡二元"分割到重视"均等化"的供给理念转变,从原有的"单一主体"到"多中心"的治理模式转变,从物质形式的"服务供给"到精神层面的"价值创造",我国体育公共服务改革的制度生态持续演进。

虽然近年来各地体育公共服务市场化改革的内容日益丰富,改革形式不断创新,覆盖范围逐渐扩大,但制度法规的不健全与区域性、结构性失衡依然是制约我国体育公共服务供给健康发展的首要难题。需要看到的是,虽然市场化改革的理论预期试图将私营部门的效率优越性与提高公共服务绩效相结合,但实际运行中的绩效表现是否达到政府预期目标还值得商榷。市场化改革的先进理念需要完善的配套机制予以实现,政府和私营部门之间的委托代理关系可能背离政府公共利益的初衷。政府与市场的界限之争,政府内部权力的博弈,共同造就了新型的主体间关系。合同外包作为市场化的特定形式,被广泛应用于公共服务领域,然而合同外包的优势与风险并存,在不同的情境下构成多样化的约束条件,使改革的实践问题愈加复杂。体育公共服务政府购买中存在的双重多级委托代理关系链,利益冲突、信息劣势、权力边界模糊等政府困境的存在,使得单纯依赖服务供给方式的市场化改革来解决政府规模性和政策效率问题的愿望难以实现。同时,服务供给市场化并不等于政府责任的市场化;相反,对政府与其他主体间权责边界的确定、关系治理以及自我管理能力都提出了更高的要求。

从利益相关角度,体育公共服务政策网络依据关系的紧密程度形成一个谱系,关系紧密的政策社群与关系松散的议题网络分别处于该谱系的两端,两者依赖核心网络得以维系。每一个层次网络中的行动参与者占有的资源、行动能力、拥有的权力均存在差异。行动者与网络的互动形成政策结果,政策结果反馈又影响网络结构与其中的行动者,最终将进一步影响政策制定。

从关系协同角度,虽然政策网络中各网络内行动者拥有的资源和权力存在不平等,但并不妨碍彼此行为的互动性和相互制约性。各层次网络之间沟通路径的存在,使行动者们能够利用已有资源和行动策略影响政策社群。政策社群需要从核心网络的服务生产层和议题网络的专家学者、科研机构等专业层获得改革的政策建议、规划信息及影响分析;作为决策层的政府和地方体育局需要从执行监管层的各区县政府及体育局获得更加详尽的地方性信息,两者通过结盟来推动改革政策的通过;议题网络中的舆论压力和赞助方影响力也促使政策社群做出互动和回应。

从利益博弈角度,通过建立信息不对称条件下政府参与的委托代理博弈模型,考虑契约履行不同阶段双方互动策略的选择,研究政府最优参与水平与合理报酬激励机制之间的关系逻辑,可以发现,增加政府委托人的参与有助于减少信息不对称现象,降低代理人投入成本,而有效的薪酬激励机制,对服务项目进行合理的收益风险分担,或降低代理人努力成本并减小其风险规避程度,或降低外部环境不确定性等手段的综合运用,都将促进代理人更加努力工作。除了参与成本以外,代理人的工作能力、努力成本以及风险偏好和外部不确定因素,都应当纳入委托人进行事前评估和风险成本的控制范围。由于各参与主体在模型中每一次的关系博弈,都会伴随着新的行动预期和价值判断,在此基础上形成新一轮的主体关系格局,最终达到相对稳定的均衡状态。这种均衡状态一旦形成,可在一定时期内自我保持和延续,引起制度惯性,并表现为主体关系结构的路径依赖特征以及各方参与者之间利益格局的固化。

使公民获得服务效用、追求服务结果，以及公众对政府公信力认同三个要素的核心价值实现是体育公共服务政策网络运行的逻辑前提。政策网络模式有助于解决目前我国体育公共服务改革中出现的制度困境及政策效率低下的问题，其建立需要以参与主体之间的利益博弈关系为依据，以有效畅通的利益表达渠道为基础，以利益共享为最终价值目标，具体而言，制度设计可以着重考虑以下几个方面。(1)确定体育公共服务供给界限，包括主体界限和内容界限；合理定位政府职能，以政府为主导逐步转向市场化剥离；培育能够参与政策网络互动的成熟主体，形成完整的政策网络准入机制。(2)利益冲突的过程控制有赖于建立各方社会利益群体在体育公共服务政策网络中的利益表达与民主决策机制。(3)纠正服务效果偏差的结果控制，改善政府部门的行政方式，提高政府部门在政策过程各项环节中的公开度、公众参与度、优化政策回应机制。(4)完善政策网络的评估与退出机制，根据外部条件的变化及时调整网络结构的分层及优化。这些都对制度环境的改善、政府管理能力的提升与公共服务精神的培养、社会组织的培育与支持提出了更高的挑战。

体育强则中国强，国运兴则体育兴。在全面建设小康社会的决胜期，在实现中华民族伟大复兴的中国梦道路和世界格局中，体育强国战略已经成为新时期我国体育事业改革和发展的重大引领目标。推进全民健身事业，完善体育公共服务体系，提高人民群众的健康水平，增进人们福祉，促进人的全面发展，将为我国体育改革发展提供强劲的动力支持。

参考文献

[1] Blom-Hansen, J., "A New Institutional Perspective on Policy Networks", *Public Administration*, 1997, 75.
[2] Bloyce, D. and Smith, A., *Sport Policy and Development: An Introduction*, Routledge, 2010.
[3] Bressers, Hans Th. A. and Laurence J. O'toole, Jr. "The Selection of Policy Instruments: A Network-Based Perspective", *Journal of Public Policy*, 1998, 18(3).
[4] Crompton, J., "Beyond Economic Impact: An Alternative Rationale for the Public Subsidy of Major League Sports Facilities", *Journal of Sport Management*, 2004(18).
[5] Department of Culture, Media and Sport (DCMS), *A Sporting Future For All*, 2000.
[6] Dowding, K., "There Must be End to Confusion: Policy Networks, Intellectual Fatigue and The Need for Political Science Methods Courses in British Universities", *Political Studies*, 2001, 49, pp.89-105.
[7] Dowling, M., Jonathon Edwards, and Marvin Washington, "Understanding the Concept of Professionalization in Sport Management Research", *Sport Management Review*, 2014, 17(4).

[8] Dudley, G., "British Steel and Government since Privatization: Policy 'Framing' and the Transformation of Police Networks", *Public Administration*, 1999, 77(1).

[9] Dunn, James A. Jr. and Anthony Perl, "Policy Networks and Industrial Revitalization: High Speed Rail Initiatives in France and Germany", *Journal of Public Policy*, 1994, 14(3).

[10] García, Jose Antonio Martínez and Laura Martínez Caro, "Understanding Customer Loyalty through System Dynamics: The Case of a Public Sports Service in Spain", *Management Decision*, 2009, 47(1).

[11] Green, M. and Barrie Houlihan, *Elite Sport Development: Policy Learning and Political Priorities*, Routledge, 2005.

[12] Houlihan, B., "Public Sector Sport Policy: Developing a Framework for Analysis", *International Review for the Sociology of Sport*, 2005, 40(2).

[13] Howlett, M., "Policy Instruments, Policy Styles, and Policy Implementation: National Approaches to Theories of Instrument Choice", *Policy Studies Journal*, 1991, 19(2).

[14] Hurk, Martijn van den and Koen Verhoest., "The Governance of Public-private Partnerships in Sports Infrastructure: Interfering Complexities in Belgium", *International Journal of Project Management*, 2015, 33(1).

[15] Menahem, G., "Policy Paradigms, Policy Networks and Water Policy in Israel", *Journal of Public Policy*, 1998,

18(3).

[16] Nunan, F., "Policy Networks Transformation: The Implementation of The EC Directive on Packaging and Packaging Waste", *Public Administration*, 1999, 77(3).

[17] Pemberton, H., "Policy Networks and Policy Learning: UK Economic Policy in the 1960s and 1970s", *Public Administration*, 2000, 78(4).

[18] Raab, C. D., "Understanding Policy Networks: A Comment on Marsh and Smith", *Political Studies*, 2001, 49.

[19] Salamon, L. M., *The Tools of Government: A Guide to the New Governance*, Oxford University Press, 2002.

[20] Stoker, G., *Transforming Local Governance: From Thatcherism to New Labour*, Palgrave & Macmillan, 2003.

[21] [以]S. N. 艾森斯塔德:《大革命与现代文明》,刘圣中译,上海人民出版社2012版。

[22] [美]埃莉诺·奥斯特罗姆:《公共事物的治理之道:集体行动制度的演进》,余逊达、陈旭东译,上海译文出版社2012年版。

[23] 薄贵利:《准确理解和深刻认识服务型政府建设》,《行政论坛》2012年第1期。

[24] 蔡治东、汤际澜、虞荣娟:《中国大众体育政策的历史变迁与特征》,《体育学刊》2016年第4期。

[25] 曹守和、赵玉梅:《"体育大国"与"体育强国"提出的由来与涵义的演进》,《中国体育科技》2010年46卷第1期。

[26] 陈斌、韩会君:《公共体育服务外包的政府责任及实现机制论析》,《天津体育学院学报》2014年第5期。

[27] 陈家建、张琼文:《政策执行波动与基层治理问题》,《社会学

研究》2015年第3期。

[28] 戴永冠、王家宏、罗林:《体育强国建设中转变政府职能的分析》,《北京体育大学学报》2013年第8期。

[29] [法]狄骥:《公法的变迁》,郑戈译,中国法制出版社2010年版。

[30] 丁煌、李晓飞:《逆向选择、利益博弈与政策执行阻滞》,《北京航空航天大学学报(社会科学版)》2010年第1期。

[31] 丁煌、汪霞:《地方政府政策执行力的动力机制及其模型构建——以协同学理论为视角》,《中国行政管理》2014年第3期。

[32] 丁煌、周丽婷:《地方政府公共政策执行力的提升——基于多中心治理视角的思考》,《江苏行政学院学报》,2013年第3期。

[33] 丁晓安:《经济学视域下的公共政策分析:批判与反思》,《经济评论》2011年第6期。

[34] 段长波、钟小燕:《我国群众体育公共政策的执行阻碍及对策分析》,《体育与科学》2011年第3期。

[35] [美]盖伊·彼得斯、弗兰斯·冯尼斯潘:《公共政策工具——对公共管理工具的评价》,顾建光译,中国人民大学出版社2007年版。

[36] 高秉雄、张江涛:《公共治理:理论缘起与模式变迁》,《社会主义研究》2010年第6期。

[37] 郝大伟、崔建军、刘春华等:《基于政策工具视角下的中国体育产业政策分析》,《武汉体育学院学报》2014年第9期。

[38] 何颖、李思然:《新公共管理理论方法论评析》,《中国行政管理》2014年第11期。

[39] 贺东航、孔繁斌:《公共政策执行的中国经验》,《中国社会科

学》2011年第5期。

[40] 花楷、兰自力:《促进体育公共服务均等化的转移支付政策探析》,《体育学刊》2015年第6期。

[41] 花楷、兰自力、刘志云:《我国体育公共服务财政投入现状、问题与对策》,《天津体育学院学报》2014年第6期。

[42] 郇昌店、肖林鹏、李宗浩等:《我国公共体育服务发展述评》,《体育学刊》2009年第6期。

[43] 黄红华:《政策工具理论的兴起及其在中国的发展》,《社会科学》2012年第4期。

[44] 蒋硕亮:《政策网络路径:西方公共政策分析的新范式》,《政治学研究》2010年第6期。

[45] 金世斌:《改革开放以来我国体育政策演进与价值嬗变》,《体育与科学》2013年第1期。

[46] 匡霞、陈敬良:《政策网络的动力演化机制及其管理研究》,《内蒙古大学学报(哲学社会科学版)》2010年第1期。

[47] 李慧凤:《公共治理视域下的社会管理行为优化》,《中国人民大学学报》2014年第2期。

[48] 李建波、刘玉:《我国体育公共服务包容性发展理论、实践与基本范式》,《上海体育学院学报》2013年第6期。

[49] 李金龙、欧阳果华:《驯导网络民粹主义:我国政策制定中的长期性难题》,《甘肃社会科学》2014年第2期。

[50] 李强:《我国正在形成"土字型社会结构"》,《北京日报》,2015年5月25日。

[51] 刘春华、李祥飞、张再生:《基于政策工具视角下的中国体育政策分析》,《体育科学》2012年第12期。

[52] 刘红建、孙庆祝:《群众体育政策基层执行的调查与分析》,《上海体育学院学报》2012年第4期。

[53] 刘亮:《我国体育公共服务均等化的理论模型与实证分析》,《体育科学》2013年第1期。

[54] 刘玉:《改革开放30年我国体育公共服务供给模式转型与现实选择》,《体育科学》2013年第2期。

[55] 刘媛:《西方政策工具选择理论的多途径研究述评》,《国外社会科学》2010年第5期。

[56] 刘兆鑫:《利益-风险:面向风险社会的公共政策分析》,《中国行政管理》2012年第8期。

[57] 刘峥、唐炎:《公共体育服务政策执行阻滞的表现、成因及治理》,《体育科学》2014年第10期。

[58] 吕树庭、王菁:《体育公共服务还是公共体育服务——概念间关系的梳理与辨析》,《广州体育学院学报》2016年第1期。

[59] 罗依平:《地方政府公共政策制定中的民意表达问题研究》,《政治学研究》2012年第3期。

[60] 马玉华、王莉、林俐:《政府转型背景下我国公共体育服务协同供给研究——基于整体政府理论的视角》,《山东体育学院学报》2014年第5期。

[61] 毛安然、郑召利:《富裕社会的社会失衡问题探究》,《宁夏社会科学》2016年第4期。

[62] 毛振军:《论公共政策制定中公意的应然表达》,《北京工业大学学报(社会科学版)》2010年第1期。

[63] 钱再见:《基于公共权力的政策过程研究》,南京师范大学出版社2013年版。

[64] 秦小平、陈云龙、王健等:《我国社会体育组织发展路径——基于政府购买体育公共服务的视角》,《上海体育学院学报》2014年第5期。

[65] 任勇:《政策网络:流派、类型与价值》,《行政论坛》2007年第

2期。

[66] 石凯、胡伟:《政策网络理论:政策过程的新范式》,《国外社会科学》2006年第3期。

[67] 宋林霖、代红凯:《公共政策制定过程中的公民参与理论述评》,《湖北社会科学》2012年第1期。

[68] 孙柏瑛、李卓青:《政策网络治理:公共治理的新途径》,《中国行政管理》2008年第5期。

[69] 孙立平:《失衡:断裂社会的动作逻辑》,社会科学文献出版社2004年版。

[70] 谭祝平:《论群众体育政策执行中居民体育利益表达机制的完善》,《山东体育学院学报》2011年第2期。

[71] [美]唐纳德·凯特尔:《权力共享——公共治理与私人市场》,孙迎春译,北京大学出版社2009年版。

[72] 唐兴霖、尹文嘉:《从新公共管理到后新公共管理——20世纪70年代以来西方公共管理前沿理论述评》,《社会科学战线》2011年第2期。

[73] 田华文、魏淑艳:《作为治理工具的政策网络——一个分析框架》,《东北大学学报(社会科学版)》2015年第5期。

[74] 王春福:《公共政策论——社会转型与政府公共政策》,北京大学出版社2014年版。

[75] 王洪珅:《体育公共服务体系的公共性抽绎》,《成都体育学院学报》2015年第1期。

[76] 王建容、王建军:《公共政策制定中公民参与的形式及其选择维度》,《探索》2012年第1期。

[77] 王浦劬、[美]莱斯特·M.萨拉蒙:《政府向社会组织购买公共服务研究:中国与全球经验分析》,北京大学出版社2010年版。

[78] 王智慧:《论体育强国视域下的国家体育话语能力》,《西安体育学院学报》2014年第3期。

[79] 魏崇辉:《当代中国公共治理理论有效适用的过程意义、认知塑造与体系构建》,《行政论坛》2016年第2期。

[80] 肖谋文:《从功能演绎到制度变迁:改革开放后我国体育政策的演进》,《北京体育大学学报》2012年第2期。

[81] 谢正阳、唐鹏、刘红建等:《公共体育政策失真性执行与对策探析》,《体育与科学》2015年第6期。

[82] 熊晓正、钟秉枢:《新中国体育60年》,北京体育大学出版社2010年版。

[83] 严强:《国家治理现代化要求下的公共政策分析创新》,《天津行政学院学报》2014年第2期。

[84] 燕继荣:《社会管理创新与服务型政府建设》,《行政论坛》2012年第1期。

[85] 余军华、袁文艺:《公共治理:概念与内涵》,《中国行政管理》2013年第12期。

[86] [美]约翰·F.沃克、[美]哈罗德·G.瓦特:《美国大政府的兴起》,刘进、毛喻原译,重庆出版社2001年版。

[87] 曾保根:《价值取向、理论基础、制度安排与研究方法——新公共服务与新公共管理的四维辨析》,《上海行政学院学报》2010年第2期。

[88] 张长城:《体育强国成长方式的哲学思维、历史演进及启示》,《武汉体育学院学报》2012年第8期。

[89] 张康之、向玉琼:《从"多元主义"向"政策网络"的转变——考察政策问题建构视角演变的路径》,《江海学刊》2014年第5期。

[90] 张立荣、姜庆志:《国内外服务型政府和公共服务体系建设研

究述评》,《政治学研究》2013年第1期。

[91] 张乾友:《变革社会中的服务型政府建设——任务型组织的途径》,《北京行政学院学报》2014年第1期。

[92] 张庆文、杨刚、万莹莹:《当代中国体育政策的变迁与思考》,《上海体育学院学报》2013年第6期。

[93] 赵勇、冷向明:《服务型政府的理论基础:争议中的透视》,《社会主义研究》2011年第2期。

[94] 赵元吉:《国家治理体系框架下中国公共体育服务制度建设的困境与突破》,《成都体育学院学报》2015年第6期。

[95] [美]珍妮特·登哈特、[美]罗伯特·登哈特:《新公共服务:服务,而不是掌舵》(第三版),丁煌译,中国人民大学出版社2016年版。

[96] 周爱光:《从体育公共服务的概念审视政府的地位和作用》,《体育科学》2012年第5期。

图书在版编目(CIP)数据

体育公共服务改革:理想之美与现实之殇/齐超著. —上海:复旦大学出版社, 2019.9
ISBN 978-7-309-14504-5

I.①体… II.①齐… III.①群众体育-社会服务-体制改革-研究-中国 IV.①G812.4

中国版本图书馆 CIP 数据核字(2019)第 157563 号

体育公共服务改革:理想之美与现实之殇
齐 超 著
责任编辑/孙程姣

复旦大学出版社有限公司出版发行
上海市国权路 579 号 邮编:200433
网址: fupnet@fudanpress.com http://www.fudanpress.com
门市零售: 86-21-65642857 团体订购: 86-21-65118853
外埠邮购: 86-21-65109143
江苏凤凰数码印务有限公司

开本 890×1240 1/32 印张 9.625 字数 221 千
2019 年 9 月第 1 版第 1 次印刷

ISBN 978-7-309-14504-5/G·2010
定价: 48.00 元

如有印装质量问题,请向复旦大学出版社有限公司发行部调换。
版权所有 侵权必究